Hayykitap - 184
Hayat Güzeldir - 21

Müslüman'ın Diyeti
Kemal Özer

Kapak ve Sayfa Tasarımı: Turgut Kasay

ISBN: 978-605-4325-89-4
1. Baskı: İstanbul, Temmuz 2012
Genişletilmiş 20. Baskı: İstanbul, Haziran 2022

Baskı: Yıkılmazlar Basım Yay.
Prom. ve Kağıt San. Tic. Ltd. Sti.
15 Temmuz Mah. Gülbahar Cad. No: 62/B
Güneşli - İstanbul
Sertifika No: 45464
Tel: 0212 630 64 73

Hayykitap
Zeytinoğlu Cad. Şehit Erdoğan İban Sk.
No: 36 Akatlar, Beşiktaş 34335 İstanbul
Tel: 0212 352 00 50 Faks: 0212 352 00 51
info@hayykitap.com
www.hayykitap.com
facebook.com/hayykitap
twitter.com/hayykitap
instagram.com/hayykitap
Sertifika No: 12408

Müslüman'ın Diyeti

Kemal Özer

Kemal Özer

1968 doğumlu, Konyalı, gazeteci-yazar. Çeşitli gazete, radyo, televizyon ve mecmualarda çalıştı. Son olarak Yenisöz Gazetesi'nni Genel yayın Yönetmenliği ve yazarlığını yürüttü. Halen Sağlık ve Gıda Güvenliği Hareketi Başkanılığını yürütüyor. FETA, 'emanet' ödülü sahibi. '*Şeytan Ye Diyor*' adlı kitabının Arapça'sı 2015 yılında Lübnan'da yayınladı.

eposta@kemalozer.com
twitter.com/cankemalozer
facebook.com/cankemalozer
kemalozer.com

Hayykitap'tan neşredilen kitapları:

- Gülen Şeytanlar Tarihi, Şubat 2018
- İyi Gıda Kötü Gıda, Aralık 2016
- Şeytan Çıplak, Şubat 2015
- Ramazan Kitabı, Temmuz 2014
- Hangi Suyu İçmeli?, Temmuz 2014
- Organ Nakli Hakkında Gizlenen Gerçekler, Kasım 2013
- Yediklerimizin İçinde Ne Var?, Kasım 2012
- Müslüman'ın Diyeti, Temmuz 2012
- Şeytan Ye Diyor, Mayıs 2011
- Deccal Tabakta, Mart 2010

İçindekiler

Yemek duası

بسم الله الرحمن الرحيم

Elhamdülillahi Rabbil alemin vessalâtü vesselâmü alâ seyyidinâ Muhammed

Ey bu güzel, temiz ve helâl gıdaları yaratan Rabbim!

Ey bize sırlarını bilmediğimiz çeşit çeşit nimetler lütfeden Rezzak!

Ey bizi açken doyuran Vehhab!

Ey susuzken bizi suya kandıran Kerim!

Verdiğin nimetleri bize şifa ve afiyet kaynağı kıl!

Ey Rabbim!

Bizi açlıkla imtihan etme!

Bize bu nimetlerden daha hayırlılarını bahşet!

Kullarını kendinden başkasına muhtaç etme!

Nimetlerini ve neslimizi bozmaya çalışanlara fırsat verme
ve bize onlarla mücadele gücü ver!

Dünyalıklarını artırma uğruna insanları, hayvanları, bitkileri
ve çevreyi zehirleyen maddeperestleri ıslah eyle!

Geçmişlerimize rahmet, yaşayanları ise emin eyle!

Soframızdan iyi kullarını eksik etme!

Bu sofraya helâl ve temiz olmayan gıdaların girmesine izin verme Rabbim!

Şeytanı ve işbirlikçilerini soframızdan uzak kıl!

İmanımızı zayıflatacak, ibadetimize engel olacak,
bizi ateşe sürükleyecek gıdalardan bizi uzak eyle!

Bize merhametinle muamele eyle!

Bu nimetleri hazır edenlerin derecelerini artır!

Yediklerimizin şükrünü eda edebilme güç ve gayretini lütfet!

Bizi bize bırakma Allah'ım!

Yediklerimizi bize davacı değil, şefaatçi kıl!

Kötü hastalıklardan, şişmanlıktan, şehvetten ve şirkten muhafaza et!

Midemizi bizden razı kıl!

Bedenimizi bizden emin eyle!

Bizi bizden koru!

Ey Rahman!

Bizi kıtlıkla kuraklıkla helak etme! Bizi açlıkla terbiye etme!

Bizden hayırlı nesiller halk eyle!

Hamd âlemlerin Rabbi olan Allah'a mahsustur!

Âmin! Âmin! Âmin!

Mukaddime

Hamd ve Sena Allah (ﷻ) hazretlerine, salât ve selam Allah'ın son Resulü Efendimiz (ﷺ)'e, O'nun âline, ashabına ve de kıyamete dek ittiba edenlerin üzerine olsun. Âmin! Bu gayretimizin, Peygamberimiz (ﷺ)'in Sünnet-i Seniyyesini hatırlatmaya ve O'nun şefaatine nail olmaya vesile olmasını niyaz ederiz. Hatalarımızın affı arzusuyla...

Tayyib gıdalardan Sünnet-i Senniyye'ye uygun bir şekilde yiyip içmeyi esas alan '*Müslüman'ın Diyeti*' adlı bu eser ilk olarak 2012 yılında neşredilmişti. İlahî kitap Kur'an-ı Kerim dışındaki tüm kitaplar nasıl noksanlıklar ihtiva ediyorsa, teveccühlerinizi kazanan bu eserde pek çok nâkısa barındırıyordu.

İşte bu nedenle gözden geçirilme zarureti hâsıl oldu. Eksikliklerin en önemlisi, Türkçe'nin zengin kelimeleri yerine 20'nci asırda bozulan ve pek çoğumuzun Türkçe zannı ile kullandığı kelimelerdi ve mümkün oldukça eser bunlardan temizlendi.

Bununla yetinilmeyerek hem tashih yapıldı, hem yeni bölümler eklendi, hem de muhteva biraz daha zenginleştirildi. Diziliminde önemli bir değişiklik söz konusu olmasa da, özellikle Âyet-i Kerime ve Hadis-i Şerifler dikkat çekici hâle getirildi. İbn Sina'ya ait iktibas edilen kaynağın hatalı olarak verdiği mürekkep ilaç doğrusu ile değiştirildi.

Bu sahada öncü eserlerden biri olan bu çalışmadan daha iyileri elbette yapılabilir. Biz hep bu gayrette olacağız. Daim olması için dualarınızı bekleriz!

Selam, dua ve muahbbetle!

Bismillah

Hamd ve Sena Allah (ﷻ)'ü hazretlerine, salât ve selam Allah'ın son Resulü Efendimiz (ﷺ)'e, O'nun âline, ashabına ve de kıyamete dek ittiba edenlerin üzerine olsun. Âmin! Bu gayretimizin, Peygamberimiz (ﷺ)'in Sünnet-i Seniyyesini hatırlatmaya ve O'nun şefaatine nail olmaya vesile olmasını niyaz ederiz. Hatalarımızın affı arzusuyla...

Bir toplumun mutfağı, o toplumun aynasıdır. Mutfak **derman** yerine dert üretiyorsa, o toplum **medeniyet** üretemez. Bir toplumun mutfakta yiyip içtikleri (ya da yiyip içmedikleri) o toplumun siyasi yapısı, iktisadî durumu, sağlık konusundaki şuur ve inancı hakkında ipuçları verir. Şâyet vermiyorsa o mutfaktan beslenenlerin ortak bir kimliğinden söz edilemez. Bir mutfağı popüler kültür veya medya gibi araçlar belirliyorsa, o mutfaktan sağlıklı nesiller yetiş(tirile)mez.

Her mutfağın özünde açık ya da gizli bir dünya görüşü, düşünce ve umde vardır. Köklü medeniyetlerin mutfaklarında kaideler çok önemli yer tutar. Bizans, Balkanlar, Kafkasya, Arap dünyası, Afrika ve Anadolu İslam mutfaklarının bir terkibi olan Osmanlı mutfağı, dünya tarihinin en zengin, en görkemli, en benzersiz bedîî mutfağı olup, ruhunu da İslam'dan alır.

Bir Müslüman'ın **İslam'ın mutfağı**ndan beslenmekten başka seçeneği yoktur. Binaenaleyh günümüzde batılı şekilde beslenen de, doğu tarzda besleneni de mutsuz ve sağlıksız! Ne yazık ki her usûl yepyeni bir derde neden olmakta. Bâtıl kültürün tüm dünyaya bulaştırdığı sığ, sağlıksız ve her türlü inanç değerini reddeden, çıkarcı ve müfsit tüketim biçimi, ne yazık ki tüm toplumların değerlerini yerle bir etmiştir. Artık gıda bir beslenme aracı değil; fiziki doygunluğu haddinden fazla sağlayan, ama yiyip içenleri biyolojik olarak aç bırakan bir nesneye dönüştürülmüştür. Yani bugün **gıda, sessiz** bir **silaha dönüştür**ülmüştür.

Dikkatle incelediğimizde batı kültür ve tıbbının mensuplarınca yapılan beslenme tavsiyelerinin birbirini tekzip ettiği görülür. McTıp, bir yandan kadim tıbbın, diğer yandan da Allah'ın Rasülü (ﷺ)'in Sünnet-i Seniyyesiyle önemli ölçüde çatışır. Peygamberimiz (ﷺ)'in nasihatleri hiç yokmuş, hiç olmamış gibi davranır. Hasbelkader kendi tavsiyeleri, Hz. Peygamber (ﷺ)'in Hadis-i şerifleri ile örtüştüğü zaman da, pişkin pişkin bunu kendi keşfi gibi lanse eder.

Elbette eskilerin tabiriyle, **can hem boğazdan gelir hem de boğazdan çıkar.** Allah (c.c.) kullarından, haram kılınanlar hariç tüm nimetlerinden[1] **israf etmeden**, ölçülü bir şekilde **tat**malarını, bundan dolayı da **şükret**melerini ister. Mamafih yiyip-içmekten vazgeçmek, sağlıksızlık ve ölüme neden olur. Hiçbir canlı yiyip-içmeden hayatta kalamaz. Yemek onun fıtrî özelliklerinden biridir. Bu durumda asıl mesele neyin, ne kadar yenilmesindedir.

İslam, her şeye tutarlı bir bakış açısı sunar ve bunun merkezine de insanın iyilik ve sıhhatini koyar. Her konuda bâtıla karşı mesafe koymayı, bâtılın etkisi altına girmemeyi temel bir ölçü olarak belirler. Rasülullah (ﷺ) gibi benzersiz bir örnek yani numûne-i imtisal varken, İslam dışı örnekleri rehber olarak tercih etmek Müslüman'a da insana da yakışmaz.

Günümüzde insanlara özellikle de çocuklara diledikleri gibi ölçüsüzce yemeleri telkin ediliyor, sonra da envâi diyet şekilleri devreye giriyor. Bozulan sindirim sistemini ve temelde de bedeni tedavi için de sayısız ilaç yazılıyor. Çünkü canlıların ölçülü yani hikmetli beslenmesi endüstrinin kirli amaçlarıyla uyuşmuyor. Bunun için ilk olarak ürünlerdeki tat ve hazzı artırıyorlar, türlü katkı maddeleriyle fiziki bir bağımlılığa yol açıyorlar. Bunu şuur ve şuuraltına yapılan düzenli saldırılar izliyor! Artık ekranlarda konuşan her 'uzman' ayrı tavsiye paketiyle çıkıyor insanların karşısına ve yazanların kendilerinin bile uymadığı diyet kitapları kapış kapış gidiyor.

Peki, bunca mütenâkız seçenek teklif karşısında ne yapmalı, nasıl beslenmeli? Doğru ile yanlış nasıl ayırt edilmeli?

İnsanın dinî şiarı ve sağlığının en belirleyici yeri hiç şüphesiz mutfaktır. **Mutfak** öylesine önemlidir ki, aynı zamanda **Müslüman kalmanın da şartlarından biridir.** Prof. İbrahim Canan, ***"Kâmil manada Müslüman kalmak için, İslam'ın mutfağın-***

1 Nahl Suresi 18; İbrahim Suresi 34.

dan yemek şarttır diyor. Merhum hoca tezini, "***Gayr-ı Müslim mutfaktan beslenerek Müslüman kalmak zordur veya kendi kendimizi aldatmaktır***" diyerek sürdürüyor. Mutfağın inançla kopmaz bir ilişkisi olduğuna göre İslam'ın Müslümanlardan isteği de açıktır: Sınırlarını çizdiğim mutfaktan, sınırlarını çizdiğim şekil, şart ve ölçülerde ye-iç!

İslam, en küçük uygulamada bile başka dinlerin, üstelik 'ehli kitap' olarak tanımladığı dinlerin mensuplarına bile benzemeyi reddeder. Sözgelimi **bir Müslüman'ın, Gayr-ı Müslim mutfaktan beslenmesini kabul etmez.** İslam mutfağında sarhoş edicilerin içilmesi, domuz, leş ve yırtıcı hayvanların yenilmesi yasaktır. İzin verilenlerin şartlarına uygun yetiştirilip kesilmeleri hâli hariç, diğer hayvan etleri ile böcek[2] ve haşarat gibi haramlar ve de şüpheli yiyecek-içeceklere de yer yoktur. İslam'ın hadleri elbette bunlarla da sınırlı değil. Peygamberimiz (ﷺ), yeme içme adabından yenilenlerin miktarına dek her türlü ölçüye büyük önem verir. Özetle **İslam, kendi mutfağını inşa etmiştir, mensuplarının da yalnızca ve yalnızca bu mutfaktan, koyduğu sınırlar çerçevesinde beslenmesini ister.** İslam'ın mutfağında öncelik, kişinin ve toplumun can, mal, akıl, nesil ve dinin korunmasıdır.

Dünyayı bir imtihan alanı olarak yaratan Allah (ﷻ), kullarını bu dünyadaki her türlü davranışından hesaba çekeceğini belirtir. Hiç kuşku yok ki insanlar yaptıkları ve yapmadıklarından hesaba çekilecekleri gibi, yedikleri ve yemediklerinden de hesaba çekilecekler. Yani helâli varken harama tenezzül etmekten, helâli aramamaktan, helâl de olsa ölçüsüz yiyip-içmekten hesaba çekilecekler. Gerektiği kadar beslenmezlerse, bedenin hakkını vermedikleri için de hesap verecekler. Allah (ﷻ) tüm nimetleri kulları için yarattığını belirtip, kullarının israf etmeden her türlü '**tayyib**' dolayısıyla '**helâl**' nimetten yemesini ister. Kula düşense, bu nimetleri yeme içme hükümlerini ve edeplerini öğrenip tatbik etmek ve şükretmektir.

İslam'ın mutfağa verdiği önem, hem Kur'an-ı Kerim'deki çok sayıda Âyetten[3], hem 'sofra' manasındaki özel sureden[4], hem de Hz. Peygamber'in yeme içme ile ilgili Sünnet-i Seniyye ve konu hakkındaki Hadis-i Şeriflerinden anlaşılmaktadır.

---

2 E120 Karmin adlı katkı maddesi, kaktüs bitlerinden elde edilir. Diğer gıda renklendiricileri E100-E199 aralığında kodlar taşır.
3 Bakınız: Bakara 30, 36, 168, 188, 205, 211; Tâhâ 81; Kehf 19; Araf 157; Maide 3, 4, 5, 96; Ali İmran 130; En'am 118, 121; Nisa 29, 119; Enfal 69; Ar'af 31; Mü'minun 21; Nahl 114-116; İsra 16, 18; Hud 6;
4 Maide Suresi

Mamafih İslam, sadece kendine inanan Müslümanların değil, tüm insanların ve dünyamızda yaşayan diğer canlıların da sağlığıyla ilgilenir. Onlara yönelik hadler vazeder. İslam mutfağı sadece yeme içmeyi içermez; miktarlar, yeme içme âdabını, izzet-i ikram gibi muaşeret kâidelerini de düzenler.

İslam tüm insanlara yaşamın, sağlığın, aklın, servetin, dinin ve neslin korunmasını da şart koşar. Allah, insana kendi vücudunu da emanet[5] olarak vermiş ve onu sapa saplam bir şekilde muhâfaza emretmiştir.

İslam tüm insanları maddi ve manevi açıdan sıhhatli olmaları için 'tayyib'[6] dolayısıyla da 'helâl' kılınanlardan yiyip içmeye çağırır. Peki, Kur'an-ı Kerim tayyib gıdalardan yiyiniz derken neyi kastediyor olabilir? Kur'an-ı Kerim kıyamete dek hükmü geçerli tek kitap ve içindeki her kelime de Allah'a ait olduğuna göre, Âyetlerin mânâları statik/sabit olamaz. Kelimelerin özel de 'tayyib' gibi kelimelerin mânâlarının çağın ve teknolojinin değimine göre sürekli bir genişleme içermesi gerekir. Acaba tayyib kelimesiyle dikkat çekilmek istenen manevi kirler mi, basit maddi kirler mi, kimyevî kirler mi, biyolojik/genetik kirler mi, ya da hepsi mi? Hatta yakın gelecekte zuhur edebilecek başkaca kirlenmeleri de dâhil etmek gerekir mi?

Allah-ü Teâlâ, Peygamberimiz (ﷺ)'den nakledilen sahih Hadis-i Şerifleri, ***"O, nefis arzusu ile konuşmaz. O, ne konuşmuşsa kendisine yapılan bir vahye dayanır"***[7] şeklinde buyurarak temînat altına alıyor. Bu temînat, Peygamberimiz (ﷺ)'in sünnetine ittibanın ne denli önemli olduğunun da en açıkça ortaya koyar.

Batılılaşarak kirlendik!

Hz. Peygamber (ﷺ)'in inşa ettiği yeme içme biçimi, 19. yüzyılda Tanzimat'la birlikte önemli bir değişim geçirdi. Batılılaşmak uğruna kılık kıyafetin yanı sıra yeme içme biçimi de değişime uğratıldı. Rafine şeker ve beyaz un mutfağı istila etti ve 'batılı' tarzda beslenen insanlar hastalanmaya başladı. Yanı başında bebeği, ocakta yemeği, önündeki değirmen taşında un veya bulgur yapan kadın gitti, yerine elini sıcak sudan soğuk suya değdirmeyen kadın geldi. Dolayısıyla sıhhat gitti, hastalık geldi.

5 Ahzap Suresi 74; Mearic Suresi 32;

6 Tâhâ Suresi 81: *"Size rızık olarak verdiğimiz şeylerin 'helâl' ve 'tayyib' olanlarından yiyin. Bu hususta azgınlık etmeyin. Sonra gazabım üzerinize iner..."*

7 Necm Suresi 3-4.

Ivan Illich, hastalanmanın bir süreç olduğunu, tüm suçun son yenilen lokmaya yıkılamayacağını anlatır. Gerçekten de gelecekte sağlıklı olup olmayacağınızı, süreci izleyerek, tabiatla ve özellikle de toprakla olan yakınlığınıza bakarak anlayabilirsiniz. Arada doğru orantı vardır. Topraktan uzaklaştıkça, sağlıktan da uzaklaşırsınız. Doğumundan ölümüne toprak yüzü görmeyen, bir gün olsun nebâtatla göz teması bile kuramayan hayvanların hikâyesi ne ise, insanın ki de aynıdır.

Cüzdan-vicdan, açlık-tokluk!

Çocuğunuz bir şey istediğinde **eliniz cüzdanınıza değil vicdanınıza gitmeli.** Satın alacağınız ürünün parasını elbette siz vereceksiniz. Bir ürünün sağlıklı olup olmadığını satıcıya sorarak öğrenemezsiniz. Satıcı sattığı üründen herkesin çok memnun olduğunu hatta hiç şikâyet almadığını da belirtebilir. Sattığı ürünün yiyip-içene şifa vermeyeceğini kaç satıcı söyleyebilir? Ya da bugün kaç üretici ve satıcı bunun farkında? Dahası isminin başına afili unvanlar eklenmiş kaç 'uzman' yalın gerçeği açıklama cesaretini gösterebilir?

İnsanların çoğu yalancı toklukla gerçek tokluğun arasındaki farkı bilmezler. Çoğumuz sanır ki, midenin önüne gelenle tıka basa doldurulması, beslenmedir. Bu şekildeki beslenenler için kullanılabilecek en uygun ifade '**şişman açlar**'dır. Bundan yüzyıl önce insanların sadece üçte biri yanlış besin tercihi nedeniyle '**gizli açlık**' çekiyordu. Bugün ise 'yeterli gıdaya erişemeyen 1 milyar insan açlık çekiyor' deniliyor. Oysa aşırı tüketen 6 milyar insansa hâlâ gizli açlığın pençesinde kıvranıyor. Çağımız insanı, 20. asırda müptela edildiği beslenme biçimiyle midelerini kapasitesinin çok üstünde doldurmalarına karşın, organların ihtiyacı olan gerçek besinleri bir türlü elde edememektedir. Milyarlarca insan, kendilerini yalancı tokluk duygusu ile avutmakta, mideleri olabildiğince şiş olmasına rağmen aç kaldıklarının farkına varamamaktadır.

Allah (ﷻ) bazı hayvanları sadece otla, bazı hayvanları ise etle beslenebilecek şekilde yaratmıştır. Açlıktan ölse bile, bir koyun en lezzetli eti yemez. Aynı şekilde bir aslan da ne kadar acıkırsa acıksın ot yemez. Oysa insan her ikisine de muhtaçtır, et ve ot olmadan beslenemez. Hepimiz hem hayvanî, hem nebatî hem de sentetik ürünlerden olabildiğince bol tüketiyoruz. Peki, bunca çok ve çeşitli besine rağmen neden hâlâ gizli açlık çekiyoruz?

Yeryüzünde milyarlarca çeşit bitki varken, **günümüz insanı** (hatta hayvanları) s**oya, mısır, buğday, pirinç gibi birkaç bitkiye mahkûm edilmiş**tir.

Endüstri az çeşitten milyonlarca ton üretip, insan ve hayvanların tümünü birkaç çeşit ile beslemek istiyor. Hayvanlar artık merada değil, ömür boyu hapse mahkûm edilmiş oldukları ahırlarda 'besleniyor', önlerine konulan yapay yemleri yemekten başka bir şıkka sahip değiller. Hâkeza alışkanlıkları, kültürleri, gelenekleri hatta inançları değiştirilen insanlar da, büyüleyici mağazaların süslü raflarındaki gösterişli ürünlerin cazibesinden kendilerini alamamaktadırlar.

Vurdumduymazlık diz boyu!

Ezici çoğunluk, adını bile zor telaffuz ettiği ülkenin futbolcusunun ayakkabı numarasını biliyor, sinema artistlerinin evlenme boşanma tarihlerini dikkatle takip ediyor, fakat her gün yediği ekmeğin içeriği hakkında hiçbir bilgisi yok! Ayak tırnaklarının bakımına saatler ayıran bir kadın, çocuğuna bir ekmek veya kek yapmaktan yüksünüyor.

Rahmetli Osman Nuri Koçtürk acıklı halimizi 1960'larda şöyle tasvir ediyor: *"Kıyafetini satın alırken mağaza mağaza dolaşan -sözde- açıkgözler, bir çuval kömürü -gıda niyetiyle- satın aldıklarının farkına bile varmazlar. Satın alacağı elbise -veya günümüzde cep telefonu- için yüzlerce liralık fazla ödemeyi göze alanlar, satın alacağı sütün yüzde yüz süt olması konusunda aynı titizliği göstermezler.*

Bir daire satın almak için bankadan kredi alan kişi, taksitlerini ödemek için tasarrufa mutfaktan başlar. Oysa bu kimselerin misafir odalarında şatafatlı koltuklar ile pahalı avizeler her zaman vardır. Büfesinde hiç ihtiyacı olmayan gümüş takımlar ışıldar, evin kadını her gün için farklı kıyafet almaya devam eder. Kesilecekse boğazdan kesilir. Sağlığımız için hiç ılgısı olmayan gereksiz ayrıntılar içinse harcamalara hep devam edilir. Mutfaktan kesilen her kuruş, daha sonra ilaç parası olarak ve binlerce kez fazlasıyla ödenecek, külfete girilerek mutlu bir hayat sürmek için satın alınan daire bir hasta insanlar barınağı olacaktır.

Elbise almak için alışveriş merkezlerine giden ev hanımı tayyörünün beline oturması için beş defa terziye gitmekten sakınmadığı halde, çocuğunun ve kocasını yiyeceğini apartman kapıcısına satın aldırır. Et bile, kasap ve kapıcının gönlüne göre girer eve. Sebze zehirli olsa da buna üzülmez. Şatafatlı sofralarda nefis köreltilir ve aç oturulan sofralardan aç kalkılır. Okulda öğretmen İspanya'nın belli başlı şehirlerini çocuklara ezberletmek için elinden geleni yaparken bir ömür yiyeceği gıdalar konusunda tek kelime bile söz etmez. Bugün besinler hakkındaki bilgimiz, Merih ve Utarit yıldızları hakkındaki bilgimiz kadardır. Oysaki biz be-

sinlerimizdeki maddelerden müteşekkil bir varlığız. İnsan ne yerse odur."[8]
Evet, insanın geleceğini, davranışları ve amellerinin kalitesi belirleyecektir. Beslenme ve gıdalar da bu ameller en başında yer alır. Gerçekten de insan ne yerse odur, o olur!

Hıristiyan tabibin Nebevî Tıp hayranlığı

Hıristiyan bir tabip, Hüseyin b. Ali'ye (r.a.) *"Kur'an-ı Kerim'de tıpla ilgili bir şey yoktur"* deyince, Hz. Hüseyin (r.a.), *"Allah-ü Teâlâ Kur'an-ı Kerim de tıp ilmini yarım Âyette özetler"* diye cevap verir. Bu cevap üzerine meraklanan Hıristiyan hekim bu kez, *"O hangi Âyettir?"* diye sorar. Hz Hüseyin (r.a.), *"'Yiyiniz, içiniz fakat israf etmeyiniz...'*[9] *Âyetidir"* buyurur. Bunun üzerine hekim, *"Peki Peygamberiniz tıpla ilgili bir şey söylemiş midir?"* diye sorar. Hz. Hüseyin (r.a.) bu kez de, *"Peygamber '**Mide hastalıkların evidir. Perhiz ise tedavi ve ilaçların başıdır. Her vücuda alışık olduğu şeyleri veriniz!**' buyurmuştur"* dediğinde Hıristiyan tabip şu çarpıcı cümleyi sarfeder: *"Sizin Kitabınız ve Peygamberiniz tıp konusunda Câlinus*[10]*'a hiçbir şey bırakmamıştır."*[11]

Bu nakil şerhe mahal bırakmayacak kadar açıktır ve benzersiz bir ölçü inşa edilmiştir. Ne mutlu ki bütün bu ölçüleri hayatı boyunca tatbik ve tavsiye etmiş bir Peygamberimiz var. Onun tavsiyeleri tarihte '**Nebevî Tıp**' ya da '**Tıbb'ün Nebevî**' olarak isimlendirilen çok sayıda eserde derç edilmiştir. Ancak bu eserlerin önemli bir bölümü birbirinin tekrarı şeklinde neşredilmiştir. Bu eserlerde genellikle belirli hastalıklara tedavi önerileri ya da bitkilerin faydalarına dair rivâyetler toplanmıştır. Sistematik bir bilgi genellikle yer almaz.

Elinizdeki bu çalışmada ise **haz eksenli tüketim** biçiminin, Tabiîliğiyle yani fıtratı ile oynanıp **hibrit**leştirilmiş **tohum**ların ve **kirletilmiş gıda**ların (dilerseniz bunları **bermuda şeytan üçgeni** olarak adlandırabilirsiniz), haram, obezite ve diğer hastalıklarla ilişkisi ele alınmıştır. Kur'an-ı Kerim ve Hz. Peygamber (ﷺ)'in Sünnet-i Seniyyesinden günümüz insanına ışık tutacak beslenme doğruları derlenmiştir. Yani bu çalışma daha önce benzeri yapılmamış '**Taam'ün Nebevî**'[12] kitabıdır denilebilir.

---

8 Doç. Dr. Osman Nuri Koçtürk, *Besin ve Beslenme* s. 30-38, Varlık Yay.
9 A'raf Suresi 31.
10 İslam dünyasında Câlinus olarak bilinen Galenos (Galen) Antik Roma döneminde 129-201 tarihleri arasında yaşamıştır. Zamanın tıp bilimine hâkim olan bir hekimdir. Genel tıbbın yanı sıra anatomi, fizyoloji, farmakoloji ve felsefe ile ilgilenen Galen, 400'den fazla eser yazmıştır. Bu eserlerin 100 kadarı günümüze kadar ulaşmıştır. Tıp konusunda geliştirdiği metodolojinin yanı sıra droglardan ilk ilaç geliştirmeyi başarmış kişi olarak da bilinir.
11 İmam Kurtubî, Esmâü'l-Hüsna Şerhi
12 Nebevî beslenme.

Bu tespitte hareketle şu iktibası yapmak yerinde olacak. Prof. Dr. Mustafa Nazıroğlu çağın hastalığını şöyle özetliyor: *"İnsan yaşadığı gerginlik, kullandığı elektronik aletler ve de hayatın getirdiği sıkıntılardan kaynaklı stresle harmanlanmış durumda. Bu kaotik yapı, insanın fizyolojik yapısını etkiliyor, vücudu saran iyon kanalları zarar görüyor. İyon kanalları hücre zarında bulunan kapılar gibidir. Bu kapılar bozulursa veya sızdırma yaparsa, hücrenin dışında içine kıyasla 20 bin misli fazla bulunan kalsiyum iyonu, hücre içine sızmaya başlar. Bu iyonların hücreye saniyelerle ifade edilen zaman diliminde girmesi ve çıkması gerekiyor ki bizler konuşalım, düşünelim ve hayatî faaliyetlerimizi sürdürelim. İyon kanalları sızdıracak ya da tamamen bozulacak olursa kanser, şeker hastalığı, kalp hastalıkları ve nörolojik hastalıklar başta olmak üzere birçok hastalığa neden olabilir. Oysa bunun kimyasal bir ilacı var, lakin ilaca ihtiyaç kalmaması için düzgün beslenme son derece önemli. Sofranızdan yeşili ve meyveyi eksik etmeyin."*

Zihnî kölelik düzeninin ilk başlangıç noktasının obezite olduğunu dile getiren Halil Kargulu ise, 'Zihinî kölelik sistemi: Obezite' başlıklı makalesinde konuya başka bir açıdan yaklaşıyor: *"İdeolojilerin çökmeye yüz tuttuğu süreç içerisinde bilinçli, planlı; insanın fizyolojisi, psikolojisi ve sosyal yapısı gibi tüm değerlerini ele geçirme, el koyma planıdır obezite."*

Obezite yarışında dünya lideri olan ABD ile Müslüman ülkeler arasındaki makas hızla kapanıyor. Bunun bir tek açıklaması var: Müslümanlar, Peygamber Efendimizi değil bâtılı örnek alıyor! Oysa Rasûlullah'ın ***"Kişi dostunun dini üzeredir. Bu yüzden kişi kimi dost edineceğine iyi baksın"***[13] şeklindeki Hadis-i Şeriflerini doğru anlamak gerekiyor. Bu Hadis-i Şerif, her sahada olduğu gibi beslenme ve tüketimde de yanlış örnekler seçmenin tehlikeleri konusunda çarpıcı bir ikaz olarak kabul edilmeli.

Herkesin ayrı bir diyet tarzı ile çıktığı günümüzde insanların kafası bir hayli karışık. Öte yandan kimse alışkanlıklarını terk etmek de istemiyor. Fakat gelinen nokta sürdürülebilir değil. Yerel beslenme alışkanlıkları değiştirildiği için, temelde birkaç türden oluşan ancak zenginmiş gibi sunulan 21. yüzyıl beslenme biçimi, sürdürülebilir olmaktan hayli uzak. Dünyanın dört bir yanında şehirlisi, köylüsü, zengini, fakiri, diplomalısı, diplomasızı, bürokratı, çobanı artık aynı şeyleri yiyor ve aynı tip hastalıklardan muztarip. Çobanın azığıyla müsteşarın menüsünün adları farklı olsa da muhtevası aynı. İkisinin

13 Ebu Hureyre r.a. rivâyeti: Tirmizi, Züht 2378 Ebu Davud, Edeb 16

de aşı zehirle pişmiş lakin etkileyici ambalaj veya kaplarda sunulduğundan kimse gerçeğin farkında değil. Çoban bile dağdan ot kopartıp yemiyor, azığında beyaz ekmek önemli bir yer tutuyor, tıpkı şehirliler gibi. Müslüman'ı da aynı şeyleri yiyor, Müslüman olmayanı da. Soyla, süt tozlu, margarinli çikolata çiftçinin de cebinde var, talebenin, patronun da. Mühendis de salam yiyor, temizlik görevlisi de. İncelikler, farklar kaybolmuş artık, bir **tekdüzelik**tir gidiyor. **Doktorun hastadan farkı yok**! Doktor da obez, tıp öğrencisi de, hasta da! Hepsi ihtimamsız besleniyor, hepsi gizli açlık çekiyor.

Allah-ü Teâlâ hazretleri, Peygamberimiz (ﷺ)'e *"Şüphesiz sen, pek büyük bir ahlâk üzerindesin"*[14] şeklinde meth-ü sena ediyor. Efendimizin insanlara mutlak örnekliğini ise, *"Allah'ın Rasülü'nde sizin için pek güzel bir örnek vardır"*[15] şeklinde pekiştiriyor. Hz. Muhammed (ﷺ) pratik değerlerden mahrum sadece nazari bilgiler aktaran bir Peygamber değildir. Bilakis izahları ve yaşayışıyla emsalsiz bir örnektir. İnsanlık O (ﷺ)'na her çağda, beslenme de dâhil her konuda muhtaçtır. Kendi sağlıkları, afiyetleri ve selametleri için muhtaçtır. O (ﷺ)'in peygamberliğine iman etmeseler bile O'ndan istifade edebilirler.

İşte bu mütevazı çalışma, merhum şairin *"Efendim, müjdecim, kurtarıcım, Peygamberim! Sana uymayan ölçü hayat olsa teperim"* şeklinde dile getirdiği kırmızıçizgimizi anlama gayretinden ibarettir. Biz bilimden yararlanmayı asla reddetmeyiz ama çoğunluğun yaptığı gibi bilime de asla tapmayız. Bizim için bilim, sadece seçilmiş azınlığa değil, bütün insanlığa hizmet ettiği ve Allah (ﷻ) ile Resulü'nün ölçüleriyle çatışmadığı sürece muteberdir. Aksini düşünmemiz söz konusu bile olamaz. Muhakkak ki en doğrusunu Allah (ﷻ) bilir.

Haziran 2012 - Fatih / İstanbul

Kemal Özer
eposta@kemalozer.com - kemalozer.com

---

14 Kalem Suresi 4.
15 Ahzap Suresi 21.

Peygamberimizin şifa veren sünneti

İslam'ın mütevâzi mutfağı

İslam'ın mutfağı, günümüz mutfağına ne şekil açısından benzer ne de muhteva açısından. Bu mutfakta her gıdanın 'tayyib' dolayyısıyla helâl olması şart, israf ise haramdır. Bir kişiye yeten iki kişiye, iki kişiye yeten üç kişiye de yeter.[16] Bu mutfakta teşekkür şirkete değil, Allah (ﷻ)'a yapılır. Her şey insan için yaratılmıştır, ancak insanın her şeyi dilediği gibi tüketmeye hakkı yoktur. Bu mutfakta üretilen her şey bedenlere şifa, ruhlara huzur, çevreye sağlıktır. Bu mutfaktan sofralara gelenlere besmelesiz el sürülmediği gibi sofradan da Yaratan (ﷻ)'a şükürsüz kalkılmaz. Yemeğin başında ve sonunda eller ve ağızlar mutlaka tayyib maddelerle temizlenir.

Allah Rasülü zamanında yaşanan bir hâdise, toplumun neredeyse yüzde sekseninin ya da yüzde yüzünün hasta olduğu günümüz dünyası için çarpıcı bir örnektir. İran'dan Medine'ye bir hekim gelip hastaları tedavi etmek ister. Aradan günler geçmesine karşın kendisine gelip giden yoktur. Bunun üzerine Hz. Peygamber'e gelerek Medine'den ayrılmak için izin ister ve Müslüman halkın neden hasta olmadığını sorar. Efendimiz aleyhisselam ***"Benim ashabım iyice acıkmadan yemez. Yedikleri zaman da tıka basa yemezler, daha iştahları varken sofradan kalkarlar"*** buyurunca, İranlı hekim heyecanla şöyle der: ***"İşte sağlığın şartı budur!"***

Büyük hekim **İbn-i Sina** da tıbbı/sağlığı şu cümlelerle özetliyor: "*Tıp ilmini iki satırda topluyorum.* ***Yediğin vakit az ye. Yedikten sonra dört beş saat hiçbir***

16 Hz. Ömer (r.a.) anlatıyor: "Rasülullah (ﷺ) buyurdular ki: 'Muhakkak ki bir kişilik yemek iki kişiye yeter, iki kişilik yemek de üç ve dört kişiye yeter. Dört kişilik yemek de beş-altı kişiye yeter.'"

şey yeme. Şifa, hazımdadır. Yani kolayca hazmedeceğin miktarı ye. Nefse ve mideye en ağır ve yorucu hal, yemek üstüne yemek yemektir."

Avrupa'daki ihtişamlı masalar!

Osmanlı elçileri Avrupa ve Osmanlı'daki yemek kültürünü anılarında şöyle naklediyor: *"Avrupa'da yemek, kadınların katıldığı ve müziğin de yer aldığı bir sosyal faaliyete dönüşmüştü. Osmanlı'da ise yemek, özel alan olan evde, hane halkı ile ve yakın arkadaş ve dostların katılımlarıyla yenilirdi. Osmanlılar yemeği çok kısa sürede ve merasime dayandırmadan yerken, Avrupalılar yemeği uzun süren, sohbetin olduğu bir merasim gibi görüyorlardı. Osmanlıların yemek odaları yoktu ve insanlar nerede ise orada yemek ikram edilirdi. Buralar ise genelde yaşamlarını sürdürdükleri yerlerdi. Yemekler tepsi içinde alçak sofralara konur ve sofrada sadece kaşık bulunurdu. Özellikle kamu mekânlarında yemekler gruplar halinde yenir ve yemekten önce ve sonra eller mutlaka yıkanırdı. Osmanlı yemek tarzında mahremiyet ve sessizlik hâkimken, Avrupa yemek tarzında ise eğlence, canlılık ve şenlik göze çarpan unsurlardı. Avrupa'da yemek merasimleri için hazırlanmış özel salonlar, büyük kandillerle aydınlatılırdı ve tablolarla dekore edilmekteydi. Salonlara sadece yemek için masalar yerleştirildi. Büyük ve sabit masalar aynı zamanda eğlencelere uygun tarzda yapılırdı. Yemek için harcanan süre de çok uzundu."*

Paris'te askeri tesislerde kadınların davet edilip müzik eşliğinde yemekler yenildiğini aktaran Çelebi Mehmet Efendi şunları naklediyor: *"Nasıl yemek yediğimizi görmek için erkek ve kadınlar akın akın geliyorlardı. Kimilerini defedemeyip naçar ruhsat verirdik. Etrafımızı sarıp seyrederlerdi. Bu alışık olmadığımız bir durum olduğundan bize sıkıntı verirdi. Hatır için sabrederdik. Kralın nasıl yemek yediği, yataktan nasıl kalktığı ve nasıl giyindiğini seyretmeye giderlermiş."*

Viyana sefiri Ahmet Resmi Efendi ise ülkede zenginlerin öğleye kadar uyanmadıklarını, öğleyin oturdukları yemekten ikindi vaktinde ancak kalktıklarını, akşam yemekleri yedikten sonra sabaha kadar devam edecek olan eğlenceye başladıklarını naklediyor.[17]

---

17 Dr. Hasan Korkut, *Osmanlı Elçileri Gözü ile Avrupa*, s. 172-175, Gökkubbe Yay.

McTıp'ın yalanları!

Eskiden Müslümanlar sağlığı **imandan sonraki en değerli şey** olarak gördüklerinden, '**koruyucu hekimlik**' denilen müessesenin gelişimine büyük önem verdiler. Oysa günümüzde 'McTıp' ya da 'Rocekefeller Tıbbı' olarak da adlandırılabilecek olan tıp endüstrisi ne yazık ki bu hasletten önemli ölçüde uzak. 20. asrın başında Fransa'nın küçük bir köyü olan *Saint Maurice*'e atanan *Knock* adlı **art niyetli genç doktorun hikâyesi**, bugün modern tıp alanında yaşananların küçük bir prototipi gibidir. Knock'un köyünde herkes sağlıklıdır, kimsenin yolu doktora düşmemektedir. Bu şekilde mesleğini sürdüremeyeceğini düşünen Dr! Knock, sağlıklı insanları muayenehanesine çekmenin yolunu arar. Doktor, –tıpkı kuş ve domuz gribi yalanında olduğu gibi– köy öğretmeninin de yardımıyla köylüleri toplar ve onlara şu büyük yalanı söyler: *"Haberiniz olsun, diğer köylerde hızla yayılmakta olan salgın bir hastalık var!"* Çok geçmeden köylüler, kurnaz doktorun odasının önünde kuyruk oluştururlar. Herkes ikna olmuş ve köy bir hastaneye dönüşmüştür artık. Sonrası hem doktor, hem de eczacı için güzel ve kazançlı günler demektir.

Bu ihtiraslı ve hilebaz doktorun hayata geçirdiği '**sağlıklı insanlardan hasta yaratma**' denemesi, sonrasında batılı ilaç endüstrisinin en önemli pazarlama silahına dönüşür. Artık her gencin yaşadığı ergenlik, her kadının fıtrî özelliği olan âdet dönemi ve menopoz bile, ilaç şirketlerince hastalık olarak gösterilip, doktorlarca reçetelendirilmeye çalışılır. Açılan bu yoldan ilerleyen şirketler **hastalık için ilaç değil, ilaç için hastalık üretme**de birbiri ile yarışmaya başlar.

Modern tanımıyla ilaç sektörü, 1952'lerde doğarak hızla sanayileşir. Bugün dünyanın yıllık ilaç tüketimi 1 trilyon doların üstüne çıkmıştır. Dünyada ve Avrupa'da en hızlı büyüyen pazarlardan biri de, Türkiye ilaç pazarıdır. '2016 yılsonu satış verilerine göre dünya ilaç pazarının büyüklüğü 1,1 trilyon dolar olarak gerçekleşti. Yılda 7 milyar doların üstünde bir tüketimle Türkiye'nin 16. sırada yer aldığı listelemede ABD, Çin, Japonya, Almanya ve Fransa dünya ilaç endüstrisinin en büyük 5 pazarı konumunda. EFPIA ve İEİS verilerine göre, 2016 yılı sonundaki 462 milyar dolar toplam büyüklükle ABD ilaç pazarı, kendisinden sonra gelen 4 büyük pazarın toplamından daha büyük bir hacim oluşturuyor ve böylece ilaç sektörünün tartışmasız lideri olarak konumlanıyor. ABD ve Kanada, Kuzey Amerika ülkeleri olarak dünya ilaç pazarlarının yüzde 49'unu oluşturuyor. Çin'i de içine alan Afrika, Asya, Avusturalya pazarının toplamdaki payı yüzde

16,4 olarak ortaya çıkıyor. Avrupa yüzde 21,5, Japonya ise yüzde 8,3 paya sahip. 2016 yılında toplam ilaç pazarının yüzde 11,7'sini oluşturan onkoloji ilaçlarının pazar payı, 2022 yılında yüzde 17,5'e çıkacak. 2016 ve 2022 yılları arasındaki satış hacmi de iki kata yakın bir artış gösterecek. Dünya çapında en çok satılan ikinci grup olan diabet 'ilaç' satışlarının 2022 yılında yüzde 5'e yakın bir artış göstermesi bekleniyor. Üçüncü sırada ise romatizma ilaçları var. Bunu ise sıraya 48,5 ile antiviraller, 27,5 milyar dolarla da aşılar yer alır.'[18]

IMS, İEİS verilerine göre son beş yılı değerlendirdildiğinde; Türkiye'de 2012 yılında 12,9 milyar TL düzeyinde olan ilaç pazarı, 2016 yılsonuna kadar yüzde 60'a yakın bir nisbetinde büyür. 2016 yılında hastane ve eczane kanalları toplamında 20,6 milyar TL düzeyinde bir satış yapılır. Bir yılda 2,2 milyar kutu. 2017'de ise bir önceki yıla nispetle yüzde 16'lık bir artış gerçekleşir.

Dünya Sağlık Örgütü (DSÖ)'nün 2006-2017 arası başkanlığını yapan Margaret Chan özetle şunları söylüyor: *"Dünyada şimdiye kadar geliştirilen tüm antibiyotikler etkisini kaybedebilir. Rutin ameliyatları imkânsız hale getirecek bir antibiyotik krizi ile karşı karşıyayız. Antibiyotiklere karşı direnç kazanan bakteriler modern tıbbın sonunu getirebilir. Antibiyotik direnci, ABD, Avrupa ve dünyanın diğer bölgelerinde hızla artıyor. Bu, mikroplara karşı ilk cephemizi kaybettiğimiz anlamına geliyor. Antibiyotiklere karşı dirençli mikroplara maruz kalan kişilerde ölüm oranı yüzde 50 artış gösterdi. Boğaz enfeksiyonu ve yaralanmaların insan hayatına mal olduğu eski günlere dönmek üzereyiz."*[19]

1950 sonrasında geliştirilen antibiyotikler, insanların dışında hayvan ve bitkilerde de arsızca kullanılıyor. Dünyadaki antibiyotik tüketiminin 3'te ikisinden fazlası bitki ve hayvanlarda kullanılıyor. Bunlardan bihaber insanlar antibiyorikli bu gıdaları yiyip-içerek ciddi bir risk alıyorlar. Basit hastalıkları bile kimyevî ilaçla tedavi etmeye alıştırılan günümüz insanı, DSÖ eski başkanının da ifade ettiği gibi sıradan hastalıklarla bile mücadele edemeyebilir. Kırmızı ve beyaz etlerin, genetiği değiştirilmiş hibrit ve GDO'lu tohumlardan elde edilen gıdaların, yakın gelecekte tehlikeli sonuçlar doğuracağından artık kimse kuşku duymamalı. Bilgeliğin kaybedildiği, Nebevi beslenmeden tümüyle uzaklaşıldığı ve İslam'ın 'tayyip' gıda talebinin önemsenmediği çağımızda, bütün insanlık Hz. Peygamber (ﷺ)'in ölçülerine her zamankinden daha fazla muhtaç.

18 KPMG Sektörel Rapor İlaç 2018 Raporu: Dünyada ve Türkiye'de eğilimler, s.5

19 telegraph.co.uk/health/healthnews/9147414/Resistance-to-antibiotics-could-bring-the-end-of-modern-medicine-as-we-know-it-WHO-claim.html

Peygamberimizin ölçüleri

Unutmamalıyız ki Efendimiz (ﷺ) de bir insandır. İnsandır ama insanların en güzel ahlaklısı ve en ölçülüsüdür. Kur'an'ın ifadesiyle "***Allah'ın Rasülü'nde, sizin için pek güzel bir örnek vardır.***"[20] Allah'ın Rasülü (ﷺ) bir Hadis-i Şeriflerinde sağlığın yolunun mideden geçtiğini şöyle anlatır: "***Mide vücudun sarnıcıdır ve damarlar onun içine dalarlar. Eğer mide sıhhatli ise damarlar da sıhhatlidirler. Eğer mide kötü durumda ise o zaman hastalanırlar.***"[21] Bir başka rivâyette ise "***Mide hastalıkların evidir. Tedavinin özü ise perhizdir***"[22] buyurmaktadır. O, insanın en kötü zaaflarından birinin midesi olduğunu ifade eder.

Hz. Peygamber (ﷺ)'in hayatı dikkatle incelendiğinde, onun vefat edeceği zaman yakalandığı ateşli humma dışında hiç hastalanmadığı görülür. Konu sağlık ve sağlıklı beslenme olduğunda da, **ömür boyu hiç hastalanmayan bir Peygamber örnek olmasın da kim olsun**? Onda başta ümmeti olmak üzere tüm insanlar için örnekler vardır. İşte Efendimizin ölçüleri:

Hz. Peygamber yemeği hangi masada yerdi?

Günümüzde özellikle şehirlerde çoğu kimse yemeğini, yemek masalarında yemektedir. Oysa Hz. Enes'in (r.a.) anlattığına göre Hz. Peygamber (ﷺ) -halen birçok köyümüzde olduğu üzere- yemeğini yer sofrasında yemekteydi. "***Ben Rasülullah'ın ne tahta sofra üzerinde yemek yediğini, ne de yemek masası üzerinde yemek yediğini hatırlamıyorum.***" Enes (r.a.)'in bu sözünü rivâyet eden Katâde'ye *"Peki neyin üzerinde yemek yiyorlardı?"* diye sorulmuştu. *"Sofralar üzerinde"* diye cevap verdi.[23]

'Sofra bezi' denilen örtü yere serilir, üzerine 'sofra altı' denilen kasnak veya dört ayaklı ve açılıp kapanabilen altlık kurulur. Sofra bezi veya sofra altlığının üstüne sini konulur. Bağdaş kurularak veya diz çökülerek oturulur sofraya. Bu şekilde oturulduğunda mide katlandığından sofradan daha az yiyerek kalkılır. Oysa masada veya ayakta yemek, doyma hissini azaltır.

Vahşi İbn-i Harb (r.a.) anlatıyor: *"Rasülullah'ın ashabı dediler ki: 'Ey Allah'ın Rasülü! **Biz yiyoruz, ancak bir türlü doymuyoruz, ne yapalım?**' Bunun üzeri-*

20 Ahzap Suresi, 21.
21 Afzalur Rahman, *Sîret Ansiklopedisi*, c.1, s 345, İnkılap Yay.
22 Ebu Davud, Tıp, 13/3856; Adunî, Keşfü'1-Hafâ, II, 214.
23 Buharî Yiyecekler 8, 26, Rikak 17; Tirmizi, Yiyecekler 1/1789

ne, Rasülullah, 'Ayrı ayrı yemekte olmayasınız?' diye sordu. 'Evet' dediler. Rasülullah da, 'Öyleyse yemeğinizde toplanıp bir sofra kurarak hep beraber yiyin, yemeğe Bismillahirrahmanirrahim diyerek başlayın. Böyle yaparsanız yemeğiniz, hakkınızda mübarek kılınır'[24] buyurdu."

Rivâyetler, Hz. Peygamber (ﷺ)'in bir hurma tanesini bile ayakta yemediğini, bir şey yiyecek olduğunda, nimete ve o nimeti bahşeden Allah (ﷻ)'a hürmeten mutlaka çömeldiğini bildiriyor. Bu konuda Efendimiz (ﷺ) *"Ben dayanarak yemem"*[25] buyururken, Hz. Enes *"Rasülullah'ı çömelir vaziyette durup hurma yerken gördüm"*[26] der. Bugün ise hemen her şey ayakta yemeye hasredilmiş. İnsanlar sokaklarda bile hem yürüyüp, hem de yiyebiliyor. Hatta hem araç kullanıp, hem de yiyip içen insanlar görürüz. Bu hem sağlığa, hem de Sünnet-i Seniyyeye aykırı kötü bir davranıştır.

Masada yemek her ne kadar Hz. Peygamber (ﷺ)'den sonra çıksa da, İmam-ı Gazali *İhya-i Ulumu'd-Din* adlı meşhur eserinin '**yemek adabı**' bölümünde bu konuda şunları söyler: *"Biz, her ne kadar 'Sofra üzerinde yemek evlâdır' demişsek de 'Masa üzerinde yemek, tenzihi veya tahrimî bir mekruhtur' demek istemiyoruz ve diyemeyiz. Çünkü masa üzerinde yemenin hakkında herhangi bir yasak sabit olmuş değildir. 'Masa üzerinde yemek Rasülullah (ﷺ)'dan sonra ihdas edilmiştir' denilmiş ise de, bunun manası yasak demek değildir. Zira Efendimiz (ﷺ)'den sonra ihdas edilen her şeyin kullanılması yasak değildir. Kaldı ki masada, yemeğin daha kolayca yenmesi için yerden yüksek tutulmasından başka bir mana da yoktur."*

Mamafih küçük istisnalar hariç Osmanlı saray ve konaklarında bile Tanzimat dönemi batılılaşma sürecine kadar yemek masada değil sofrada yenilmiştir.

Yeme ve içmeye nasıl başlardı?

Çok sayıda rivâyet, Hz. Peygamber (ﷺ)'in yemek öncesinde el ve ağzını yıkadığını, sonra da besmele çekerek yiyip içtiğini bildirir. Bu şekilde yapmak yemeğin bereketini artırdığı gibi daha az yemekle doymayı da sağlamaktadır. Hadis-i Şerifler, Efendimiz (ﷺ)'in yer sofrasında aile fertleri ve misafirlerle birlikte yemek yediğini bildiriyor.

24 Ebu Davud, Yiyecekler 15/3764; İbn-i Mâce, Yiyecekler 17/3286
25 Ebu Cuhayfe r.a. rivâyeti: Buharî, Yiyecekler 13; Tirmizi, Yiyecekler 28/1831; Ebu Davud, Yiyecekler 17/3769; İbn-i Mâce, Yiyecekler 6/3262
26 Müslim, İçecekler 149/2044; Ebu Davud, Yiyecekler, 17/3771

Enes Bin Malik (r.a.) anlatıyor: "*Rasülullah (ﷺ) buyurdular ki: 'Kim, evinin hayır ve bereketini Allah Teâlâ hazretlerinin artırmasını diliyorsa, yemeğe otururken ve yemekten kalkarken ellerini yıkasın.*'" Huzeyfe (r.a.) anlatıyor: "*Biz Rasülullah'ın yanında yemeğe oturunca, Rasülullah yemeye başlamadıkça, kesinlikle elimizi yemeğe vurmazdık. O şöyle dedi: 'Şeytan, üzerine Allah'ın ismi zikredilmeyen yemeği kendine helâl addeder.*'"[27]

Hz. Âişe (r.a.) anlatıyor: "*Rasülullah buyurdular ki: 'Sizden kim bir şey yerse Bismillah desin. BidÂyette söylemeyi unutmuşsa, sonunda şöyle söylesin: Bismillahi fi evvelihi ve âhirihi (Başında da sonunda da Bismillah.')*"[28] Yine Hz. Âişe demiştir ki: "*Rasülullah (ﷺ), ashabından altı kişi içerisinde yemek yiyordu. Derken bir bedevi geldi. Besmele çekmeksizin iki lokmada yutuverdi. Rasülullah (ﷺ), 'Eğer bu adam besmele çekseydi yemek hepinize yeterdi!' buyurdular.*"[29]

Yemek yemeyi bir yaşam töreni olarak tarif eden Muînüddîn Çiştî, besmeleyle başlanan yemeği, "*Ya Rabbi! Bu yemeği sadece senin daha iyi bir kulun olmak için ve hem kendimi, hem de tüm insanlığı yüceltmek için yiyorum*" diyerek yemeli diyor.

Yemeğe tuzla başlayıp, tuzla bitirmek birçok tasavvufi çevrede yaygın olarak uygulanır. Çok sayıda kimse de hayatında uygulamasa bile bunu sünnet olarak kabul eder. Buna dayanak olarak ise; "**Yemeğe tuz ile başlayıp, tuz ile bitirme**lidir" veya "Yemeğine tuzla başlayan bir kimseden Allah Teâlâ yetmiş çeşit hastalığı uzaklaştırır" şeklindeki rivâyetler gösterilir. Hz Peygamber'e atfedilen bu hadislerin, 'mevzu' yani 'uydurma' olduğu konusunda hadisçiler ittifak etmektedirler.

İnkılâb Yayınları'ndan çıkan, Abdülfettah Ebu Gudde'nin tahkik ettiği Aliyyü'l-Kari'nin '*Uydurma Hadisler*' adlı eserinde konu detaylı şekilde ele alınmıştır. Kitapta, "*Ya Ali! Tuza devam etmelisin. Zira o, cüzzam, alaca, cinnet gibi yetmiş derde şifadır*" şeklindeki rivâyetin sahih olmadığı belirtilmektedir. Bunu rivâyet edenin, Abdullah b. Ahmed b. Amir veya babası olabileceği ve bunların ikisinin de Ehl-i Beyt adına uydurma rivâyetler aktaran kimseler olduğu belirtilmekdir. Ayrıca Hadis âlimi Hafız Zehebî, '*Mizan*' adlı eserinde bu hadisi nakledenlerin hadis uydurmakla meşhur olduğunun altını çizmektedir.

---

27 Müslim, İçecekler 102/2017; Ebu Davud, Yiyecekler 16/3766.
28 Ebu Davud, Yiyecekler 16/3767; Tirmizi, Yiyecekler 47/1859.
29 Tirmizi, Yiyecekler 47/1859.

Bu hadislerin uydurma olduğunun bilinmemesinden midir ya da gerçekten tıbbî bir yararı olduğundan mıdır bilinmez, bu konuda farklı tavsiyeler gelmeye devam etmektedir. Muînüddîn Çiştî, *"Tuzdaki klor, midede sindirim için gerekli olan hidroklorik asidi bedenin üretebilmesi için gerekli klor kaynağıdır. Bu yüzden, yemekten önce bir parça tuz almakla, yemek öncesinde herhangi bir asit azlığının meydana gelmesi önlenmiş olur"*[30] der. Dr. İslam Yıldırım ise besinlerin; kimyasal enerji ve vitamin, mineral, protein ve elektrolitlerden oluşan temel yapı taşları olarak ele alındığını, ancak buna pozitif iyonların da eklenmesi gerektiğini belirtiyor. *"Yemekten önce ve sonra tuz yemek, vücut için pozitif iyon sağlar. Bu nedenle yemeğe tuzla başlamak tokluğa neden olur"* diyor.[31]

Hangi elle yer içerdi?

Batılılar ve batı kültüründen etkilenmiş kimseler, çoğunlukla sol elleriyle yiyip içerler. Lokantalarda da çatal genellikle sol tarafa konur. Bazı Müslümanlar da yeme içme konusunda el tercihine pek dikkat etmezler. Mesela etrafımızda, birçok âlim tarafından 'haram'[32] denilen sigarayı sağ elle, çay ve su gibi yiyecekleri sol elle içenlere rastlayabiliriz. Abdullah İbn-i Ömer (r.a.) anlatıyor: *"Rasülullah (ﷺ) buyurdular ki: '**Sizden kimse sakın sol eliyle yiyip içmesin. Çünkü şeytan soluyla yer içer.**'"*[33]

Görüleceği üzere Hz. Peygamber (ﷺ), sol elle yemeyi kesin bir dille yasaklamakta ve sağ elle yenilmesini emretmektedir. Ayrıca başka Hadis-i Şeriflerde, sol eliyle yiyenlere '**yemez ol**' denilerek beddua edildiği görülür. İşte o rivâyetlerden biri: *"Rasülullah'ın yanında bir adam sol eliyle yemek yemişti. '**Sağınla ye!**' buyurdular. Adam, '**Yiyemiyorum!**' dedi. Bunun üzerine Aleyhissalatu vesselam, '**Yiyemez ol! Onu böyle demeye kibri sevk etti!**' buyurdular. Adam bundan sonra elini ağzına kaldıramadı."*[34] Sol elle yemek basit bir mesele olsaydı, Hz. Peygamber (ﷺ)'in bu denli sert bir çıkış yapması, dahası beddua etmesi söz konusu olur muydu? Birçok âlim sol elle yemeyi şeytan ve kâfirlere benzeme olarak görmekte. İbn-i Arabî ise **sol elle yeme**nin **haram** olduğu görüşünde.

Modern hayatın dayattığı bireycilik/bencillik sofrada da kendini gösteriyor. Ayaküstü atıştırmaya indirgenen yemek kültürü, sofranın ortasına konan taamı

---

30 Muînüddîn Çişti, Sûfî Tıbbı, s. 80.
31 Kemal Özer, *Şeytan Ye Diyor*, HayyKitap
32 Bakınız: Hayrettin Karaman, *Müslüman'ın Hayat Bilgisi*, s.27, Hayykitap
33 Müslim, İçecekler 106/2020; Muvatta, Sıfatu'n-Nebi 5/2, 922, 923; Ebu Davud, Yiyecekler 20/3776; Tirmizi, Yiyecekler 9/1801.
34 Seleme İbn-i'l-Ekva r.a. rivâyeti: Müslim, İçecekler 107/2021.

birlikte yemek yerine ayrı ayrı tas ve tabaklara taşıdı. Oysa Hz. Peygamber (ﷺ), İbn-i Abbas (r.a.)'tan gelen bir rivâyetinde şöyle buyurur: *"Bereket yemeğin ortasına iner. Öyleyse kenarlardan yiyin, ortadan yemeyin."*[35] Bugün dünyada ayrı ayrı kaplara konan yemeklerin artanları ne yazık ki çöpe atılarak yüz milyonlarca insanı doyuracak kadar yemek heba edilmektedir.

2009'da *Nature* dergisinde yer alan bir habere göre, dünyada yılda 13 milyar ton yiyecek çöpe atılıyor. 2014'de ülkemizde yapılan resmi açıklamya göre ise üretilen her iki gıdadan biri çöpe gidiyor. Bu israf, Ramazan ayında daha fazla artıyor. Özellikle lüks oteller, lokantalar, restoranlar, işyerleri, okullar ve hastanelerde çöpe giden tonlarca yemek artığının çevreye verdiği zarar da ürkütücü boyutlarda. Çöpe atılan bu binlerce ton yemek, depolandıkları çöplüklerde çok tehlikeli metan gazının oluşmasına da neden oluyor.

Hangi yemekleri severdi?

Allah Rasülü (ﷺ)'nün bir gıdada ya da eşyada baktığı ilk şey, *"Ey insanlar! Size verdiğimiz rızıkların tayyib olanlarından yiyin"*[36] emrine uygun olup olmadığıdır. Çünkü bu hem Allah'ın bir emridir, hem de Âyet-i Kerime'nin devamında aksi durumun 'şeytanın adımlarını izlemek' olduğu belirtilir. Rivâyetler Aleyhissalatu vesselamın, 'tayyib ve helâl' olan hiçbir yemeğe kusur bulmadığı[37] yönündedir. Hoşuna gideni övdüğü, hoşuna gitmemişse asla ayıplamadığı naklediliyor. 'Hoşuna gitmemişse' ifadesinden ise maksat şudur: Tabiatı gereği 'hoşlanmamıştır', yoksa çirkin görmesi mânâsında değil.[38] Efendimiz (ﷺ) bir gün ailesinden, ekmeğin yanına katık ister. *"Sirkeden başka katık yok"* denildiğinde sirkenin getirilmesini ister ve *"Sirke ne güzel katık, sirke ne güzel katık"*[39] buyurur. Nezaket âbidesi olan Efendimiz (ﷺ), dışarı çıkacak kişilerin, soğan ve sarımsak gibi muhatapları rahatsız eden gıdaları yemeden çıkmalarını isterdi. Gaye bu tür gıdaları yasaklamak değil, sadece cemiyetteki diğer fertlerin rahatsız olmamasını sağlamaktı. Bu durumda sigara içen, ağır parfümler kullananların aynı bahiste değerlendirilmesi gerekir.

---

35 Tirmizi, Yiyecekler 12/1806; Ebu Davud, Yiyecekler 18/3772.
36 Bakara 168, 172, Mâide 88, Nahl Suresi 114, Taha 81, Mü'min 64, Araf 32 ve Enfal 26 Âyet-i Kerimeleri hep 'halalen tayyiben/helâl ve tayyib' ifadelerini kullanır.
37 Ebu Davud, Yiyecekler, 3763; Tirmizi, Yiyecekler, 2932; İbn-i Mâce, Yiyecekler, 3259
38 İmam Nevevi, Riyaz'üs-Sâlihîn 736. Hadis'in şerhi. (Buharî; Kitabu'l-Enbiya, Kitabu'l-Yiyecekler, Müslim; Kitabu'l-Etribe, 2064.
39 Müslim, İçecekler 166/2052; Ebu Davud, Yiyecekler 40/3820-3821; Tirmizî, Yiyecekler 35/1843; Nesâî, Yemin 21/7-14

Elini, ağzını ne zaman yıkardı?

Hz. Peygamber (ﷺ) temizliği imanın bir şubesi sayar. Hz. Selman (r.a.)'den gelen rivâyette Efendimiz, ***"Yemeğin bereketi, yemekten önce ve sonra el ve ağzı yıkamadadır"***[40] buyururlar. El ve ağız yıkamanın sadece bereketle ilgili olmadığını ise Ebu Hureyre (r.a.) şöyle naklediyor: *"Rasülullah buyurdular ki:* ***'Şeytan muhakkak ki hassastır, cidden pek hassastır. Kendinizi ondan sakındırın. Kim elinde et kokusu olduğu halde geceler, sonra da kendisine bir fenalık ulaşırsa sakın ha nefsinden başkasını suçlamasın.'"***[41]

Bu son derece mantıklı, zira hemen herkes yemek öncesi, üzerinde çok miktarda virüs, mantar ve bakteri barındıran bir eşyaya temas etmiş olabilir. Eller yıkanmadan yenilen yemek sağlığı bozabilir, bozar da! Hâkezâ yemek sonrasında el, ağız ve dişlerde yağ ve sair yemek kalıntıları olacaktır. Bu da bakteri ve mantarların oluşmasına yol açacacaktır. O zaman yemek öncesi ve sonrasında el ve ağız yıkamanın faydası ve gerekliliğini tartışmaya gerek var mı?

Yemek adabı nasıldı?

İslam'ın mutfağının en güzel örneği Rasülullah (ﷺ)'ın hayatundadır. Bu mutfak sadece yeme içmeden ibaret de değildir. Bu mutfakta haram ve şüphelilerden sakınma, israf yapmama temel esastır. Yeme içme adabı ve ölçüsü de olmazsa olmazlardandır. Hz. Peygamber (ﷺ), yemekten önce ve sonra el ve ağzı yıkamayı, yemeğe besmeleyle başlamayı, oturarak, az ve önünden yemeyi, yemekten sonra yemeği yapana teşekkür ve dua etmeyi, nimeti yaratan Allah-ü Teâlâ'ya da hamd etmeyi emreder.

Muhyiddin-i Arabî hazretleri yeme içme adabını şöyle özetler: ***"Besmelesiz başlama, acıkmadan yeme, yemeğe hep en son sen başla, yerken acele etme, acele etmeden lokmayı teenni ile ortalama olarak al, taamı çiğnemeden yutma ve iyice çiğne, diğer lokmaya elini uzatırken de besmele çek, sofrada yalnız bile olsan hep kendi önünden ye, sofradakilerin yüzüne ve eline bakma, daha fazla yemen konusundaki ısrarlara aldırış etme, zaruret kadar ye, sofradan mideni doldurmadan kalk, nimeti hazırlayana teşekkür et, bu rızkı veren Allah'a gereği gibi şükret, günde iki öğün ye!"***

---

40 Ebu Davud, Yiyecekler 12/3761; Tirmizi, Yiyecekler 39/1847
41 Tirmizi, Yiyecekler 48/1861; Ebu Davud, Yiyecekler 54/3852

Haccac-ı Zalim bir hekime; *"**Bana öyle bir şey tavsiye et ki, onunla amel edip başkasına muhtaç olmayayım**"* der. Tabib şu tavsiyelerde bulunur: *"**Genç kadınlarla evlen, etlerden ancak gencecik olanlarından ye, hiçbir şeyi güzelce pişirmeden yeme, hastalık olmadan keyfî olarak hiçbir ilâcı içme, meyvelerin iyi olmuş ve tam kıvamına gelmiş olanından ye, yemeği güzelce çiğnedikten sonra yut, istediğin yemeği ye fakat üzerine su içme, içtiğin takdirde o zaman onun üzerine yeme, küçük ve büyük abdestlerini bekletme, gündüz yedikten sonra uyu, geceleyin yediğin zaman uyumadan önce yüz adım da olsa yürü!**"*

İmam Gazali (r.a.) ise şu tavsiyelerde bulunuyor: *"**Damar sertliği, sinir yorgunluğu ve midenin kalbi sıkıştırması, kalbe kötü tesir eden üç şeydir.** Mide tok olduğunda vücudun kanı mideye hücum edecek ve diğer organlar gereği gibi beslenemeyecektir. **İnsan nafile oruca devam ettiğinde ve az yediğinde karaciğer istirahat halinde bulunduğundan, vücuttaki zararlı maddeleri tahrip eder.** Onun için kişi kendisini hafif hisseder. Karaciğer insan vücudundaki bütün kimyasal işlemlerin merkezi olup, insan organizmasının en önemli uzuvlarından biridir. Ve **açlıkta, istirahat edeceğinden kendini tazeleme imkânı bulur.**"*

Erzurumlu İbrahim Hakkı merhum ise
*"**Her kimin ki, taamı kalil, onun sıkıntısı halîl, ömrü de tavîl olur**"*
(Her kimin ki, taamı az olur, onun sıkıntısı çözülmüş, ömrü de uzun olur)
diyerek özetliyor durumu.

İspanyol seyyah Petro hatıralarında eski halimizi şöyle aktarıyor: *"**Türkler yemeğe pek düşkün değiller. Bana kalırsa yaşamak için yerler, yoksa çok yemekten zevk duyduklarından öturu değil. İyi bir huyları vardır, yemekte hiç laf etmezler. 'Karnımızı doyuran Allah'a çok şükür' derler.**"*

Sabahları kahvaltı eder miydi?

Hiç şüphe yok ki, Hz. Peygamber (ﷺ) de sabah ve akşam yemek yerdi. Günün en vazgeçilmez iki öğünü sabah kahvaltısı ve akşam yemeğidir. Öğle yemeği çalışma şartlarına göre yenilmesi gereken ama zaruri olmayan bir öğündür. Eskiden, sabahları ya da sabahın ilk anlarında yenilen yemeğe çeşitli bölgelerde farklı adlar verilse de, genelde kuşluk vaktinde yenildiğinden '**kuşluk yemeği**' tabiri kullanılırdı. Kahvenin keşfi ve özellikle Anadolu'da sabah yemeklerinden sonra kahve içilmesi nedeniyle ve 'kahve' ile 'altı' kelimelerinin birleşmesi neticesinde '**kahvaltı**' kelimesi hayatımıza girmiştir.

Peki, bu kadar önemli bir öğün olan sabah kahvaltısında ne yemeli? Yenebilecekler (bu elbette hepsini bir anda yiyin anlamına gelmiyor) listesi uzun: Zeytin, peynir, yumurta, geleneksel pekmez/tahin veya kara kovan balı, ev yoğurdu. Mevsimine göre domates, salatalık, biber, marul, maydanoz, nane, roka, dereotu vb yeşillikler. Hurma, kuru incir, gün kurusu kayısı. Kavrulmamış kabuklu badem, fındık, ceviz gibi kuruyemişler. Limon ve besleyici bir çorba türü. Mevsimine göre portakal, mandalina, erik, elma, kayısı vb meyveler. Ekşi mayalı, tam tahıllı ekmek ve yeşil/siyah çay. Elbette kahvaltınızda bu kadar çeşidin bulunması hem gerekmez, hem de doğru değil. Çeşitler, güne veya mevsime göre değiştirilebilir. Günümüzde içeriği tamamen kimyevî olan endüstriyel ürünler ile ziraî kimyasallara maruz kalan, katkı maddesi eklenen, raf ömrü uzatılmış sözde gıdaları sofranızda kesinlikle bulundurmayın. Mesela rafine şekeri veya rafine şeker ihtiva eden hiçbir ürünü evinize sokmayın.

Doğru bir sabah kahvaltısı şöyle olabilir: Aç iken 2 bardak oda ısısında su, birkaç bardak yeşil çay, bir kaşık kara kovan balı yahut geleneksel köy pekmezi, bir veya iki yumurta, bir veya yarım bardak süt, bir kaç dilim peynir, 5-7 adet hurma, 8-10 adet üzerine çeşitli baharat ve sızma zeytinyağı eklenmiş zeytin, bir-iki küçük dilim (katkı içermeyen ekşi maya, tam buğday unu, su ve tuzdan yapılmış) ekmek olabilir.

Günümüzde gıdalar, çeşitli işlemlere tabi tutularak farklı adlarla sofralarda yerini alabiliyor. Bu aslında bir zenginleşme değil, nitelik bozulmasıdır. Aslî yapısı farklı endüstriyel işlemlere tabi tutularak bozulduğu, sonra çeşit çeşit kimyasal katkılar eklenerek yeni bir forma sokulduğu için bugün gıdaların çoğu, haz ve görselliği yüksek ticari üründen başka bir şey değildir. Vücudumuz tabiattaki tüm ürünleri tabiî formuyla tanır ve bu halde tüketince âzamî yarar sağlar. Günümüz endüstriyel ürünleri yiyip-içmek, midevî yani fizikî açlığı giderebilir, ancak biyolojik açlığı sürdürür.

Öğle yemeği yer miydi?

Hz. Peygamber (ﷺ)'in öğle yemeği yediğine dair hiçbir rivâyet yoktur. Ayrıca birçok kaynak öğleyin yemek yeme âdetinin, Hz. Peygamber (ﷺ) devrinde olmadığını belirtir. Kaynaklar bize, Osmanlı saraylarında da iki öğün yemek çıktığını, birine '**Kuşluk Taamı**' diğerine ise '**Akşam Taamı**' denildiğini aktarır. Kuşluk yemeği sabahleyin namazdan bir müddet sonra, akşam yemeği ise gün batımında yenilirdi. Elbette saatleri mevsime ve yöreye göre de değişkenlik arz ederdi. Öğle yemeği âdetinin sonradan çıktığından ve özellikle Tanzimat dönemi batılılaşma sürecinin ürünü olduğundan şüphe yoktur. Normal şartlarda nitelikli bir sabah kahvaltısı ve akşam yemeği yenmesi durumunda öğle yemeğine ihtiyaç yoktur. Öğle yemeği 'gereksiz' olsa da bu öğüne ihtiyaç duyan birini bundan menetmek de doğru değildir. Evet, iyi ve lif zengini bir kahvaltı öğle yemeğine ihtiyaç bırakmaz. İlla yenilmesi gerekiyorsa ağır yemekler yerine hafif türlerin tercih edilmesi tavsiye edilir. Çorba, mevsimine göre salata, yoğurt veya cacık, bir dilim ekşi mayalı, tam tahıllı ekmek öğle için yeterli olacaktır. Bazen de birkaç hurma, birkaç adet gün kurusu ve badem, fındık, ceviz gibi kuruyemişlerden biri ya da mevsimine göre yalnızca meyve de yeterli olabilir.

İki öğün ile sıhhatli bir hayat sürülebileceğini, Ramazan orucunu turan herkes bilir. Ramazan'ın ilk günlerinde insanların oruca intibakı güç olabilir. Ancak bir hafta sonra beden artık iki öğünle beslenmeye alışır ve sistemini değiştirir. Ramazan'ın ortasına doğru ise alışkanlık kazanıldığı görülür. Çeşitli kötü hasletlerden kurtulmak genellikle üç hafta yani 21 gün sürer. Bu süreçte sabredilirse yeni güzel bir haslete kavuşulur. Tıpkı oruçta kazanılan gibi. Bu nedenle, Ramazanlardan sonra üç öğün yerine iki öğüne devam edilse, kahvaltı ile sahur arasındaki zaman dilimi de düşünüldüğünde, 2 öğünü sürdürmenin hiç de zor olmadığı görülecektir. Her zaman yenilmeli ancak alışkanlık daim oluncaya dek besin ve lif zengini hurmanın işimizi kolaylaştırdığı görülecektir. Unutulmamalıdır ki, beyininin çalıştıranlar bedenini çalıştıranlardan daha çok gıdaya ihtiyaç duyarlar.

Akşam yemek yer miydi?

Peygamberimiz (ﷺ), *"Akşam yemeğinin terki ihtiyarlık sebebidir"*[42] buyurur. Tek başına bu Hadis-i Şerif bile akşam yemeğinin önemini anlatmaya yetiyor. Akşam yemeğinin terki insanın erken yaşlanmasına sebep olduğuna göre bunu kim ister? *Askerî*'ye göre, bu hadisten Hz. Peygamber (ﷺ)'in çok yemeye teşvik ettiği manası çıkarılamaz, bilakis Efendimiz sağlık için akşam öğününün ihmal edilmemesi gerektiğini öğütlemektedir. Münâvî, *"Boş mideyle uyku, hazmetmede işe yarayan mide asitlerinin çözülmesine neden olur"* diyerek meselenin tıbbi boyutunu da izah ediyor. Merceme b. Adî ise, *"Damarların kesilmesi*

42 Hz. Enes r.a.rivâyeti, Tirmizi, Yiyecekler 46/1857

hastalığa, akşam yemeğinin terki de ihtiyarlığa sebeptir' diyerek mezkûr Hadis-i Şerif'i tevil ediyor.

Akşam sofrasının da sabah kahvaltısı gibi güçlü ve besleyici olması, hem yorulan beden, hem de cinsel fonksiyonların yerine getirilebilmesi açısından son derece önemlidir. Akşam yemeğinde haşlama şeklinde hayvanî bir gıdanın yanı sıra pilav, yoğurt ve mevsimine uygun bir salata mükemmel bir öğün demektir.

115 yaşında vefat eden *Dr Hafız Cemal Lokmanhekim* çok **et yemenin zararlarından** nasıl korunulması gerektiği şöyle anlatıyor: Çok et yiyenler, bol bol taze hâlis yoğurt yemelidirler. Çünkü etler; kana, damarlara ve böbreklere fenalık verirler. Yoğurt bu fenalıkları, etlerin vücuda saçtıkları zehirli maddeleri (toksin) giderirler.[43]

Uykudan en az 3-4 saat önce yenilecek akşam yemeğinden birkaç saat sonra ise çay (öncelikle yeşil çay) içilmesi bedeni rahatlatacaktır.

Ne kadar ve kaç öğün yerdi?

Bedenin ihtiyaçlarını karşılamamak ne kadar sağlıksız ise aşırı yemek de o kadar sağlıksızdır. Çok yemenin özellikle de iftar sofrasında ölçüsüz yemenin nasıl bir sıkıntıya neden olduğunu herkes bilir. Hz. Peygamber (ﷺ) ne miktarda yenmesi gerektiğini şöyle anlatıyor: ***"Âdemoğlu, mideden daha şerli bir kap doldurmaz. Âdemoğluna belini doğrultacak birkaç lokmacık yeterlidir. Ancak ille de*** *–mideyi dolduracaksa–* ***bari onu üçe ayırsın: Üçte birini yemeğe, üçte birini suya, üçte birini de nefesine."***[44]

Rasülullah (ﷺ) ve Ashabı Kiram zamanında insanlar zevk için değil, bedenin gerçek ihtiyaçlarını karşılamak için beslenirdi. Müslüman için gıda, hayatın devamı için gerekliydi, bir haz aracı değildi. Beslenme onların hayatında fıtrî ve yaratılış gayesine uygun bir amaçtı.

Çok yemek insanda rehavete, dolayısıyla da tembelliğe neden olur. Eski hekimler ölçüsüz yemeyi '**hayvanî bir haslet**' olarak tarif etmişler. Bazı hekimler çok yemenin beden, akıl, mizaç ve ibadet düzeninin bozulmasına neden olduğunu söylerler. Muttakiler, mertebe artışını az yemeyle de ilişkilendirirler.

---

43 Lokman hekim Mecmuası, Teşrinisani 1936, sayı 5, s.73
44 İbn-i Mâce, Yiyecekler 50/3349; Tirmizi, Zühd 47/2381

Peki, çok yemek ve kötü beslenmekle, maneviyat arasındaki ilişki nedir? Az, öz ve helâl beslenen biri, Allah'a kendini daha yakın hisseder mi, böyle birinin namazı huşûlu, duaları daha ihlâslı olur mu?

Bilge insanlar, *"**Az yiyen her gün, çok yiyen bir gün yer**"* demişler. Boşuna da dememişler. Çünkü çok veya az yemek, sağlığın gidişatında, kişiliğin oluşmasında ve maneviyat üzerinde etkilidir. Çok yiyen kimse hikmet ve marifetten uzaklaşır. Arapçada '**kıllet-i taam**' olarak nitelenen az yiyip içme erdemli insanların hasleti, peygamberlerin ise sıfatı olarak gösterilir. Riyazet makamlarını aşmada az yemek son derece önemlidir hatta derecelerin ilkidir:

1) **Kıllet-i taam**: Az yemek, az içmek
2) **Kıllet-i kelam**: Az konuşup, çok tefekkür etme
3) **Kıllet-i nevm**: Az uyuyup, gaflette kalmamak
4) **Uzlet anil ağyar**: Kötü insanlardan uzak olmak

Kadim tıp eserleri **çok yiyen kimselerin vasıfların**ı, '*kendisi ve midesi tembel, hafızası zayıf' uykusu ağır*' şeklinde sıralarken, az yiyenleri ise '*midesi cevval' hafızası güçlü, uykusu hafif* olarak zikreder.

Hüseyin Halveti, '*Maruf'u Kelam*' adlı eserinde şu beyitlere yer veriyor:
Az yiyen olur veli / çok yiyen olur deli
Az yiyen olur âlim / çok yiyen olur zalim
Az yiyen olur melek / çok yiyen olur helâk

Çok yiyen kimselerde yeme içme faaliyeti hayatın merkezine oturur. Tüm hayat yemeğe adanır. Yemeğe adeta tapılır! Çok yiyen kimsenin rehaveti yani tembellik ve gevşekliği artar. Çok yenildiğinde beden, bütün ilgisini sindirime yöneltir ve başka şeylerden uzaklaşmak ister. Bu haldeki bir kimse namaz ve şükür gibi hallerden uzaklaşır. Midesini tıka basa doldurmuş bir kimseyi önce rehavet, sonra ise uyku saracaktır. Bu halde namaza kalkması mümkün olsa bile, namazda acele edecek, bu da huşû ve rükünlerin terkini doğuracaktır. Neticede böyle bir namazın sıhhati de bozulabilecektir.

Kaldı ki, gerektiğinden fazla yemek içmek bir yandan israf, diğer yandan da zulümdür. Fazla yeme kaynaklı hastalıkların tedavi giderleri ile milyarlarca insanın beslenme ve barınma ihtiyaçları karşılanabiliyor. Bugün 7 milyardan fazla insan (yani dünya nüfusu), en az 15 milyar insana yetebilecek miktarda gıdayı tüketiyor. İşte bu da hesabı güç israf ve zulümdür.

Bu meyanda, Rasülullah (ﷺ)'ın hangi miktarda yiyip içtiği yahut da tavsiye ettiği suali yöneltilebilir. Gelin önce **kūt** (قوت) kelimesinin mânâsına bir bakalım. Kūt, hayatta kalmak için gerekli yiyecek demektir. Çok az, yani ölmeyecek kadar yiyip içmeye ise '*kūt lâ-yemut*' denir.

Rasülullah (ﷺ)'ın de sadece zaruret kadar yiyip içtiğinden hiç bir şüphe yok. Hz. Peygamber (ﷺ) bir keresinde Aişe (r.a.) vâlidemize şöyle buyurmuştur: "***İsraftan kaçın! Günde iki öğün yemek israf; iki günde bir defa yemek ise cimriliktir. Günde bir öğün yemek, bu ikisi arasındaki normal durumdur. Allah'ın Kitabı'nda övülen durum da budur.***"[45]

'24 saatte bir öğün yemekle yetinilmelidir. Bu derece, açlık çekme hususundaki en küçük derecedir. Bunu geçen miktarsa israf ve oburluktur. Günden birden fazla yiyen kimseler artık ***açlık*** diye birşey bilmez. Bu ise zevk ve safâya dalan kimselerin fiilidir. Böyle bir kimse Sünnet'ten uzaktır. Çünkü Ebu Said el-Hudrî (r.a.)'nin rivâyet ettiğine göre, Hz. Peygamber (ﷺ) ***sabah yediği gün akşam yemeği yemez, akşam yemeği yediği zaman da sabah yemezdi. Selef-i Sâlihîn de her gün bir defa yerlerdi.***'[46]

Bu rivâyetten de anlaşılacağı üzere, İmam-ı Gazali (r.a.) nefsin terbiyesinden bahsetmektedir. Yiyip içme hususunda dört vazife sıralar:

- **Helâlden başkasını yememek**. Çünkü haram yemekle yapılan ibâdet, denizin dalgaları üzerine inşa edilen bina gibidir.
- **Günde bir öğünden fazla yememek.** Yemeğin vakti ve tehir süresi önemlidir. Bunda da 4 derece vardır: Bu derecelerin en büyüğü 3 gün veya daha fazla süre aç kalmaktır. İkinci derece, mideyi 2 ya da 3 gün aç bırakmaktır. Bu üçüncü derece, derecelerin en aşağısı olup, 24 saatte bir defa yemekle yetinmektir. Fazlasının hükmü zaten yukarıda açıklandı. Hz. Ebubekir Sıddîk (r.a) 6 gün aç dururdu. Abdullah b. Zübeyr (r.a.) ile İbn Abbas (r.a.)'ın arkadaşı Ebu'l-Cevza (r.a.) da 7 gün birşey yemezdi. Rivâyet edildiğine göre, Süfyan es-Sevrî (r.a.) ile İbrahim b. Edhem (r.a.)'in karnına üç gün üst üste hiçbir şey girmezdi. Bu zatlar âhiret yolunda yürüme hususunda açlıktan yardım umarlardı.
- **Yemeğin çeşidi azaltılmalıdır.** Bir Hadis-i Şerifte şöyle buyrulur: "***Ümmetimin en kötüleri, çeşit çeşit yiyecekler yemek suretiyle vücutlarını semizletenleridir. Bunların çeşit çeşit yiyecekler yemekten ve çok çeşitli elbiseler giymekten başka gayeleri yoktur. Konuştuklarında da avurtlarını yırtarca-***

45 Beyhakî, Şitab 'ul-İman
46 İmam-ı Gazali, İhyâu'Ulûmi'd-Din, c.3, s.206, (Mide Şehvetini Kırmak Bahsi) Bedir Yay.

sına bağırıp çağırırlar."[47]

- **Yemeğin miktarı azaltılmalıdır.** Çok yemek, Allah-ü Teâlâ hazretlerinin "***Yiyiniz, içiniz fakat israf etmeyiniz. Çünkü Allah, israf edenleri sevmez***"[48] emrine muhalefettir.

Meselenin özü şudur: Müslüman gerçekten acıktığı zaman yemeli ve henüz iştahı olduğu halde yemekten elini çekmelidir. *Ebu Zer Gıfârî* (r.a) şöyle derdi: 'Hz. Peygamber (ﷺ) zamanında bir haftalık yemeğim, bir sa'[49] arpadan ibaretti. Allah'a yemin ederim ki Hz. Peygamber' e kavuşuncaya kadar da bunu artırmayacağım; çünkü ben, onun şöyle dediğini duydum: "***Kıyâmet gününde derece bakımından bana en yakın olanınız ve nezdimde en sevimliniz, bugün (asr-ı saâdette) üzerinde bulunduğu hâl üzere ölüp Allah'a kavuşanınızdır.***"[50]

Ashâb-ı Suffe'den iki kişinin bir günlük gıdası, bir avuç hurma idi. Buradaki avuç, *bir tam ve üçte bir Bağdad batmanı* demektir. (Bu batman, yirmisekiz küsur dirhemdir yani yaklaşık 120 gr). Bu hurmalardan çekirdekler de düşürülürdü.

Ebu Hureyre'nin (r.a.) rivâyetine göre, Rasülullah (ﷺ) şöyle buyurdular: "***Öyle devir gelecek ki, insanoğlu, aldığı şeyin helâlden mi, haramdan mı olduğuna hiç aldırmayacak. Böylelerinin hiçbir duası kabul edilmez.***"[51] Bu Hadis-i Şerif bize her türlü tüketimin ölçü vce mahiyetinin, ibadetlerin kabul edilirliği açısından belirleyici olduğunu gösterir. Dua da bir ibadettir. Şâyet 'tayyib ve helâl' olmayan gıdalarla beslenmek duanın kabulüne mani ise (ki Peygamberimiz (ﷺ) böyle olduğunu belirtiyor) Allah-ü âlem namaz, oruç gibi diğer ibadetlere de manidir.

Yiyip içme de dâhil tüm tüketimimiz, dünya hayatı kadar ahiret hayatı için de belirleyicidir. O halde Müslüman kimselerin mutlaka israftan kaçınması, acıkmadan yememesi, ölçülü yiyip-içmesi, paylaşması ve şükretmesi gerekir ki ruh ve beden sıhhate kavuşsun, ahiret hayatı iyiliklerle dolsun.

---

47 İbn Adiy, Kâmil (İmam-ı Gazali, İhyâu'Ulûmi'd-Din, c.3, s.201)
48 Ar'af Suresi, 31
49 Ağırlığı kullanıldığı ülkeye göre değişen bir tahıl ölçeği. 1 sa' miktarı 2,917 gramdır.
50 Ahmed, Ebu Nuaym, (İmam-ı Gazali, İhyâu'Ulûmi'd-Din, c.3, s.202)
51 Buhari, Alışveriş, 7/23; Sünen-i Nesai, Alıveriş, 2/7-243

Yemek bitince ne yapardı?

Efendimiz (ﷺ) *"**Muhakkak ki Allah, kulun bir şey yiyip hamd etmesinden veya bir şey içip hamd etmesinden razı olur**"*[52] buyuruyor ve ashabına yiyip içtiklerinde *"**Bize yedirip içiren ve bizi Müslümanlardan kılan Allah'a hamdolsun**"*[53] şeklinde dua etmelerini tavsiye ediyor.

Başka bir rivâyette Peygamberimiz (ﷺ)'in şöyle dua ettiği aktarılıyor: *"**Ya Rabbi! Eksiksiz tüm övgülerin hepsi sanadır. Ya Rabbi! Sen mübareksin, her şey Sen'den istenir ve tüm yarattığın nimetlere her zaman muhtacız.**"*[54] Muâz b. Enes (r.a.) ise Efendimiz (ﷺ)'in şu duasını rivâyet ediyor: *"**Her kim bir yemeği yer de 'Bana bu yemeği yediren ve benim hiçbir kuvvet ve kudretim olmadan onu rızık olarak bana veren Allah'a hamdolsun' derse geçmiş günahları bağışlanır.**"*[55] Enes b. Mâlik (r.a.)'ın rivâyetine göre duasını tamamlayan Hz. Peygamber (ﷺ) kalkıp elini yıkardı. Rasülullah şöyle buyurdu: *"**Kim, evinin hayır ve bereketini Allah-ü Teâlâ hazretlerinin artırmasını diliyorsa, yemeğe otururken ve yemekten kalkarken ellerini yıkasın.**"*

İmam-ı Gazali (r.a.), yemekten sonra İhlâs ve Kureyş surelerinin okunmasını tavsiye ediyor ve misafirlikte şu şekilde dua edilmesini öğütlüyor: *"**Ey Allah'ım! Bu kulunun hayrını çoğalt, kendisine vermiş olduğun rızka bereket ihsan et. Rızkında hayırlı hareket etmeyi kendisine müyesser eyle, verdiklerinle kendisini kanaatkâr kıl. Bizi ve onu şükreden kullarından eyle!**"*

Ekmek yer miydi?

Hz. Peygamber (ﷺ) elbette ekmek yerdi. Ancak O (ﷺ)'nun yediği ekmek günümüzde milyonlarca insanın yediği ekmekten çok farklıydı. Bugün ekmekler, rüşeym ve kepeği *–ki bunlar buğdayın en besleyici bölümleridir–* alınmış beyaz undan üretiliyor. Oysa Ümmü Eymen'den (r.a.) gelen rivâyette Peygamberimiz (ﷺ) **beyaz un**u nehyediyor. Ümmü Eymen bir **unu eleyip** ondan, Hz. Peygamber (ﷺ) için ekmek yapar. Efendimiz *"Bu nedir?"* diye sorunca da, *"**Bu bizim diyarda yaptığımız bir yiyecektir. Ben ondan sizin için bir ekmek yapmak**"*

52 Muâz İbn-i Enes r.a. rivâyeti: Müslim, Zikr 89/2734; Tirmizi, Yiyecekler 18/1817
53 Ebu Said r.a. rivâyeti: Tirmizi, Yiyecekler 75/3453; Ebu Davud, Yiyecekler 53/3850; İbn-i Mâce, Yiyecekler 16/3283
54 İbn Mâce, Yiyecekler 27
55 Ebu Davud, Giyim 1/4023; Tirmizî, Davet 75/3454; İbn-i Mâce, Yiyecekler 16/3285

istedim deyince, Aleyhissalâtu Vesselam da, ***"Şu eleyip ayırdığın kepeği una geri kat, sonra yoğur ve ekmek yap"*** buyurmuştur".[56]

Ebu Hâzım (r.a.) şöyle anlatıyor: *"Sehl İbn-i'ye sordum: 'Rasülullah hiç -kepeksiz has undan yapılmış- beyaz ekmek yedi mi?' Bana şu cevabı verdi: 'Hayır! Allah (ﷻ)'ın O'nu peygamber olarak gönderdiği günden ölünceye kadar hiç beyaz ekmek görmedi.' Ben tekrar sordum: 'Elekleriniz var mıydı?' 'Hayır!' dedi, 'Aleyhissalatu Vesselam, Allah'ın kendisini peygamber olarak gönderdiği günden ölünceye kadar hiç elek görmemiştir...'"*[57] Bu rivâyete binaen Hz. Ömer döneminde un eleklerinin yasaklandığı kaydedilir. Ekmek konusunda daha fazla teferruat için '*Şeytan Ye Diyor*' ve '*İyi Gıda, Kötü Gıda*' adlı kitaplarımızın 'ekmek' bölümü incelenebilirsiniz.

Beyaz undan yapılmış ekmek -katkı maddesi eklenmemiş olsa bile- şişmanlatır. Ayrıca basur, ülser, koroner kalp ve damar hastalıkları, bağırsak rahatsızlıkları ve diyabet gibi birçok hastalığın tetiklenmesine yardımcı olur.[58] *Münster Üniversitesi Gıda ve Beslenme Enstitüsü* uzmanlarından *Thomas Hofmann* 2002 yılında yaptığı çalışmada, **buğdayın kabuğundaki 'prony-lysin' adlı aminoasidin insanları kanser ve kalp dolaşım hastalıklarından koruduğu**nu keşfediyor.[59] Prony-lysin, kabuğu/kepeği ayrıştırılmış buğdaydan yapılan beyaz unda bulunmuyor. Yani beyaz undan yapılmış ekmek tüketen kimseler, bu **Tabiî kanser koruyucusu**ndan mahrum kalıyor.

Kepek ve rüşeyminin alınması, buğdayın besleyiciliğini yok eder. Bu nedenle en sağlıklı ekmek; (rüşeymi ve kepeği alınmamış) tam buğday unu, ekşi maya, su ve işlenmemiş kaya tuzundan yapılmış ekmektir. Endüstriyel fırıncı mayası, genetiği değiştirilmiş bir madde olması nedeniyle sağlık açısından bü yük bir tehdittir. Bazı bulgular hazır mayanın son yılların en yaygın hastalıklarından biri olan alzheimera neden olduğu yönünde. Yine ekmeğe eklenen yirmiden fazla -ki bunlar artık 'datem' gibi adlarla özel paket olarak pazarlanıyor- katkı maddesi ise sağlığı bozan bir başka mesele. Üstelik bu maddelerin bir bölümü İslam Fıkhı açısından haram maddeler sınıfına giriyor.

'İnsanlardaki **E vitamini** eksikliği erkeklerde de, kadınlarda da kısırlaşmaya neden olur. Kadınlar herşeye rağmen gebe kalsalar bile çocuklarını düşürürler.

56 İbn Mâce, Yiyecekler 44/3326
57 Buharî, Yiyecekler 22, 10; Tirmizi, Zühd 38/2365.
58 İsmail Tokalak, *Dünya Gıda ve İlaç Terörü*, s. 57, Güleyboy Yay.
59 www.spiegel.de/spiegel/print/d-25662296.html

Doğsa bile bebekler cılızdır ve hayatta kalma ihtimalleri düşüktür. E vitamini bilhassa hububat **rüşeym**inlerinin içinde ve yeşil yapraklarda bulunur. Kafi derecede E vitamini tedarik edilemeyince, bittabi çocuk vasitası ile çoğalma da güçleşmiş ve hatta imkansızlaşmış olur. E vitamini eksikliği, annenin süt üretmesini de güçleştirir ya da sütün terkibinin bozulmasına neden olur. Bu da çocukların kolaylıkla hastalanmalarına yol açar. Dünyada rüşeymli tahıllar ve meyveler yiyen insanlar arasında doğumların çok fazla olduğu görülmektedir. Mesela Şimalî (Kuzey) Amerika'da yaşayan bazı kabileler vardır ki bunlar, çocuklarını yabanî pirinç ve Erabl (Akçaağaç) dedikleri bir ağaçtan süzülen şekerli bir mayi ile beslerler. Bu yüzden nüfusları artmaktadır.'[60]

İşte bu müşahhas bilgiler, Allah Rasülü (ﷺ)'in buğdayın elenmesini nehyetmesindeki büyük hikmeti gözler önüne sermektedir. Öte yandan artan kısırlık da bunun en büyük ispatı! Kaldı ki, rüşeym buğday ya da diğer tahılların besinin en en az yüzde 50-60'ını içerir. Çünkü rüşeym, tohumun yumurtasıdır ve yumurta bir canlının oluşması için gereken herşeyi ihtiva eder. İnsanların neden kabuğu ve rüşeymi alınmış beyaz ekmeğe yönlendirildiğini daha iyi anlayabiliyor muyuz? Mesele anlaşıldığına göre devam edelim.

2011 yılında dünya 220 milyar dolarlık ekmek tüketirken, Türkiye 12 milyar dolarlık ekmek tüketimiyle dünya lideri oldu.[61] Dünya nüfusunun yüzde 1,05'ini oluşturan Türkiye halkı, ekmeğin yüzde 5,45'sini yiyor. Bu tablo, Anadolu insanının temel gıda maddesinin ekmek olduğunu gözler önüne serer. Zaten Dünya Sağlık Örgütü (DSÖ)'nün verilerine göre; Türkiye'de insanlar günlük enerjilerinin ortalama yüzde 44'ünü sadece ekmekten sağlamaktadır. Yine aynı verilere göre, dünyanın en sağlıksız ekmeği de Türkiye'de üretilmekte!

Endüstrileşme ne yazık ki, evde ekmek[62] yapma geleneğini de önemli ölçüde sona erdirdi. 'Çarşı ekmeği' (evde ekmek yapıldığı dönemlerde böyle adlandırılırdı), fırınların endüstriyel tesislere dönüşmesinden sonra besleyicilik vasfını tümüyle kaybetti. Buğday temelde, endosperm (nişasta), rüşeym ve kepekten oluşur. Endosperm, buğdayın yüzde 80 kadarını oluşturan, protein ve karbonhidrattan zengin bölümdür. Bu bölümde lif, vitamin ve mineral en azdır. Bugün 'iyi un' diye satılan ve tercih edilen yaygın undur.

60 Hasan Ferit Cansever (Dr), Lokman Hekim mecmuası, 15 Kasım 1954, yıl 20, sayı 192, s.6-7 (özetle)
61 Bu rahamlar yıllara ve yerel para birimi değeri ile tahıl fiyatlarına göre değişiklikler arz edebilir.
62 Ev yapımı doğal ekmek tarifleri için Hayykitap'tan yayımlanan *Gerçek Ekmek* kitabını tavsiye ederim.

Toplumun karnını doyurduğu halde gizli açlık çekmesinin nedeni, buğdaydan kepek ve rüşeym bölümlerinin arındırılmasıdır.

Buğdayın çimlenmesini de sağlayan tohum bölümüne 'rüşeym' (oğulcuk, embriyon) diyoruz. Rüşeym, vitamin ve mineral bakımından buğdayın en zengin bölümüdür. Yapısında demir, önemli mineraller, uzun zincirli çoklu doymuş yağlar, protein, lif, B ve E vitaminleri bulunur. Unun raf ömrünü kısalttığı gerekçesi ile bu değerli bölüm ne acı ki, undan ayrıştırılıp atılıyor.

Buğdayın en dışında bulunan kepek kısmı ise buğdayın koruyucu tabakasıdır. Demir, çinko, lif ve vitamin bakımından çok zengindir. Buğday tanesinin yaklaşık yüzde 14'lük kısmını oluşturur. Proteinin yaklaşık yüzde 19'u ve B vitaminleri çoğunlukla da bu bölümdedir. Ne yazık ki kepekler de 'iyi uncular!' için istenmeyen bölümdür. Oysa kepekli un, kan şekerini düzenler ve tokluk hissi verir. Rüşeym ve kepeği atılıp yalnızca nişastası kalan beyaz undan elde edilen **beyaz ekmek açlığı artırıp, kan şekerini yükseltir.** Bu nedenle diyabet ve obezitenin önemli nedenlerinden biri haline gelir.

Lifler, bağırsak hareketlerimizi düzenleyen çok önemli besin öğeleridir. Çoğunlukla beyaz un/beyaz ekmek ve rafine tuzla beslenen kişilerde vitamin, mineral eksikliği ile bazı bağırsak hastalıklarının daha fazla görülmesinin sebebi, tüketilen ekmeğin kepeksiz ve rüşeymsiz olmasıdır. Doğru beslenmede tüketilebilecek gerçek ekmekte –tam buğday ekmeğinde– olması gereken özellikler şunlardır:

- Kepeği, rüşeymi ve nişastası ayrılmamış geleneksel[63] 'tam buğday unu'ndan yapılmalı.
- Ekmeğe hiçbir katkı maddesi ilave edilmemeli.
- İçinde rafine tuz yerine işlem görmemiş kaya tuzu kullanmalı.
- Genetiği değiştirilmiş endüstriyel maya yerine 'ekşi maya' eklenmeli.
- Sıhhî su ile yoğrularak mayalandırılıp pişirilmelidir.

Son olarak, her kahverengi ekmeğin tam buğday ekmeği olmadığını belirtelim. Beyaz una dışarıdan kimyasal maddeler eklenerek istenen renk tutturulabiliyor! Bu tip ekmekleri yemek elbette sağlıksız. Ayrıca unutulmamalıdır ki, piyasadan alınacak ambalajsız ve başkalarının 'ellediği' ekmekler de sağlık açısından son derece tehlikeli olabilir.

63 Geleneksel ekmek için lütfen *www.geleneksel.com.tr* adresini ziyaret ediniz.

Yapılan araştırmalar, kirli elin temas etmesi nedeniyle ekmeklerin zararlı bakteri ve virüsler taşıdığını göstermiştir. Dünyanın en kirli malzemesi paradır. Para ve ekmeğe aynı anda temas ettiğinizde ne denli bir kirlenme yaşandığını düşünün. İlaveten, üretimden tüketime uzanan süreçte ondan fazla elin ekmeğe temas ettiğini hatırınızdan çıkarmayın!

Eti nasıl yerdi?

Hz. Peygamber (ﷺ), etin pişirilmek için bıçakla kesilip parçalanmasına izin verirken, pişmiş etin yenilmesinde bıçak kullanılmasına itiraz eder. Ümmetini, Müslüman olmayan kimselere benzememesi konusunda sürekli ikaz eden Efendimiz (ﷺ), etin bıçakla kesilerek yenmesini de bu çerçevede değerlendirir: ***"Eti bıçakla kesmeyin. Çünkü bu, yabancıların işidir. Dişlerinizle keserek yiyin. Çünkü bu, sıhhat ve afiyet için daha iyidir."***[64] Diğer bir tavsiyesinde ise ***"Eti dişlerinizle ısıra ısıra yiyiniz, çünkü bu şekil yemek daha lezzetli ve daha hoştur"***[65] buyurmuştur.

Bugün lokanta veya evlerde masa düzeninde -genellikle- bıçak ve kaşık kişinin sağına, çatal ise soluna denk gelecek şekilde konulur. Aksi durum '*görgüsüzlük*' ve '*köylülük*' olarak nitelendirilir. Bu hâl kişinin 'mevkisi ve medeniliğinin(!)' ölçüsü olarak da görülür. Mâlumunuz insanın yaşamını, beslendiği kaynaklar şekillendirir. Hz. Peygamber bu durumla ilgili, ***"Mü'min, mütemadiyen rüzgârın eğici tesirine maruz bir bitkiye benzer"***[66] buyurur. Efendimizin ***"Kim bir kavme benzemeye çalışırsa ondandır"***[67] ihtarını da unutmamak gerekir.

Yemek kapları nasıldı?

Günümüz Müslümanlarında da yoğun olarak görülen **dünyevileşme** açmazı, Allah Rasülü (ﷺ)'nün nehyettiği bir hâldir. Efendimizin hiçbir eşyasının lüks ve gereksiz olmadığı biliniyor. Hz. Peygamber, kıyafet ve ev eşyalarında bazı maddelerin kullanmasını yasaklıyor.

Huzeyfe'den gelen rivâyette Efendimiz (ﷺ) şöyle buyuruyor: ***"İpek***[68] ***ve ibri-***

---

64 Hz. Âişe'nin rivâyeti: Ebu Davud, Yiyecekler 21/3778.
65 Safvân b. Ümeyye ve Hz. Aişe r.a. rivâyetleri: İbn-i Mâce, Yiyecekler: 27; Ebu Davud, Yiyecekler 20, Tirmizi, Yiyecekler 1835
66 Buharî, Mardâ 1; Tirmizî, Emsâl 4/2870; Müslim, Sıfatu'l-Münâfıkûn 58/2809.
67 Ahmed b. Hanbel, Müsned, II, 50., Ebu Davud, Libas 4
68 İpek giymek kadınlara değil erkelere yasaklanmıştır. (Hanefî, Şafiî, Malikî ve Hambelilere göre erkeklere ipek elbise giymek haramdır) Hem kaplar, hem de ipek giymenin yasaklığı konusunda mezhepler arasında ihtilaf yoktur.

şim[69] ***elbise giymeyin. Altın***[70] ***ve gümüş kaplardan su içmeyin, onlarda yemek yemeyin. Zira bu iki şey ahirette sizin içindir, dünyada ise kâfirler içindir.***"[71] Ümmü Seleme validemizden (r.a.) gelen rivâyette ise ***"Gümüş kaptan su içen, karnına cehennem ateşi dolduruyor demektir"***[72] buyrulur.

İsrafı reddeden İslam, '*yüzde yüz hijyen takıntısı*' gibi hayatın gerçekleri ile hiçbir bağı olmayan bir ifratın içinde olmaz. Yüzde yüz hijyen demek, yaşamın yok olması demektir. İslam, helâli ve tayyibi (fıtrÎ olanı) emreder, israf etmeyi, aldatmayı, gösteriş yapmayı da reddeder. Yenilecek gıdanın sadece şekliyle değil, niteliğiyle ve hatta içine konduğu kabın neviyle de ilgilenir. Kanser veya başka sorunlara neden olan, teflon, alüminyum, plastik, melamin, teneke vb sağlıksız ambalajlar yerine cam, paslanmaz krom çelik, ahşap ve katkısız toprak kaplar kullanılmasını tercih eder.

1999-2006 yılları arasında 20 yaşın üzerindeki 4 bin yetişkinin kanlarında bakılan PFOA maddesi, yemek kaplarının önemini gözler önüne seriyor. Bu ve benzer araştırmalar, tiroid hastalığının **teflon** benzeri yapışmaz yemek kapları ile **nano teknoloji** ürünü 'kirlenmez, ıslanmaz' diyerek pazarlanan kumaş ve halılardaki PFOA (*perflorooktanoik asit*) ile ilişkili olduğunu ortaya koyar. Teflon kap kullanan kimseler diğer kişilere nispetle 2 kat daha fazla tiroit hastalığına yakalanıyor. PFOA'nın tiroidin yanı sıra, gelişim ve üreme bozukluklarına yani kısırlığa neden olduğu artık ispatlanmış bir gerçek. Öte yandan tiroitin bedenimizin sigortası görevini üstlendiğini unutmayınız. Şâyet tiroit görevini yapamaz duruma gelmişse, her türlü hastalık kapımızı çalabilir demektir.[73]

Yemekleri hangi ısıda yerdi?

Ebu Saîd el-Hudrî'den (r.a.) gelen rivâyete göre Rasülullah (ﷺ), bardağın kırık yerinden su içmeyi ve içilecek şeyin içerisine üflemeyi yasaklar.[74] Sıcak yemeğe üflenmemelidir. Çünkü böyle yapmak yasaklanmıştır.[75]

'İnsanın ağzından çıkan nefeste bir miktar zehir vardır. Üfleyerek yenilirse o lok-

69 'Dîbâc' denilen ipekten örülmüş kalın iplik
70 Kadınların altın takması serbest erkeklerde yasak iken, altın ve gümüş kap kullanmak ikisi için de yasaktır.
71 Buharî, Yiyecekler 28; Müslim, Giyim 4; Nesâî, Yiyecek 28, Müslim, Giyecekler 4/2067; Tirmizî, İçecekler 10/1879; Ebu Davud, Yiyecekler 17/3723; Nesâî, Zînet 87, 8/198-199; İbn-i Mâce, İçecekler 17/3414
72 Buharî, İçecekler 28; Müslim, Yiyim 1/2065; Muvatta, Sıfatu'n-Nebi 11/2, 924-925; İbn-i Mâce, İçecekler 17/3413.
73 articles.mercola.com/sites/articles/archive/2010/02/13/cookware-chemical-linked-to-thyroid-disease.aspx
74 Ebu Davud, İçecekler 3722
75 Ahmed/İbn Abbas'tan

ma zehirlenir. Eğer bu lokmayı yersek midemiz, kanımız bozulmuş olur. Çok sıcak olan çorba vs yemekeleri yersek, ağzımızın, boğazımızın, yemek borumuzun ve midenin içindeki zar ve dokular hafifçe yenabilir. Bu fena âdete devam edersek oralarda yanıklar, yaralar, bereler ve kan husule gelebilir. Midede ülser zuhur edebilir.'[76]

O halde sıcak yemekler yenebilecek dereceye gelinceye kadar sabretmeli veya sofraya aşırı sıcak veya aşırı soğuk yiyecek içecek konmamalıdır.

Suyu ne kadar ve nasıl içerdi?

Hayatın ana kaynağı ve içeceklerin en güzeli hakkında Cenabı Hâk (ﷻ) ***"Diri olan her şeyi sudan meydana getirdiğimizi görmediler mi?"***[77] ve ***"Allah, bütün canlıları sudan yarattı"***[78] buyurur. Yemenin bir ölçü ve adâbı olduğu gibi içmenin de ölçü ve adâbı var. Hz. Peygamber (ﷺ), ***"Suyu deve gibi bir solukta içmeyin. İki-üç solukta -dinlene dinlene- için. Su içerken besmele çekin. Bitirince de Allah'a hamd edin!"***[79] buyurur. Diğer bir rivâyette ise suyu üç solukta içmenin 'daha doyurucu, –hastalıklara karşı– daha koruyucu ve daha afiyetli olduğu'[80] naklediliyor.

Peygamberimizin suyu ayakta içmeyi yasakladığına dair çok sayıda rivâyet olmakla beraber, su ve zemzemi ayakta içtiğine dair rivâyetler de vardır. Bu nedenle âlimler ayakta içmenin yasak olduğuna hükmetmemişlerdir. Ayakta içmenin sağlık açısından sıkıntı olup olmadığı günümüzde de tartışma konusudur. Ancak oturarak içmenin mide açısından daha sağlıklı olduğu fikri ağırlık kazanmıştır.

"Biriniz su içerken su kabına nefes etmesin"[81] buyuran Efendimiz (ﷺ), gümüş kaptan su içmeyi de yasaklamıştır.[82] ***"Müslümanlar su, otlak/mera ve ateşte ortaktırlar"***[83] buyuran Allah'ın Rasülü (ﷺ), suyun fazlasının satılmasını da yasaklamıştır.[84] İyas İbn-i Abdullah (r.a.)'tan gelen nakilde, **suyun satılmasını yasakladığı**[85] rivâyet edilir.

76 Lokman Hekim mecmuası, 1 Aralık 1954, yıl 20, sayı 193, s.3
77 Embiya Suresi, Âyet-i Kerime 30
78 Nûr Suresi 45
79 İbn-i Abbas r.a. rivâyeti: Tirmizi, İçecekler, 13/1886
80 Buharî, İçecekler 26; Müslim, İçecekler 121/2028; Tirmizî, İçecekler 13/1885; Ebu Davud, İçecekler 19/3727
81 Ebu Katâde rivâyeti: Buharî, İçecekler 25, Müslim, Temizlik 64/26, İçecekler 121/267; Tirmizî, İçecekler 16/1890; Nesâî, Temizlik 42/43
82 Ümmü Seleme r.a. rivâyeti: *"Gümüş kaptan su içen, karnına cehennem ateşi dolduruyor"* Buharî, İçecekler 28; Müslim, Giyim: 1/2065; Muvatta, Sıfatu'n-Nebi: 11/2 /924/925; İbn-i Mâce, İçecekler 17/3413.
83 Ebu Davud, Alışveriş: 62/3477; İbn-i Mâce, Rehinler16/2473.
84 Buharî, İçecek 2, Hileler: 5; Müslim, Musâkât: 38/1566; İbn-i Mâce, Renler: 19/2478.
85 Müslim, Musâkat: 34/1565; Nesâî, Alışveriş: 89/307; İbn-i Mâce, Rehinler 18/2477. Bazı âlimler bu yasağın yağmur ve nehir suları için geçerli olduğunu ifade etseler de kimi âlimler insanlar suya muhtaçken, bir kimsenin artan suyunu satmasının mekruh olduğu görüşünde.

'Suyu bir nefeste değil, üç solukta içmek lazımdır. Suyu ağız dolusu ve çacuk çavuk içmek zararlıdır. Suyu acele acele bir nefeste içen kimse de bazı defa boğulma halleri görülür. Herk insanın ağzından dışarı def ettiği hava zehirlidir. Vücudumuzdaki kanda toplanan 'karbon asit' denilen 'kömür zehiri' nefes borularımızdan gelen soluğumuzla çıkarlar. Eğer bir bardak suyu ağız dolusu olarak bir solukta içersek, nefes alıp verdikçe söylediğimiz zehir suya karışır, içtiğimiz su ile midemize gitmiş olur. Bu sıhhî faideyi bilen Peygamberimiz (ﷺ) her bardak suyu üç nefeste içerlerdi.'[86]

Ayakta yeme içme hususunda Hz. Enes (r.a.) şöyle naklediyor: ***"Rasülullah ayakta içmeyi yasakladı. Kendisine 'Ya yemek?' diye soruldu. 'Bu daha şiddetle yasaktır!' dedi ve şöyle buyurdu: 'Bu daha şerli, daha kötü!'"***[87] Ebu Hureyre (r.a.)'den gelen rivâyette ise Rasülullah (ﷺ) şöyle buyuruyor: ***"Sizden kimse sakın ayakta içmesin!"***[88]

İbn-i Abbas (r.a.), *"Rasülullah'a zemzemden sundum, ayakta olduğu halde içti"* diyor. İmam-ı Malik (r.a.) hazretleri de '*Muvatta*' adlı eserinde Hz. Ömer (r.a.) Hz. Osman (r.a.), ve Hz. Ali (r.a.)'nin ayakta su içtiklerini[89] naklediyor. Rivâyetlerden, Efendimiz (ﷺ)'in yemeği mutlaka oturarak yediğini ve böyle emrettiğini anlıyoruz. Ancak oturarak içmeyi emretmekle beraber zaman zaman da olsa suyu özellikle de zemzemi ayakta içtiği kanaatine varıyoruz.

Günümüzde fast-food furyasına paralel olarak sokaklarda insanların ayaküstü, yürüyerek yiyip içtiklerini görüyoruz. Oysa bu hususta Taberânî, İbrahim en-Nehaî'nin ***"Çarşıda yürüyerek bir şey yemek âdî bir harekettir"*** dediğini naklediyor.

İnsan midesinin ayakta ve oturur vaziyetteki pozisyonunun farklı olduğu bugün artık herkesçe biliniyor. İnsan suyu (ya da herhangi bir sıvı gıdayı) ayakta içerse, bu sıvı gıda midedeki 'mide caddesi' denen oluktan transit geçerek doğrudan onikiparmak bağırsağına ulaşır. Eğer oturarak içerse, sıvı gıda önce midede birikir, asitle karışarak mikropları ölür ve sonra 12 parmak bağırsağına geçer. Bu durumda oturarak su içme usulüne uyan kimseler, kolera da dâhil birçok intan/bozulma/kokuşma hastalıklarından korunmuş olur. Meşrubat türü sağlıksız ürünleri alıp ayaküstü veya hareket halinde içenlerin, benzeri tehlikelere daha fazla maruz kalacağını belirtelim.

86 Lokman Hekim mecmuası, 1 Aralık 1954, yıl 20, sayı 193, s.3
87 Müslim, İçecekler 113/2024; Tirmizî, İçecekler 11/1880; Ebu Davud, İçecekler 13/3717
88 Müslim, İçecekler 116/2026
89 Muvatta, Sıfatu'n-Nebi 13-2/925

Alınan sıvının midede bir süre birikmesinin diğer bir yararı ise, söz konusu sıvının ısısının vücut ısısı seviyesine yaklaşmasıdır. Böylece vücut ısısına göre soğuk ya da sıcak içecekler şok etkisi yaratıp zarar vermez. Tıp dünyası ayakta yeme içme durumunda tat duyusunun aktif hâle gelmediğini ve beynin doyma hissi uyandırmadığını, bunun da obezite başta olmak üzere birçok sağlık sorununa neden olduğunu ispat etmiştir. Bu ispat, Efendimiz (ﷺ)'in uyarısındaki hikmeti ortaya çıkarması bakımından önemli bir bilgidir.

Rasülullah (ﷺ), ***"Zemzem suyu ne maksatla içilirse o maksatla faydalıdır"***[90] buyurur. Zemzem, yeryüzünün en sağlıklı, en besleyici, üstelik kaynağından ilk çıktığı haliyle en uygun ısıdaki suyudur. Bu nedenle midede işlem görmesine gerek olmayabilir. Bu durum, Rasülullah (ﷺ)'ın zemzemi neden ayakta içtiğini de açıklayabilir. Zemzem ve diğer sular hususunda '*Hangi Suyu İçmeli*' kitabımıza başvurulabilir.

Muhammed İbn-i Abdurrahman İbn-i Ebubekr (r.a.) anlatıyor: *"Ben İbn-i Abbas'ın yanında oturuyordum. Bir adam geldi ve o, adama, 'Nereden geliyorsun?' diye sordu. Adam, 'Zemzemden!' dedi. İbn-i Abbas, 'Ondan gerektiği şekilde içtin mi?' diye sordu. Adam, 'Nasıl?' deyince şöyle dedi: '**Zemzem içerken kıbleye döneceksin. Besmele çekeceksin. Üç kere nefes alıp kana kana içeceksin. İçip bitirince aziz ve celil olan Allah'a hamd edeceksin. Zira Aleyhissalâtu Vesselâm şöyle buyurdular: 'Münafıklarla bizim aramızdaki fark, onların zemzemi kana kana içmemeleridir.'**'"*[91]

Meyve, sebze yer miydi?

Efendimiz (ﷺ) zamanında meyve-sebze ayırımı olduğuna dair bir bilgiye sahip değiliz. Meyve ve sebze olarak tasniflenen bitkilerin bizatihi adlarıyla anıldığını görüyoruz.

Abdullah İbn-i İkrâş (r.a.), babası Benî Mürre İbn-i Abîd (r.a.)'den şunları aktarıyor: *"Rasülullah elimden tutup beni Ümmü Seleme'nin evine götürdü. 'Yiyecek bir şey var mı?' diye sordu. Bize, içerisinde bolca yağlanmış ekmek ve -kuşbaşı- et tepsisi getirildi. Ben kabın her yerinden almak istediğimde, Rasülullah eliyle sağ elimden tuttu ve 'Ey İkrâş! **Bir yerden ye. Çünkü -kabın içindeki yemek- tek bir yemektir, -her taraf birdir-**' buyurdu. Sonra bize, içerisinde taze*

90 Hz. Cabir r.a. rivâyeti: İbn-i Mâce, Hac ve Umre menasiki 78/3061
91 İbn-i Mâce, Hac ve Umre menasiki 78/3061

ve kuru çeşitli hurmalar bulunan bir tabak getirildi. Bu sefer önümden yemeye başladım. Rasülullah'ın eli ise tabağın her tarafında dolaşıyordu. Bana da, 'Ey İkrâş! Dilediğin yerinden alıp ye. Çünkü -tabağın içindekilerin hepsi- aynı çeşit değil' buyurdu. Sonra bize su getirildi. Rasülullah elini yıkadı, elinin ıslaklığı ile yüzünü, kollarını ve başını meshetti ve 'Ey İkrâş! Yedikten sonra elini ağzını yıka' buyurdu."[92]

Farklı rivâyetlerden Hz. Peygamber (ﷺ)'in hurma, üzüm, karpuz, salatalık, zeytin, kabak, çörekotu gibi ürünlerden yediğini[93] ancak soğan sarımsak gibi koku yapan bitkileri -Cebrail aleyhisselamla görüşmeleri nedeniyle- her zaman yemediğini anlıyoruz. Konuyla ilgili Câbir (r.a.) söyle naklediyor:

"Rasülullah (ﷺ) buyurdular ki: *'Kim sarımsak veya soğan yerse mescidimizden uzak dursun/evinde otursun.' Rasülullah'a içerisinde yeşil sebzeler bulunan tencere getirildiğinde de onda koku bulur ve -ne olduğunu- sorardı. Kendisine sebze nevinden ne olduğu haber verilince, tencereyi, beraberindeki arkadaşlarından birini göstererek ona vermelerini söylerdi. Aleyhissalâtu Vesselâm, onun yemekten çekindiğini görünce, 'Sen bana bakma, ye! Zira ben senin gibi değilim, ben senin konuşmadığın melekle konuşuyorum' derdi."*[94]

Ebû Ziyâd, Hz. Âişe' (r.a.)ye soğan hususunda sorduğunu ve onun *"Rasülullah'ın en son yediği yemekte soğan vardı"*[95] dediğini naklediyor. Nihâyetinde Hz. Peygamber (ﷺ) ve Ashab-ı Kiram'ın, bulabildikleri tayyib nimetlerden yiyip içtiklerini anlıyoruz. Onların zamanında çeşit ve miktar azdı. Bugün ise mevsimli/mevsimsiz meyve, sebze, baharat, bakliyat ve kuruyemiş köyden şehre her yerde bulunabilmektedir. **Onların şöhreti azlıkta şükür iken, bizlerin şöhreti bollukta israftır.**

Ancak şunu da belirtmek zarundayız. Saadet asrında meyve ve sebzeler Tabiî idi. Yani genetik yapısına şu veya bu yalanla müdahale edilmemişti. 19. asır sonrasında ve özellikle de günümüzde pek çok meyve ve sebzenin fıtrî yapısına müdahale edilerek tayyib olma vasıfları yok edildi. Hibrit yani kısır hale getirildiler. Öte yandan börtü böcekle savaşmak ve verimi artırma masalıyla da ölümcül kimyevî maddeler bitkilere boca ediliyor. Sera ve 'fabrika tarımı'

92 Tirmizî, Yiyecekler 41/1849; İbn-i Mâce, Yiyecekler 11/3274
93 Tirmizî, Yiyecekler 36/1844; Ebu Davud, Yiyecekler 45/3836
94 Buharî, Yiyecekler 49, Salât 160, İ'tisâm 24; Müslim, Mescidler 73/564; Ebu Davud, Yiyecekler 41/3822; Tirmizî, Yiyecekler 13/1807; Nesâî, Mescidler 16/2-43.
95 Ebu Davud, Yiyecekler 41/3829

adı verilen topraksız üretimle birlikte artık meyve-sebzeler de fizikî olarak güzelleşti ama biyolojik olarak kirlendiler. Bu kirlilik engelli doğum, kısırlık ve ölümlere yol açar halde. Şimdi bu şekilde üreterek necis ve habis hâle getirmenin ve bunları yiyip içmenin caizliğininin takdirini sizlere bırakalım! Sahi sizce bu ürünler yenilebilir mi?

'Hangi sırayla yerdi' sorusunun abesliği!

Yaşadığımız çağda '***insanlar arttı lakin insanlık azaldı, gıdalar arttı fakat besin değerleri yok oldu***' deniliyor. Çok yemek hastalığı bir yana, sofralardaki yiyecekler de birbirine tezat oluşturacak bir çeşitliliğe ulaştı. Bu zengin çeşit içerisinde yemeklerin hangi sırayla yenilmesi gerektiği tartışma konusu hatta kitaplara konu olmaya bile başladı. '*Suyla, tatlıyla, salatayla, çorbayla başlanmalı ya da ağırdan hafife, hafiften ağıra*' gibi birbiriyle çelişen onlarca usûl cirit atıyor! Sofrasında bir kuş sütü eksik olan günümüz insanı da sürekli yemeği düşünmekten, 'Hz. Peygamber (ﷺ)'in sofrasında olanları' düşünmeye vakit bulamıyor!

'*Allah'ın Rasülü yemeği hangi sırayla yerdi*' sualini cevaplamadan önce, '*Ümmeti hangi sırayla ve nasıl yerdi*' sorusuna cevap arayalım. Osmanlı padişahlarından başlarsak, mesela Yavuz Sultan Selim, Kanuni veya Abdülhamid Han gibi güçlü ve etkili sultanların -yabancı devlet adamlarına verdikleri ikramlar hariç- sofralarında üç kap yemek yediği görülmüş şey değildi.

Melceü't Tabbâhîn gibi kaynaklar, Türklerin sofralarına çorba ile başladıklarını belirtiyor. Çorbadan sonra et veya etli yemekler, beraberinde de börek veya pilav ve dahi hoşaf geliyor, ardından da tatlı. Sofradaki çorbalar mevsime göre değişmekle beraber, zengin katkılardan oluşan tarhana çorbaların şahı olarak görülüyor ki sabah kahvaltılarının da vazgeçilmezidir.

Güneş takvimine göre 61, ay takvimine göre 63 yıl yaşayan Allah Rasülü (ﷺ) ömrünün hiçbir döneminde midesini doldurmamıştır. Hangi sırayla yediğine dair bir rivâyet yoktur. Sofrasına hiçbir zaman birkaç çeşitten fazla gelmeyen, çoğuzaman ekmeğine sirkeyi katık eden bir Peygamberin hangi sırayla yediğini sormak hem abestir, hem de ümmetinin Peygamberi'nin örnekliğinden ne kadar uzak olduğunu gösterir.

Hz. Peygamber (ﷺ)'in evinde bazen yiyecek hiçbir şey olmazdı, bazen de yalnızca kuru bir ekmek, yanına sirke veya birkaç hurma[96] bulabildiği görülürdü. Rasülullah (ﷺ) döneminde yiyeceğin azlığı malumdur. Gelen rivâyetlerde Efendimiz (ﷺ)'in 'taze hurma ile salatalık'[97] ve 'kavun ile taze hurma'[98] yediği belirtilmiştir.

Müslüman toplumda ekmeğine sirkeden başka bir katık bulamayan bir Peygamber'in, yemekleri hangi sırayla yediği sorusu soruluyorsa, o topluluğun her şeyi bırakıp, Peygamber (ﷺ)'in hayatını öğrenmeye öncelik vermesi gerekir! Kur'an-ı Kerim bu konuda şöyle buyurur: ***"Allah'ın Resulü'nde, sizin için pek güzel bir örnek vardır."***[99]

Eski hekimler, farklı iki yemeğe sahip olan kimse önce lezzetli olandan başlamalıdır. Çünkü lezzetli bir yemekten sonra gelen kaba (daha az lezzetli) bir yemek artık iştahı çekmez. Kaba yemeği önce yiyen kimse ise lezzetli yemeği açlıktan değil lezzetinden dolayı yer. Yemeği hazmetmek için ise en azından dört rek'at namaz kılmalı ya da yemeğin akabinde Kur'an'dan bir cüz okumalıdır.

Sirke ve zeytinyağını sever miydi?

Günümüzde yaygın olarak elma ve üzümden yapılsa da vişneden güle, böğürtlenden nara, limondan ayvaya envai tür meyveden sirke yapılabilir. Hz. Peygamber'in sirkeyi sevdiğini, Câbir (r.a.) şöyle naklediyor: ***"Rasülullah ailesine katık sormuştu. 'Yanımızda sirkeden başka bir şey yok!' dediler. Aleyhissalâtu Vesselâm onu istedi ve gelince yemeye başladı. Hem yiyor, hem de, 'Sirke ne iyi katık! Sirke ne iyi katık! Sirke ne iyi katık!' diyordu."***[100]

Zeytin, Kur'an-ı Kerim[101]'in 'mübarek ağaç' diyerek iltifat ettiği bir meyve olup, ismi Kur'an'da altı kez zikredilir. Hz. Ömer (r.a.) ve Ebu Üseyd (r.a.)'den gelen rivâyette Rasülullah şöyle buyurur: ***"Zeytinyağını yiyin ve onunla yağlanın. Zira o, mübarek bir ağaçtandır."***[102]

Görüleceği üzere Efendimiz (ﷺ), zeytinyağının sadece yenmesini değil, aynı zamanda vücuda sürülmesini ve böylece bedenin dış etkilerden korun-

96 Yusuf İbn-i Adillah İbn-i Selâm r.a. anlatıyor: *"Rasülullah aleyhissalatu vesselam, bir miktar arpa ekmeği aldı, üzerine bir hurma koydu ve 'Bu şuna katıktır!' dedi."* (Ebu Davud, Yiyecekler 42/3830)
97 Buharî, Yiyecekler 39; Müslim, İçecekler 147/2043; Ebu Davud, Yiyecekler 45/3835; Tirmizî, Yiyecekler 37/1845
98 İbn-i Mâce 78/3326
99 Ahzap Suresi 21
100 Müslim, İçecekler 166/2052; Ebu Davud, Yiyecekler 40/3820, 3821; Tirmizî, Yiyecekler 35/1843; Nesâî, Eymân 21/7-14
101 En'am Suresi 99, 141, Nahl Suresi 11, Mü'minun Suresi 20, Nur Suresi 35, Abese Suresi 30
102 Tirmizî, Yiyecekler 43/1852, 1853.

masını tavsiye etmektedir. Kur'an-ı Kerim'in zeytine iltifat etmesinin en büyük nedeni, onun saymakla bitmeyen yararlarından kaynaklanmaktadır. Başka rivâyetlerde de Hz. Peygamber (ﷺ)'in zeytin için *"Hoştur, mübarektir"* dediği belirtilir. İmam-ı Suyuti '*Cami'us Sağır*'da şu iki Hadis-i Şerif'i nakleder: ***"Zeytinyağını yiyiniz ve sürünüz. Çünkü zeytinyağında yetmiş derde karşı şifa vardır ve bunlardan biri de cüzzam hastalığıdır." "Zeytinyağından yiyiniz ve sürününüz; çünkü o, basura karşı faydalıdır."***

Zeytinyağının en iyisi 'sızma' olanı olup, 'taş baskı' yahut 'soğuk sıkım' şeklinde üretilenidir. Diğer türlerde hem kalite daha düşüktür, hem de hileye daha açıktır. Bazı hanımlar, zeytinyağına yönelik, 'pasta-börekte kullanılmaz' şeklinde gerçek dışı bir yanlış bilgiye sahiptir. Bunun nedeni, sağlıksız kimyasal yağlara yönelik yapılan devasa reklâm kampanyaları ve bunun sonucunda ortaya çıkarılan alışkanlıktır. Aldanmayınız demekle yetinelim. Detay için '*İyi Gıda, Kötü Gıda*' aklı eserimize müracaat edilebilir.

Hangi sütü içerdi?

"İçenlerin boğazından kolaylıkla geçen halis bir süt içiririz"[103] buyuran Allah (ﷻ) Kur'an-ı Kerim'de (anne sütü ve cennet içeceği dışında) beş[104] yerde sütten söz eder. İmam-ı Azam Ebu Hanife (r.a.) '*Müsned*'inde Hz. Peygamber'in süt içmesi ile ilgili şu rivâyete yer veriyor: ***"Şüphe yok ki Allah, ölüm ve ihtiyarlık dışında, hiçbir hastalığı ilâçsız yaratmadı. Bu nedenle size inek sütlerini tavsiye ederim. Zira o, -sütüne- her bitkiden karıştırır."***[105] İbn-i Mesud (r.a.)'un bir rivâyetinde ise şöyle deniliyor: ***"Çeşitli inek sütlerinden istifade etmelisiniz. Zira o, -sütünü- her bitkiden otlayarak yapar ve sütlerinde şifa vardır."***[106] Bazı rivâyetlerde ise inek ve deve sütü birlikte zikredilmektedir.

"Rasülullah aleyhissalatu vesselam, Ensar'dan bir kişinin bahçesine girdi. Bu sırada adam, bahçeye su çevirmekte idi. Rasülullah, 'Yanınızda akşamdan kalma suyunuz varsa içelim, yoksa akan sudan ağzımızla içeriz' buyurdu. Adam, 'Evet yanımda soğuk su var!' deyip, kulübeye giderek bir bardağa su koydu, sonra da üzerine bir keçiden süt sağdı. Efendimiz ondan içti."[107] Bu rivâyette sütün keçiden sağıldığı bildirildiği halde kaynatıldığına dair bir bilgi yok. Kaldı ki bu

103 Nahl Suresi 66.
104 Nahl Suresi 66; Hac Suresi 33; Mü'minun Suresi 21, Yasin Suresi 73, Mü'min Suresi 80.
105 Abdullah İbn-i Mesud r.a.'in rivâyeti: İmam-ı Azam Ebu Hanife, Müsned, 436/4; Ramuz El-Ehadis 89/5
106 Abdullah İbn-i Mesud r.a.'in rivâyeti: İmam-ı Azam Ebu Hanife, Müsned, 438/6
107 Câbir r.a. rivâyeti: Buharî, İçecekler, 14/20; Ebu Davud, İçecekler 18/3724.

nakil ile *"Suyun üzerine süt katardı"*[108] rivâyeti de bunu destekler. Muhtemelen o dönemde taze süt pişirilmeden içiliyordu. Kaldı ki süt sağılır sağılmaz (*ilk 15 dakika için*) içilirse kaynatmaya gerek yok ve zaten sıcaktır.

Gelen farklı rivâyetlere göre Hz. Peygamber (ﷺ)'in keçi, koyun, deve, inek sütlerinden içtiği anlaşılıyor. Hz. Âişe annemiz, Efendimizin Mariye annemizden doğan ve son çocuğu olan İbrahim'le ilgili şu rivâyeti naklediyor: ***"İbrahim doğduğunda annesi Mariye'nin sütü İbrahim'e yetmediği için keçi sütü satın alıp onunla bebeğini beslerdi. Böylece İbrahim gelişip güzelleşmişti. Bir gün bana, 'Nasıl buluyorsun bebeği?'*** *diye sordu."*[109]

İbn-i Abbas'tan gelen rivâyette ise Efendimiz (ﷺ) şöyle buyurur: ***"Biriniz bir şey yediğinde, 'Allah'ım, bunu bize bereketli kıl ve onun yerine daha hayırlısını ihsan eyle' desin. Süt içtiğinde de, 'Allah'ım, bunu bize bereketli eyle, bizim için arttır' desin. Çünkü hem yemeğin, hem de suyun yerini tutan sütten başka bir şey yoktur."***[110] Dikkat edilecek olursa Efendimiz (ﷺ) yemek için yapılan duada '*daha hayırlısını*' talep ederken, sütten daha hayırlısı olmadığı için sadece '*bereket*' talep ediyor.

Süt, tüm zamanların sudan sonraki en gözde içeceklerinden biridir. Geçtiğimiz yüzyılda ortaya çıkan kola ve gazlı içecekler ne yazık ki, süt tüketimini önemli ölçüde azaltmıştır. Kaldı ki artık ne eski sütler var, ne de eski hayvanlar. Verimlilik adına hayvanların fıtratlarıyla oynandı. Efendimizin (ﷺ) de buyurduğu gibi hayvanlar bereketli meralarda çeşit çeşit otlarla beslenirdi. Gübresini meraya bırakarak ota da payını verirdi. Oysa artık çoğu hayvan meralarda otlamıyor, onlara kimyevî karışımlardan mütevellit endustriyel yemler yediriliyor. Büyüme hormonu ve antibiyotiklerin yanı sıra sayısız ilaç veriliyor. Hayvanlar verimlilik ve hijyen adı altında yalnızca süt verme makinesine/mekanizmasına dönüştürüldüler. Yazık ki bu zülmü gören Müslüman bile kalmadı!

Hz. Peygamber (ﷺ)'in de buyurduğu gibi sütün en sağlıklısı, sağlıklı bir hayvandan yeni sağılmış olanıdır. Şişmanlatıcı etkisi olan süt, özellikle hurma ile macun yapılarak içildiğinde zayıflar için muhteşem bir perhizdir. Eski hekimler cinsi münasebet sonrasında bedende eksilenleri telafi etmenin en iyi yolunun,

108 Beyhakî 3/193, İmam Zehebi, Tarihu'l İslam, Cantaş Yay.
109 Buharî Tarih 1/177; Hatib Tarih 3/64; Müsned 1/83; Ebu Nuaym Hılye 7/93, İmam Zahebi, Tarihu'l İslam, Efendimizin eşleri bahsi
110 İmam Suyuti, Camiu's Sağir, Hadîs No: 477

bir bardak süt olduğunu belirtirler. Süt, bal şerbeti ile birlikte içildiğinde ise iç organları güçlendirir ve arındırır. Özellikle verem ve balgam sorunu olanlar için bulunmaz bir ilaçtır süt. Erkeklerin menisini artırıp, zekâyı geliştirir, bedendeki kaşıntıyı giderir, fakat şekerle içilirse kabızlık yapar. (Kaldı ki şeker hiçbir şekilde alınmaması gereken bir kimyevi maddedir. Yüzde 100 doğal bigi yalanlara iltifat edilmemlidir.) Süt, zehre karşı panzehirdir. Yağlı olması nedeniyle içildikten sonra mutlaka ağzın iyice yıkanması, boğazın da gargara edilmesi gerekir.

Daha fazla rafta kalması ve daha uzak bölgelere nakledilmesi için pastörize edilmesi ve UHT adı verilen teknikle uzun ömürlü hâle getirilmesi, sütün besleyici değerini tümüyle yok etmektedir. Endüstri, geleneksel normal sütü '***sokak sütü***' diye küçümsüyor, kendi uydurduğu ve bilimsellik kılıfı giydirdiği masala inanmamızı istiyor. Hz. Peygamber (ﷺ)'in ***"Onlar bütün bitkilerden yer"*** buyurduğu hayvanların sütünde omega-3, Conjugated Linoleic Acid (CLA), doymuş yağ asidi bulunur ve bu süt antioksidan olduğu için insanı kansere karşı korur. Hâlbuki günümüzde besi çiftliklerinde yetişen ve mısır, pancar küspesi gibi nişasta bazlı yemleri yiyen hayvanların sütlerinde ne yazık ki bu şifanın ş'si bile yok.

Tübitak MAM'da yapılan bir analizde, UHT sütte vitamin olmadığı tespit edilmiştir. Besin değeri olmayan sütte, hijyen ve batı standardı gibi söylemler ise boş ve anlamsız yalanlardır. Mutlaka süt içilmeli ama bu süt meralarda otlayan 'özgür' hayvanların sütü olmalı. Bugün sadece keçiler özgür kaldı desek çok da abartılı olmaz sanırım. Bu yüzden keçi sütü tercih edilebilir. Ama keçi sütü ararken, '*içine keçi sütü aroması ilave edilmiş inek sütü*' tuzağına düşmemek gerekir. **Saanen keçiler**ine de dikkat etmeli. İsviçre'nin '*takson*' isimli yerli keçisinin ıslah yalanıyla genetik yapısına müdahale ile elde edilmiş bir türdür. Tıpkı montofon ve simental türü inekler gibi.

Tereyağı yer miydi?

Çok sayıda rivâyetten, Efendimiz (ﷺ)'in zeytinyağının yanı sıra tereyağını da yediğini öğreniyoruz. Büsr es-Sülemî (r.a.)'nin iki oğlu anlatıyor: ***"Rasûlullah yanımıza girdi. Biz kendilerine tereyağı ve hurma ikram ettik. Aleyhissalâtu Vesselâm yağla hurmayı severdi."***[111] Abdullah İbn-i Mes'ud (r.a.)'dan rivâyette Efendimiz (ﷺ), ***"Tereyağını yemeye devam edin"*** buyuruyor. Süt ısrarla tavsiye

111 Büsr es-Sülemî'nin iki oğlunun rivâyeti: Ebu Davud, Yiyecekler, 45/3837; İbn-i Mâce, Yiyecekler 43/3334

edildiğine göre yağının da tavsiye edilmesi son derece Tabiî. İbn-i Kayyım el-Cevziyye, Hz. Ali (k.v.)'nin *"İnsanlar tereyağından daha üstün bir şeyle tedavi olamazlar"* dediğini aktarıyor.

Bildiğiniz gibi margarinin foyası ortaya çıkana kadar tereyağı 'en büyük düşman' ilan edilmişti. Bugün kimileri, tereyağının aklandığından söz eder. Aslında tereyağının hiçbir zaman aklanmaya ihtiyacı yoktu. Tabiî hilesiz bir tereyağından bahsediyoruz. Günümüzde bazı firmaların tereyağına, margarin, nişasta ve renklendirici eklediklerini not edelim. Bu hususta da '*İyi Gıda, Kötü Gıda ile Şeytan Ye Diyor*' kitaplarına müracaat edilebilir.

Hangi hayvanın etini yer, hangisinden sakınırdı?

Et, Kur'an-ı Kerim'de on iki[112] yerde zikredilir. Allah Rasülü (ﷺ)'nün süt ve tereyağının yanı sıra deve, keçi, koyun ve sığır etinden yediğine dair çeşitli rivâyetler vardır. Kaldı ki, bu dört hayvan da kurban edilmelerine izin verilen hayvanlardır.

Rasülullah (ﷺ)'a et ikram edildiğinde, ***"Etin en güzeli -hayvanın- sırt etidir"***[113] dediği rivâyet edilir. Sırt etinden kasıt, hayvanın omuz mafsalından itibaren ön ayağına kadarki kol kısmıdır. Etin işkembe ile bağırsaklardan uzak olan ön kol/sırt bölümü, iyi ve kolay pişmesinin yanı sıra lezzetlidir ve hazmı kolaydır. Abdullah bin Büsr (r.a.), Efendimize (ﷺ) koyun eti ikram ettiğini, Hz. Peygamber'in de bunu yediğini[114] naklediyor.

Tavuk konusunda ise Ebu Hureyre (r.a.) şöyle aktarıyor: ***"Rasülullah zenginlere koyun-keçi edinmelerini emretti ve buyurdu: 'Zenginlerin tavuk edinmeleri halinde, Allah, köylerin helak olmasına izin verir.'"***[115]

Günümüzde hayvancılık bir sanayi halini almıştır. Daha fazla et elde edildiğinden, büyükbaş (sığır) yetiştirilir. Süt bahsinde ifade edildiği üzere hayvanlar meralarda otla değil, yaygın olarak endüstriyel yemlerle beslenmektedir. Birkaç metrelik bir alanda mahkûm hayatı yaşayan bu hayvanlar büyük bir buhranla karşı karşıyadır. Etleri eski lezzet ve besleyiciliğinden yoksundur. Nasıl ki insanların obez hâle getirilmesi tıp, ilaç, kimya ve gıda endüstrileri

112 Nahl Suresi 5: *"Hayvanları da yarattı. Onlarda sizin için bir ısınma ve birçok faydalar vardır. Hem de onlardan bir kısmını da yersiniz."*
113 İbn-i Zübeyr rivâyeti: İbn-i Mâce, 3308
114 İbn-i Mâce, 3263
115 İbn-i Mâce, 2307

için önemli bir kazanç kapısı ise, hayvanların obez olması da aynı çevrelerin planlı bir fiilidir. Sürekli hijyenden söz eden bu kapitalist çevreler ve onların hizmetkârı teknik heyetler, besin değerinden hiç söz etmezler. '*Mera, özgür hayvan, hayat kalitesi ve besin değeri*' gibi kelimelerden nefret ederler.

Allah (ﷻ), Âyet-i Celilelerinde ifade buyurdukları üzere bazı hayvanlar insanların beslenmeleri için yaratılmışlardır. Tıpkı insanlar gibi hayvanların da fıtratlarıyla oynanması, Allah (ﷻ)'ın yaratılışına müdahaledir. Genetik yapısı bozulmamış, tayyib yani helâl gıdalarla beslenmiş, Müslüman bir kişi tarafından Allah (ﷻ) adı anılarak boğazlanmış hayvanların etlerinden yenilebilir. Hz. Ömer (r.a.), halkı aşırı et yemekten sakınmaya[116] çağırırken, Hz. Ali'nin ise "***Et yiyiniz, zira et etten meydana gelir, et bedeni güzelleştirir. Bir kimse kırk gün et yemez ise mizacı bozulur***"[117] buyurduğu rivâyet edilir. Ayrıca âlimler devamlı et yiyenlerde tıpkı şarap gibi alışkanlık yaptığını söylerler.

Hz. Ömer (r.a.) ve Hz. Ali (k.v.)'nin ifadeleri arasında tenâkuz yoktur. Hz. Ömer (r.a.) et yemekten sakındırmamakta, sadece aşırı tüketilmemesi gerektiğini vurgulamaktadır. Et yemede ölçü ise hergün değil, haftada 2, en fazla üç kez. Unutmayın et vahşiyyeti, nebâtat ise hilmiyyeti artırır. Batının vahşi olmasının nedeni, sürekli kanlı çiğ et yemesidir.

Hangi hurmaları yerdi?

Sıcak yörelerde yetişen hurma, adeta çöl şartlarına göre yaratılmış bir besin. Lif, mineral, fenol, bakır, çinko, sodyum, potasyum, magnezyum, kalsiyum, demir, şeker, protein zengini olan hurma; su hariç bir insanın ihtiyaç duyabileceği karbonhidrat, protein, mineraller, vitaminlerin çoğunluğunu içinde barındıran bir gıda. Çöl yolculuğuna çıkmış bir kimsenin en hayati besin kaynakları su ve hurma. Modern zamanların kirlenmiş besinlerine karşı, Kudüs hurması olarak ünlenen İsrail hurmaları hariç neredeyse tüm hurma türleri hâlâ temiz ve tüketilmeyi en çok hak eden meyvelerden.

Bu nadide gıda, Kur'an Kerim'de 25 yerde tekrarlanmaktadır: "***Orada hurmalıklardan ve üzüm bağlarından nice bahçeler var ettik***"[118] Kur'an-ı

116 İmam-ı Malik Muvatta, Sıfat'ün Nebi
117 İbn-i Kayyım el- Cevziyye, Tıp'un Nebevî, et bahsi.
118 Bu Âyetler: Yasin 33-35, Bakara 266, Nisa 49,77, En'am 99, 141, Ra'd 4, Nahl 11, 67, İsra 91, Kehf 32, Meryem 23, 25, Tâhâ 71, Mü'minun 19, Şuara 147, Yasin 34-39, Kaf 10, Kamer 20, Rahman 11, 68, Haşr 5, Hakka 7, Abese 30

Kerim'de hurma ile birlikte üzüm, zeytin, nar, incir de zikredilir ki bu ürünler şer odaklarının her türlü tahribine rağmen hâlâ yeryüzünün en sahih gıdalarındandır. Kaldı ki hurma, Hz. Peygamber (ﷺ) ve Ashabı Kiram'ın en temel gıdası idi.

Selma'dan (r.a.) rivâyetle Rasülullah (ﷺ), *"**İçerisinde kuru hurma olmayan bir ev, içerisinde yiyecek maddesi olmayan bir ev gibidir.**"*[119] buyurur. Hz. Âişe (r.a.) annemizden gelen rivâyette ise Efendimiz (ﷺ): *"**İçinde hurma bulunmayan bir evin halkı açtır.**"*[120] *"**Yaş hurmayı kuru hurmayla birlikte yiyin. Eski hurmayı, yeni hurmayla beraber yiyin. Zira şeytan -böyle yapmanıza- kızar ve 'Âdemoğlu, eskiyi yeni ile beraber yiyecek kadar hayatta kaldı' der.**"*

'Acve hurması'[121] ile ilgili olarak Rasülullah (ﷺ) şöyle buyururlar: *"**Kim her sabah acve hurmasından yedi tane yerse, o gün geceye kadar ona ne zehir, ne de sihir zarar verir.**"*[122] *"**Acve hurması cennettendir ve zehre karşı şifadır.**"*[123] Ayrıca Efendimizin, hurmayı kavunla[124] ve salatalıkla[125] birlikte de yediği gelen rivâyetler arasındadır.

Yapılan araştırmalar ışığında hurmanın faydaları şöyle özetlenebilir:

- Kansere karşı koruyucu
- Kalp ve damar hastalıkları, bronşit, öksürük ve soğuk algınlığı, halsizlik, kansızlık gibi hastalıklara karşı koruyucu ve tedavi edici
- Bedeni ve zihni gelişmeyi desteklici
- Kemikleri güçlendirmesi, cildi beslemesi, yaşlanma belirtilerini azaltması bakımından benzersiz bir gıda.
- Çeşidine göre şeker nisbeti farklıdır ve kilo aldırmaz.
- Suda çözünebilir lif içeriği yüksek olduğundan, gaz ve kabızlık gibi sindirim sistemi rahatsızlıklarını da önlediği biliniyor[126]

---

119 İbn-i Mâce, Yiyecekler, 38/3328
120 Ebu Davut, Yiyecekler 3831
121 Acve: Hz. Peygamber'in Medine'ye hicret ettikten sonra kendi eliyle dikerek yetiştirdiği rivâyet edilen siyah renkli ve erik kurusuna benzeyen bir hurma türüdür. İbn-i Abbas Hz. peygamber'in en çok acve hurmasını sevdiğini rivâyet ediyor.
122 Sa'd İbni Ebi Vakkas r.a. rivâyeti: Buharî, Tıp 52/56, Yiyecekler 43; Müslim, İçecekler 154/2047; Ebu Davud, Tıp 12/3875-3876; Rudanî, 5529
123 Ebu Hureyre r.a.rivâyeti: Tirmizi, Tıp 22/2068-2069-2070
124 Tirmizî, Yiyecekler 36/1844; Ebu Davud, Yiyecekler 45/3836
125 Buharî, Yiyecekler 39, 45, 47; Müslim, İçecekler 147/2043; Ebu Davud, Yiyecekler 45/3835; Tirmizî, Yiyecekler 37/1845
126 Hurma hakkında daha fazla bilgi için *Şeytan Ye Diyor!* adlı esere bakınız.

En sevdiği yemek hangisiydi?

Hz. Âişe (r.a.) annemiz, Rasülullah (ﷺ)'ın helva ve balı sevdiğini naklediyor.[127] Günümüzde balın önemli sorunlar içerdiğini belirtelim. Süzme bal hileye en açık bal[128] olduğundan uzak durulmasında yarar var. *Temel petek* olarak ifade edilen ballar yerine kara kovan balı tüketilmelidir.

İbn-i Abbas (r.a.), Rasülullah (ﷺ)'ın en çok sevdiği yiyeceklerden birinin de tirit olduğunu[129] nakllediyor. Tirit, parçalanmış ekmeklerin üzerine et, et suyu bazen de soğan ve sumak eklenerek yapılan yemektir. Rasülullah (ﷺ)'ın çok sevdiği tirit halen bazı yörelerde düğünden önceki gece misafirlere kına yemeği olarak ikram edilir.

Tirit yemeği bayatlayan ekmeklerin israf edilmemesini ve et suyundaki yüksek proteinin boşa gitmemesini sağlar. Tiride katılan malzemeler yörelere göre değişse de bazen hurma, peynir, ısıtılmış tereyağı ilave edilebilir. Efendimizin ***"Âişe'nin başka kadınlara üstünlüğü, tiridin diğer yemeklere üstünlüğü gibidir"***[130] sözü, sanırız tiride olan sevgisini anlatmaya yeter.

127 Tirmizî, Yiyecekler 29/1832.
128 Bal hususunda ayrıntılı bilgi için de *Şeytan Ye Diyor!* adlı esere bakınız.
129 Ebu Davud, Yiyecekler 23/3783
130 Buharî, Enbiya: 34; Nesâî, Muaşeret 3, Tirmizi 1834.

Kur'an ve Sünnet neden tayyib'i emrediyor?

Kur'an-ı Kerim ve Hadis-i Şeriflerde gıda ile ilgili olarak **helâl** (حلال), **haram** (حرام), **necis** (نجس), **ĥabis** (خبيث), **tayyib** (طيب) gibi kelimelerin kullanıldığını hepimiz biliyoruz. Helâl'in zıddı haram iken, tayyib'in zıddı da habis ve necis'tir. Cenab-ı Hakk (ﷻ), 21 Âyet-i Celile'de gıdaların 'tayyib', 5 âyette ise 'tayyib ve helâl' olmalarını ister.

"***İnsanlar kendileri için neyin helâl kılındığı sorarlar. De ki: "Sizler için bütün tayyib şeyler helâl kılındı...***"[131]

"***Bugün, size tayyib olanlar helâl kılındı...***"[132]

"***Ey insanlar! Yeryüzündeki tayyib ve helâl şeylerden yiyin. Şeytanın adımlarını izlemeyin...***"[133]

"***Ey iman edenler! Gerçekten Allah'a iman edenlerden iseniz, size bahşettiğimiz şeylerin tayyib olanlarından yiyin ve Allah'a şükredin.***"[134]

"***Ey Resuller! Tayyib şeylerden yiyin, salih amel işleyin...***"[135]

"***Andolsun ki biz, -vaktiyle- İsrailoğulları'na kitap, hüküm ve nübüvvet, vermiş, tayyib şeylerle rızıklandırmıştık...***"[136]

131 Maide Suresi, 4
132 Maide Suresi, 5
133 Bakara Suresi, 168-169
134 Bakara Suresi, 172
135 Mü'minun Suresi, 51
136 Casiye Suresi, 26

"Size rızık olarak verdiğimiz şeylerin tayyib olanlarından yiyin! Bu hususta azgınlık etmeyin. Sonra gazabım üzerinize iner. Kimin de üzerine gazabım inerse, hiç kuşkusuz o, helâk olmuştur."[137]

Görülüyor ki Allah (ﷻ), helâl olanların ancak tayyib olanlar olduğunu beyan ediyor. Bu noktayı asla hatırdan çıkarmayalım. Öte yandan tayyib gıdayı/beslenmeyi sadece Müslümanlardan değil, Müslüman olmayan gayri Müslimlerden de talep eder. Aynı zamanda tüm peygamberler ve geçmiş ümmetlerden de istemiş olduğunu bildirir. Bu durumda bütün insanlar için beslenmenin olmazsa olmazlarından biri, yiyip içeceğimiz şeylerin tayyib olma vasfıdır.

Hangi meali açarsak açalım, tayyib kelimesinin '*temiz, iyi ve güzel*' olarak tercüme edildiği görülür. Bu tercüme isabetli midir? **Tayyib kelimesinin mânâsı temiz mi demektir?** Ya da tek mânâsı temiz midir? Bu soruların son derece mühim olduğunu belirtip, devam edelim.

Bir Arap tanıdığınız veya Arapça bilen birine '*Türkçe temiz kelimesinin Arapça'da karşılığı nedir*' diye soracak olursanız; nezāfet (نظافت), nezih (نزيه), olduğunu söyleyecektir. Ayrıca Arapça'daki **tâhir** (طاهر), hâlis (خالص), zekā' (زكاء), (ezkā (ازكى)), sahih (صحيح), nezih (نزيه), saf (صّف), afif (عفيف) gibi pek çok kelimenin de temiz mânâları var.

Bu durumda şu sûal büyük önem arz eder. Kur'an-ı Kerim Arapça indiğine göre ve ilk muhatapları da Araplar olduğuna göre 'nezîf' kelimesi yerine, Allah (ﷻ) neden 'tayyib' kelimesini tercih etmiştir?

Meallerin yaptığı bir diğer hata ise tâhir (طاهر)[138] kelimesini de, zekā' (زكاء)[139] kelimesini de 'temiz' olarak tercüme etmeleri. Yani kelimerin hepsine birden 'temiz' diyerek büyük bir hataya imza attıkları söylenebilir. Birinin yaptığı hatayı, diğerlerinin devam ettirdikleri görülüyor. Bu da bize meallerden İslam öğrenmeye kalkanların ne büyük hata içinde olduklarını gösteriyor.

Söz konusu kelimelerin hepsine benzer mânâlar vermek, murad-ı İlahiyyeyi anlamamanın yanı sıra Müslümanların ufkunu daralttığı da söylenebilir. Bu bahsi anlamanın bir yolu da şüphesiz Hadis-i Şeriflere bakmaktan geçer.

---

137 Taha Suresi, 81
138 Bakara 125, 232, Tevbe 103, Nisa 57 (tahir'e temiz mânâ verilmiş)
139 Bakara 129, 174, Kehf 19, 74, Nur 21, ('zekā-ezkā' kelimelerine entemiz mânâ verilmiş)

Hz. Ebu Hureyre (r.a.) anlatıyor: "*Resûlullah (ﷺ), -bir gün- şöyle hitap ettiler:* "***Ey insanlar! Allah Teâlâ hazretleri Tayyib'tir, tayyibten başka bir şey kabul etmez.*** *Allah'ın Mü'minlere emrettiği şeyler, Peygambere emretmiş olduklarının aynısıdır. Nitekim Allah Teâlâ hazretleri (elçilerine):* ***'Ey Peygamberler! Tayyib olanlardan yiyin de salih amel işleyin'***[140] şeklinde, *mü'minlere de:* ***'Ey iman edenler! Size rızık olarak verdiklerimizin tayyib olanların yiyin'***[141] *diye emretmiştir.' Sonra seferi uzatıp, saçı başı dağınık, toz toprak içinde kalan ve elini semaya kaldırıp:* ***"Ey Rabbim, ey Rabbim"*** *diye dua eden bir yolcuyu zikredip, buyurdular ki:* ***'Bu yolcunun yediği haram, içtiği haram, giydiği haramdır ve haramla beslenmektedir. Peki, böyle bir kimsenin duasına nasıl icabet edilir?'"***[142]

Kadı İyaz (r.a.), 'Allah (ﷻ)'ın '**Tayyib**' ismini, O (ﷻ)'nun her çeşit noksan sıfatlardan münezzeh olmasıyla izah eder. Bu mânâda Allah (ﷻ)'ın düşünülebilecek bütün noksan sıfatlarından münezzeh mânâsındaki '**Kuddüs**' ismi de mevcuttur. Hadis-i Şerif, kişi haramla beslendiği takdirde cihad, sılayı rahim, hac, kesb-i rızık (kazanılan rızık) gibi maksadlarla uzun, zahmetli yolculuklara bile katlansa, amellerinin kabul edilmeyeceğini belirtmektedir. Dua edecek olan kimse, önce yeyip içtiğinin maddî ve manevî yönüne *-yani tayyib ve tahir vasıfları taşıyıp taşımadığına-* dikkat edecektir. Aksi takdirde duanın kabul edilmeyeceği açıkça belirtilmiştir. Bu noktada, bütün ibadetlerin Allah katında bir nevi "dua" olarak yükseldiğini hatırlamamız gerekir. Öyle ise maddî ve manevî temizlik olmadı mı ibadetlerimizin hiçbiri makbul olmayacaktır.[143]

Ümmü Seleme (r.a.) anlatıyor: "Resülullah (ﷺ), sabah namazınının bitiminde şöyle dua ederdi: 'اَللّٰهُمَّ إِنِّى أَسْأَلُكَ عِلْمًا نَافِعًا وَرِزْقًا طَيِّبًا وَعَمَلاً مُتَقَبَّلا'

"Allahümme innî es'elüke ilmen nâfi'an ve rızgan tayyiben ve amelen mütekabbelen.

Mealen: **Ey Rabbim! Senden faydalı ilim, tayyib rızık ve makbul amel niyaz ediyorum."**[144]

Görülüyor ki, bütün düğüm bu kelimenin doğru anlaşılıp, muradın hayata geçirilmesinde gizli. Allah (ﷻ) ve Resûlü (ﷺ)'nün bu husustaki emir ve nehiyleri neyi talep etmemiz gerektiğini göstermesi bakımından son derece önemli.

140 Mu'minun Suresi 51
141 Bakara Suresi 172
142 Müslim, Zekat 65/105; Tirmizi, Tefsir, Bakara 2992/8
143 İbrahim Canan, Kütüb-i Sitte Tercümes ve Şerhi, cilt 14, s.492, Akçağ Yay.
144 Sünen-i İbni Mâce Tercemesi ve Şerhi, c. 3 s. 198, Hadis Şerif numarası 925, Kahraman Yay.

Kur'an-ı Kerim'in özel tercihi olan 'tayyib'in ne mânâya geldiğini anlamanın yolu, Sabe-i Kiram'ın, Tabiînin ve ilk dönem müfessirlerinin ne mânâ verdiğini öğrenmekten geçer. Kadı İyaz merhumun, '*Allah (ﷻ)'ın 'Tayyib' isminin, O (ﷻ)'nun her çeşit noksan sıfatlardan münezzeh olması*' ifadesini hatırladığımız zaman, '*gıdaların yaratılışında Allah (ﷻ)'ın ona bahşettiği fıtrî vasıflarının bozulmamış olmasıdır demek*' Allah-ü âlem doğru olacaktır.

Zaten Sahabe-i Kiram'ın, Tabiînin ve ilk dönem müfessirleri de, tayyib kelimesini; fıtratının bozulmaması, insan eliyle değişikliğe uğramaması, saf, arı, tabiî, sıhhî olarak izah etmişlerdir. Buna besleyici, mizacı ve âsâleti bozulmamış, diri, canlı, kirletici olmayan, zararsız, zarar vermeyen, sunî olmayan, hilesiz, saf, arı, akıbeti kötü olmayan, orijinal, hulkî, hilkat, cibillî gibi mânâlar da yüklenir. Nihâyetinde ise fıtrî özelliklerini koruyan '**en iyi yiyecek**' gibi çok derinlikli bir kelimeden söz ediyoruz. Özetle tâhir, yaratılıştan temiz, tayyib ise asâleti, yaratılışı bozulmamış olana denir.

Mâlûm, İngilizcedeki pure, sanitary, hygienic ve clean şeklinde dört kelime var. *Pure*: Saf, temiz, katıksız, sade, arı, safkan, pak, katışıksız, lekesiz demektir. *Sanitary*: Sıhhî, sağlıklı, temiz demek iken, *hygienic* ise sağlık, hıfzıssıhha, temiz, tertemiz mânâlarına gelir. Görüldüğü gibi kelimeler farklı, ancak mânâlar birbirine çok yakın, fakat asla aynı değil. Kur'an-ı Kerim'in İngilizce meallerinde de Türkçe'deki gibi hata edilmekte ve *clean* kelimesi tercih edilmektedir. Hijyenik ve clean daha çok tıbbi ve endüstriyel bir mefhum iken, sanitary ise daha çok Arapçadaki tahir kelimesine tekabül eder. Pure kelimesinin ise tam da tayyib kelimesine karşılık geldiği görülür.

Her kelimenin benzer mânâları vardır. Yani hepsinin özünde temiz mânâsı elbette var. Ama halk arasında sıradan bir sohbet konusunu ele almıyoruz. Kur'an-ı Kerim'in tercihinden söz ediyoruz. Bu nedenle bunca kelimeye toptan bir şekilde 'temiz' diyerek işin içinden çıkılamaz. Aksine hakikatin üstü örtülür. Murad-ı İlahi'nin anlaşılmasına mani olunur. Bu hem şeytanîlerin ifsad amacını anlamayı engeller, hem de oyuna gelmemize neden olur.

Bu bahiste inşaallah münhasır bir eser kaleme almaktayız. Bu nedenle daha fazla detaya girmeyeceğiz. Ancak şunu mutlaka belirtmeliyiz ki, ister adına hibrit desinler, isterse de GDO, kirli amaç aynı. Hayvanlar güneşten, topraktan, seçerek yiyip içmekten, fıtrî ihtiyaçları olan cinsî münasebet haklarını kullanmaktan men ederek elde edilen et, süt ve yumuratayı meşrulaştırır mı yani tayyib kılar mı? Her meyvenin enva-i türünü çeşit çeşit yaratan, bugün hayatta kalabilen 7-8 bin elma, 4-5 bin patates, 2 bin kayısı, bine yakın hurma, 15-20 bin üzüm, 25-30 bin buğday, 20-25 bin pirinç çeşiti yaratan Allah-ü Teâlâ hazretleri birşeyleri hâşâ eksik mi bırakmış ki, bu kimseler '*ıslah etmekten*' söz ediyorlar? Sorarım size, bu ıslah maskeli ifsad oyununa gelmeye daha ne kadar devam edeceğiz?

Unutmamalıyız ki, bir şeyin helâl veya haram olmasına yönelik hüküm yalnızca Allah (ﷻ) ve Rasülü (ﷺ)'nün uhdesindedir. Allah (ﷻ) şöyle buyurur: "***Ey iman edenler! Allah'ın size helâl kıldığı tayyipleri -siz kendi kendinize- haram kılarak haddi aşmayın. Çünkü Allah, haddi aşanları sevmez.***"[145]

"***Allah'ın kulları için yarattığı ziyneti ve bahşettiği tayyib rızıkları onlara kim yasak etti? Bütün bu şeyler, dünya hayatında iman edenler için olup, kıyamet gününde de onlar için olacaktır. İşte bilen kimseler için Âyetlerimizi böyle ayrıntılı bir şekilde açıklıyoruz.***"[146] Bakara Suresi 174'de ise '*dini az bir bedelle satmayın*' ve Bakara Suresi 11'deki "***Yeryüzünde sakın fesat çıkarmayın denildiğinde 'bizler sadece ıslah edicileriz' derler***" şeklindeki Âyet-i Kerimeler üzerinde daha fazla tefekkür etmeye ihtiyacımız var.

Bir şeyin helâl olması için tayyib olması şart mı?

Bir şeyi haram ya da helâl kılma yalnızca Allah (ﷻ) ve Rasülü (ﷺ)'nün uhdesinde olduğundan, âlimler '*câizdir*' ya da '*câiz değildir*' demeyi tercih etmişlerdir. Bu nedenle bir şey için '*haram*' demek ne kadar sakıncalı ise, '*helâldir*' demek de en az onun kadar sakıncalıdır. Zira Kur'an ı Kerim'in gıdalar hususundaki yasakları 'd*omuz, kan, sarhoş ediciler, üzerlerine Allah'ın adı anılarak kesilmeden ölmüş hayvanlar*'la sınırlıdır. Aksi olan her şey ise ilk bakışta helâldir yani mübahtır. Doğru olan şudur, helâller esas, haramlar ise istisnadır. Ancak işte tam burada modern insanın tahripkârlığı yani *harsın ve neslin ifsadı* devreye girer ki, 'tayyib' mefhumunun önemi de tam bu noktada ortaya çıkar. Bir başka mesele ise **"*eşyada aslolan ibahadır*"** şeklindeki temel kaidedir. Burada kast edilen helâllik aslî unsur, necis yani haramlık ise ârızîdir. Endüstri-

145 Mâide Suresi, 86. Bu Âyet-i Kerim'enün nüzul sebebi: Tirmizî'nin Abdullah bin Abbas (r.a.)'tan rivâyet ettiğine göre bir adam Rasülullah (ﷺ)'a gelerek: "Ey Allah'ın Rasülü! Ben et yediğimde kadınlara düşkün oluyorum ve cinsel arzum artıyor. Bu yüzden kendime eti haram kıldım" dedi. Bunun üzerine bu Âyeti kerime indirildi. İbn-i Cerir'in, Abdullah bin Abbas (r.a.)'tan rivâyet ettiğine göre de bu Âyeti Kerime bazı sahabelerin kadınlara yaklaşmayı ve et yemeği kendilerine yasak etmeleri ve kendilerini tamamen ibadete verme kararı almaları üzerine indi. Bunu destekleyen daha başka rivâyetlerde olay daha teferruatlı olarak anlatılmaktadır.

146 Araf Suresi, 32

leşmeye kadar gıda, tohum, hayvan ve insanın fıtratına, yaratılışına müdahale söz konusu değildir. Ancak günümüzde bu iş çığırından çıkmıştır.

Necmettin Erbakan Üniversitesi (NEÜ) Meram Tıp Fakültesi Tıbbi Biyokimya profesörü Dr. Mehmet Gürbilek ile Dr. Nejla Özer, emziren annelerin biyolojik sıvısında besin kaynaklı "mikroRNA" (miRNA) yani GDO varlığına yönelik 2018 yılında yaptıkları araştırmada, genetiği değiştirilmiş nebatî ve hayvanî gıdaların genetik materyallerini tespit eder. Araştırmaya 12 emziren annenin katıldığını aktaran Gürbilek, çalışmalarını şöyle özetler: "Annelere neler yediğini sorduk. Soya, pirinç, elma ve buğday gibi besinlerden yemişler. Yaptığımız çalışmada pirinç miRNA'sı, insan kanı ve anne sütünde de görüldü. Çalışmamızla GDO'lu ürünlerin direkt çocuğa da aktarıldığını tespit ettik! Bu yaptığımız çalışmada yeni tespit edilen; bitkisel kaynaklı miRNA'ların herhangi bir yapısal bozulmaya uğramadan insan DNA'sı üzerinde pozitif veya negatif etkisi olduğunu ortaya koyduk. Daha önce 'bitkisel ve hayvansal genetik materyal miRNA, ince bağırsakta parçalanır' diye biliniyordu."

İşte bu çalışma, **şeytanî bir ifsad projesi olan 'hibrit ve GDO zararsızdır, GDO insana geçmez' yalanını çürütmüş**tür. Bu bahiste de çok şey sözleyebiliriz. Ancak Bakara Suresi 205'deki "***İmkânını bulduğunda fesat çıkarmaya, harsı ve nesli mahvetmeye çalışır. Allah ise fesadı sevmez***" ikazı büyük bir ehemmiyet arz eder. Buradaki 'hars' kelimesi, her türlü canlının tohumunu yani üreyip çoğalmasını bir başka ifadeyle bitkinin tohumu, insan ve hayvanların yumurta ve menilerini ifade eder. Bugünkü kısırlık sarmalı yani kadınların yumurta mahrumiyeti, erkeklerinse sperm azalma ve yetersizliğini düşündüğümüzde, Kur'an-ı Kerim ve Hadis-i Şeriflerdeki ikazların dünya ve ahiret hayatımız için ehemmiyetini çok daha iyi anlıyoruz.

Demek ki 'tayyib' demekle sadece helâl kastediliyorsa, hem helâl olması, hem de tayyib olması neden birlikte emredilir? Tefekkür etmeye değmez mi? Ne buyuruyordu Allah (ﷻ), "***Başınıza gelenler, kendi ellerimizle yapıp ettikleriniz yüzündendir.***"[147]

147 Şura Suresi, 30

Gıdalar şeytandan nasıl korunur?

Hem şeytanlaşmış insanlar, hem de iblis gıdalarımıza ortak olmak niyetinde. Hatta tümüyle uhdelerine almayı arzu ediyorlar. Tohumun/bitkinin, hayvanların ve insanın fıtratını değiştirerek; canları ve dolayısıyla yaşamı patent altına alarak mülkiyetlerine geçirmek istiyorlar. Kur'an-ı Kerim farklı Âyetlerde bu konuyu şu şekilde ele alır:

"O, yeryüzünde bozgunculuk yapmağa, harsı[148] ***ve nesli yok etmeğe çalışır. Allah ise bozgunculuğu sevmez."***[149]

*"**Kim Allah'ın nimetini değiştirirse, bilsin ki şüphesiz Allah, cezası pek çetin olandır.**"*[150]

*"Şeytan: '**Onları mutlaka saptıracağım, mutlaka onları kuruntulara sokacağım ve onlara emredeceğim de Allah'ın yarattığını değiştirecekler.' Kim Allah'ı bırakıp da şeytanı dost edinirse şüphesiz o, apaçık bir hüsrana düşmüştür.**"*[151]

Nisa Suresi'nin 119'uncu Âyet-i Kerimesi ile ilgili olarak, Türkiye Diyanet Vakfı'na ait *Kur'an-ı Kerim ve Açıklamalı Meâl*'in dipnotunda, *"Allah'ın yarattığının değiştirilmesi, hem maddi alanda, hem de fıtrat alanında gerçekleşebilir. Zamanımızda, yeryüzünde Tabiî dengeyi bozucu her türlü girişimi bu çerçevede değerlendirmek mümkündür"* denilerek, aslında meselenin dinî boyutu önemli ölçüde izah edilmektedir.

Diğer yandan İslam İşbirliği Teşkilatı (İİT)'nın Fıkıh Komitesi de 2009 yılında İstanbul'da yaptığı açıklamada *"**Genetik değişiklik helâl değildir**"* diyerek tartışmayı noktalamıştı.

148 Hars: Tüm canlıların tohumları demektir. Bitkilerin tohumları ile hayvan ve insanların yumurta ve menilerini de içerir.
149 Bakara Suresi 205
150 Bakara Suresi 211
151 Nisa Suresi 119

Bir yandan bilim maskesi altında fıtrat değiştirilip hayatımız patent altına alınmaya çalışılırken, diğer yandan da şeytan sofraya gelen nimete ortak olmak istemektedir. Rasülullah (ﷺ) şöyle buyurur: *"**Kişi evine döndüğü zaman içeri girerken ve yemek yerken Allah'ın adını zikrederse, şeytan avenelerine, 'Size burada gecelemek de yok, akşam yemeği de yok!' der. Ama kişi eve girerken Allah'ı zikreder fakat akşam yemeğini yerken zikretmezse, şeytan avenelerine, 'Akşam yemeğine kavuştunuz ama burada gecelemeniz mümkün değil!' der. Adam eve girerken ve yemeğe başlarken 'Bismillah!' diyerek Allah'ı zikretmezse, şeytan avenelerine, 'Yemeğe de yetiştiniz, yatmaya da!' der.**"*[152]

Görülüyor ki, besmele hem yemeğe bereket katmakta, hem daha az yemeyi sağlamakta, hem de şeytanın nemalanmasını engellemektedir. Besmele şeytanları aç bırakırken, Müslümanlar içinse bir bereket vesilesidir. Besmele çekilmesi bir yandan rızkına sahip olmak, diğer yandan da şeytanların yararlanmasını engellemektir. '*Neylü'l-Evtar*'da şu uyarı vardır: *"**Şeytanın iki eli ve iki ayağı vardır, onların erkeği, dişisi vardır, besmele ile defedilmediği takdirde, gerçekten elleriyle yer.**"* Netice itibariyle sol elle yiyip içmek şeytanî bir fiildir. Besmelesiz yemek içmek de gıdayı şeytana terk etmektir. Tohuma sahip çıkmamak da onu yine şeytana terk etmektir.

Allah (ﷻ), Müslüman olsun veya olmasın bütün kullarının bedenini sıhhatli tutmalarını emreder. Bu nedenle perhiz/diyet, İslam tıbbında çok önemli bir yer tutar. İslam, gıdaların bazılarının -hem imtihan, hem de kötü hasletleri nedeniyle- tüketilmesini yasak etmiştir. Kur'an-ı Kerim, kara[153] ve denizde[154] yetişen/yaşayan birçok canlının, insan için et[155], süt[156] ve meyve[157, 158] gibi her türlü gıda[159] olduğunu belirtip bunlardan 'tayyip yani helâl'[160] olanlarının ölçülü bir şekilde yenilip-içilmesini ister. Kur'an-ı Kerim dengeli beslenmeyi yal-

---

152 Câbir r.a. rivâyeti: Müslim, İçecekler 103/2018; Ebu Davud, Yiyecekler 16/3765

153 Mü'min Suresi 79-80: *"Allah, kimine binesiniz, kimini de yiyesiniz diye sizin için hayvanlar yarattı. Onlarda sizin için daha nice faydalar vardır."*

154 Nahl Suresi 14: *"O, taze et yemeniz ve takınacağınız süs eşyası çıkarmanız için denizi sizin hizmetinize verendir."*

155 Nahl Suresi 5: *"Hayvanları da O yarattı. Onlarda sizin için ısıtıcı –şeyler– ve birçok –başka– faydalar vardır. Onlardan bir kısmını da yersiniz."*

156 Mü'minûn Suresi 21: *"Hayvanlarda sizin için elbette bir ibret vardır. Onların içlerindeki sütten size içiririz. Onlarda sizin için daha birçok faydalar da vardır ve onlardan yersiniz de."*

Nahl Suresi 66: *"Sizin için sağılan hayvanlarda da bir ibret vardır. Size, onların karınlarındaki fers ile kan arasından, içenlerin boğazından kolaylıkla geçen halis bir süt içiriyoruz."*

157 Nahl Suresi 67: "Hurma ağaçlarının meyvelerinden ve üzümlerden hem içki, hem de güzel bir rızık edinirsiniz. Elbette bunda aklını kullanan bir toplum için bir ibret vardır."

158 Rahman Suresi 68-69: *"İçlerinde her türlü meyve, hurma ve nar vardır. O halde, Rabbinizin hangi nimetlerini yalanlıyorsunuz?"*

159 Mü'minûn Suresi 19: *"Onunla sizin için hurma bahçeleri ve üzüm bağları meydana getirdik. Bu bağ ve bahçelerde sizin için pek çok meyveler vardır ve siz onlardan yiyorsunuz."*

160 Bakara Suresi 168: *"Ey insanlar! Yeryüzündeki şeylerin helâl ve temiz olanlarından yiyin! Şeytanın izinden yürümeyin. Çünkü o sizin için apaçık bir düşmandır."*

nızca insanlar için değil, insanlar için yarattığı diğer canlılar[161] için de ister[162] ve şart[163] koşar. Oysa günümüz insanı, cehaleti ve tamahkârlığı yüzünden birer organizma olan hayvanları mekanizmaya dönüştürerek, onlardan en kısa sürede âzamî düzeyde et ve süt elde etmeye çalışıyor. Bu ticarî emeli gerçekleştirmek için hayvanları ömürlerinin sonuna dek kötü şartlar altında yaşamaya mecbur ediyorlar. Bu durum hayvanlarda da obeziteye yol açtığından zulüm kat be kat artmakta.

Allah-ü Teâlâ (ﷻ) neyi, nasıl yarattığını şöyle açıklıyor: ***"O gökten su indirendir. İşte biz onunla her türlü bitkiyi çıkarıp, onlardan yeşillik meydana getirir ve o yeşil bitkilerden, üst üste binmiş taneler, –hurma ağacının tomurcuğunda da aşağıya sarkmış salkımlar– üzüm bahçeleri, zeytin ve nar çıkarırız. Her biri birbirine benzer ve her biri birbirinden farklı. Bunların meyvesine, bir meyve verdiği zaman, bir de olgunlaştığı zaman bakın. Şüphesiz bunda inanan bir topluluk için ibretler vardır."***[164] Allah (ﷻ)'ın aynı topraktan değişik tat ve lezzetlerde yiyecek ve içecekler yaratması ve bunların ölçülü bir şekilde tüketilmesini emretmesi akıl sahipleri için ibret ve hikmetlerle doludur.

Bilindiği gibi Allah (ﷻ), Hz. Musa'nın kavmi (İsrailoğulları) için bıldırcın eti ve kudret helvası[165] göndermiş ama onlar yine nankörlük edip, Allah (ﷻ)'tan tayyib gıdaları, kötüleriyle değiştirmesini istemişlerdir.[166] Hz. Musa'nın uyarısına aldırmayıp alt derecedekini en iyiye tercih etmişlerdir.[167] Ne yazık ki bugün de bu kötü hasletlerini devam ettirmekte, Allah'ın en güzel bir biçimde yarattığı gıdaların fıtratlarını değiştirmekteler. Bununla da yetinmeyerek kötüyü iyi, iyiyi ise kötü göstererek bütün insanlığı aldatmaya çalışmaktadırlar. Bilimi tanrılaştıran bazı meslek mensupları da bu oyuna aracılık ve maşalık yapmaktadırlar. Şeytanlaşmış kişilerin liderleri, iblisin isteği ile fıtratı değiştirmektedirler.[168]

161 Abese Suresi 27-32: *"Böylece sizin ve hayvanlarınızın yararlanması için orada taneler, üzümler, yoncalar, zeytinler, hurmalıklar, sık ağaçlı bahçeler, meyveler ve otlaklar ortaya çıkardık."*

162 Nâzi'ât Suresi 31-33: *"Ondan suyunu ve merasını çıkardı. Dağları sağlam bir şekilde yerleştirdi. Bunları sizin için ve hayvanlarınız için bir fayda kaynağı yaptı."*

163 Yûnus Suresi 24: *"Dünya hayatının hâli, ancak gökten indirdiğimiz bir yağmurun hali gibidir ki, insanların ve hayvanların yedikleri yeryüzü bitkileri onunla yetişip birbirine karışmıştır."*

164 En'am Suresi 99.

165 Bakara Suresi 57: *"Bulutu üstünüze gölge yaptık. Size, kudret helvası ile bıldırcın indirdik. 'Verdiğimiz rızıkların tayyip olanlarından yiyin' (dedik). Onlar –verdiğimiz nimetlere nankörlük etmekle– bize zulmetmediler fakat kendilerine zulmediyorlardı."*

166 A'râf Suresi 160: *"Üzerlerine bulutu da gölgelik yaptık ve onlara kudret helvası ve bıldırcın indirdik. 'Size rızık olarak verdiğimiz şeylerin iyi ve temiz olanlarından yiyin' (dedik). Onlar bize zulmetmediler, fakat kendi nefislerine zulmediyorlardı."*

167 Bakara Suresi 61: *"Hani, 'Ey Mûsâ! Biz bir tek (kudret helvasıyla bıldırcın etinden) yemeğe asla katlanamayız. O halde, bizim için Rabbine yalvar da, o bize yerden biten sebze, kabak, sarımsak, mercimek, soğan versin' demiştiniz. O da size, 'İyi olanı düşük olanla değiştirmek mi istiyorsunuz? Öyle ise inin şehre! İstedikleriniz orada var' demişti. Böylece zillet ve yoksulluk onları kapladı. Onlar, Allah'ın gazabına uğradılar. Bunun sebebi, onların; Allah'ın âyetlerini inkâr ediyor, peygamberleri de haksız yere öldürüyor olmaları idi. Bütün bunların sebebi ise, isyan etmek ve aşırı gitmekte oluşlarıydı."*

168 Bakara Suresi 205: *"O senin yanından ayrılınca yeryüzünde bozgunculuk yapmağa, hars ve nesli yok etmeğe çalışır. Allah ise bozgunculuğu sevmez."*

Elbette bir insan olarak Hz. Peygamber (ﷺ) de, Âyet-i Kerimelerde zikrolunan sayısız nimetlerden -bulabildiği kadarıyla- yer içerdi.[169] Ancak onun yeme-içmesi bollukta da ölçülüydü. Lakin çoğu zaman yiyecek bir şey bulamazdı. Ebu Talha (r.a.) bu durumu şöyle anlatıyor:

"Rasülullah'a açlıktan şikâyet ettik ve karınlarımızı açıp gösterdik. Herkeste bir taş vardı. Rasülullah aleyhissalâtu vesselâm da karnını açtı, O'nda iki taş vardı."[170]

Karnına iki taş bağlamak zorunda kalan Peygamberin Ahir zamandaki 'ümmeti', bir kaç kişiye yetecek kadarını tek başına yiyor, hem yediklerinden daha fazlasını çöpe atıyor, hem de fazla yemeden kaynaklanan musibetlerden kurtulmak için ömrünü hastanelerde geçirip, kazancının önemli bir kısmını da sıhhatini geri getirmek masallarına harcıyor. Sonra da bu felaketleri Allah'ın imtihanı diyerek avunuyor. Gerçekleri görmeme konusunda inadını sürdürerek gününü gün etmeye devam ediyor.

İşte tam bu noktada yiyip içmenin helal var haram olan ölçülerini verebiliriz. Hacı Hüseyin Aksakal merhum, '*Keşkül*' adlı eserinde bu Kur'a-ın Kerim ve Hadis-i Şeriflerdeki örcülerden hareketle Müslüman'ın yiyip içmesini; farz, vacip, mubah, mekruh ve haram olmak üzere 5 kısma ayırıyor.

Ölmeyecek kadar yiyip içmek **farz** iken; iş yapma, çalışma ve İlahî yükümlülükleri yerine getirecek kadar yiyip içmeyi ise **vacip** olarak niteliyor. Midenin üçte birini geçmemek şartı ile lezzet almak için daha fazla yemeyi **mubah** olarak görüyor. Midenin üçte birini geçecek kadar yiyerek bedene ağırlık ve uyku getirecek kadar yemeyi **mekruh**, doyduktan sonra yasaklanan ve mideye hazımsızlık verecek miktarda yemeyi ise **haram** olarak tavsif ediyor. İşte mesele bu kadar sarih.

169 Mü'minûn Suresi 51: *"Ey peygamberler! Temiz şeylerden yiyiniz ve iyi ameller işleyiniz. Doğrusu ben, sizin yaptığınız şeyleri tamamen bilirim."*
170 Tirmizî, Zühd 39/2371. (Not: Eskiden insanlar yiyecek bulamadıkları zaman midelerini teskin etmek için taş bağlarlardı.)

Midenin üçte biri!

Önceki bölümlerde Efendimiz (ﷺ)'in şu Hadis-i Şeriflerine yer vermiştik: *"Âdemoğlu, mideden daha şerli bir kap doldurmaz. Âdemoğluna belini doğrultacak birkaç lokmacık yeterlidir. Ancak (nefsinin galebesiyle) illa da (mideyi doldurma işini) yapacaksa bari onu üçe ayırsın: Üçte birini yemeğe, üçte birini suya, üçte birini de boş bıraksın."*[171] *"Mide hastalık evidir. Perhiz ise her devanın başıdır."*[172]

Efendimiz (ﷺ)'in ikâzları, hem midenin sağlıkla ilgili işlevi, hem de işin manevi boyutu açısından son derece önemlidir. Midenin kapasitesi (hacmi) ortalama olarak, yeni doğan bir bebekte 30-50 ml, ergenlik çağındaki çocuklarda 1000 ml, erişkinlerde ise 1200 ml'dir. Yani mide ortalama 1200 ml (1,2 litre, 1200 cc) yiyecek barındırabilecek kadar genişleyebilir.

Midenin tamamının yiyecekle doldurulması sindirimi güçleştirir. Bir blender düşleyelim. Blenderi, bütün (doğranmamış) meyvelerle ağzına kadar doldurup çalıştırdığımızda aletin görevini yapamadığını görürüz. Bu tür bir işlemde meyveler bıçaklı merdanenin dönmesini engeller. İşlemde ısrar edilmesi durumunda kaçınılmaz olarak aletin motoru yanacaktır. Oysa meyveler parçalanıp bir miktar su ilave edilse, blender kendisinden beklenen görevi sorunsuzca tamamlayarak posalı muhteşem bir meyve suyu yapacaktır.

Benzer durum mide için de geçerlidir. Yemek öncesinde iki su bardağı su içmek, mideyi ıslatacak ve gelen yiyeceklerin kolayca karıştırılıp sindirilmesini sağlayacaktır. Büyük lokmalar yerine küçük lokmaların ağızda iyice çiğnenmesi ve ondan sonra yutulması, midenin görevini daha da kolaylaştıracaktır. 2 bardak su içmek, 1.2 litre kapasiteye sahip olan midenin üçte birinin su ile doldurulması demektir. Bu durumda midede üçte iki oranında boş yer kala-

171 Tirmizî, Zühd 47/2381; İbn-i Mâce, Yiyecekler 50/3349
172 Ebu Davut, Tıp, 13/490

caktır. İki su bardağı hacminde yemek yiyip daha tam doymamışken yani hâlâ yeme iştahı varken kalkarsak, hem Sünnet-i Seniyyeye uygun davranmış, hem de midenin rahat ve meşakkatsiz çalışmasını sağlamış oluruz.

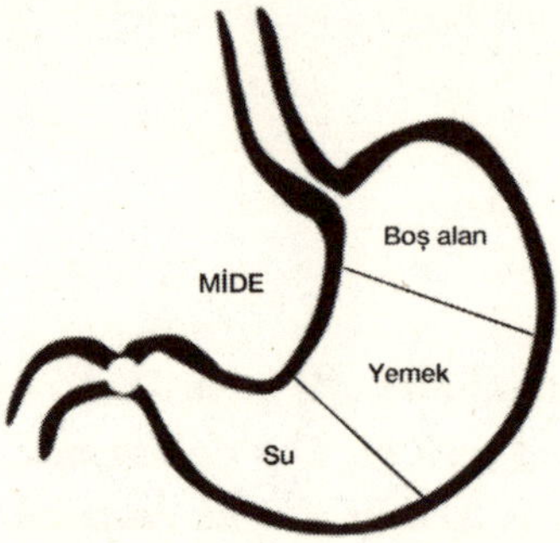

Midenin hacmi	: 1200 cc (1,2 litre)
Su (1/3)	: 400 cc (0,4 litre)
Yiyecek (1/3)	: 400 cc (0,4 litre)
Boş alan yani nefes (1/3)	: 400 cc (0,4 litre)

Yiyecekler için ölçü vermek gerekirse; bir kepçe pilav, bir kepçe sulu yemek, birkaç kaşık yoğurt ve/veya birkaç kaşık salata midenin üçte birine denk gelebilir.

İslam dünyasında sağlık ve beslenme konularında ilk eserlerden birini kaleme alan **Ebu Zeyd Ahmet El Belhi** şöyle diyor: *"İnsan midesi iyice dolup daha fazla yiyemeyecek hâle gelinceye kadar yememelidir. Bu durumda midede hiç boş yer kalmaz. İnsan bu şekilde yerse, yedikleri hazımsızlık meydana getirir ve bazen de zor hastalıklara yakalanmasına sebep olur.*

Hazımsızlığa –ve şişmanlığa– sebebiyet vermemek için tam doymadan ve hâlâ iştahı varken yemeği bırakmalıdır.

Çünkü yiyecek geldiğinde mide harekete geçer ve midedeki ısı ve nem bu yiyecek üzerinde işini yapmaya başlayınca besin şişer, genişler ve daha geniş bir mekâna ihtiyaç duyar.

Dolayısıyla mide eğer tam dolmamışsa açılmak ve yayılmak için geniş yer bulur. Fakat mide baştan dolu olursa, besin genişlemeye ihtiyaç duyduğundan yer daralır ve ona acı verici bir şişkinlik isabet eder. Bir kimsenin az ve latif gıdalarla beslenmesi, alev alev yanan ateşe ince odun ve diken atmak gibidir"[173]

173 Ebu Zeyd Ahmet El Belhi, *Beden ve Ruh Sağlığı*, s.78, Endülüs Kitap

Vücudun ısı yapısı da mevsim gerekliliklerine göre değişeceğinden, kış ve yaz mevsimlerinde yemek miktarında küçük değişiklikler yapmakta yarar vardır. Beden, kışları ısıyı içerde tutarken, yazın ise dağıtır. Bu nedenle kışın daha ağır ve yaza oranla biraz fazla yenilebilir ancak yazın hafif ve daha az yenilmesi gerekir.

Bu vesileyle belirtmeliyiz ki; **sinir, üzüntü, korku gibi hallerin olduğu durumlarda mide sindirim faaliyetine başlayamaz.** Bu nedenle de yeme içme geçici olarak tehir edilmelidir. Bu hallerin ortadan kalkması için abdest alınması gerekir. Menfî yük suyla boşaltılacağından, kişi rahatlayacaktır. Aynı şekilde anneler de bebeklerini keyifsiz ve mutsuzken değil, mutlu olduklarında emzirirlerse, bebek için daha yararlı olur, anne sütü daha kolay sindirilir.

Belki de tüm hekimlerin (Tabiî hakiki ve vicdanlı hekimlerin) hemfikir oldukları nokta, '**hayattaki en iyi ilacın az yemek**' olduğu tespitidir. Azlığın sınırı vücudun ihtiyacı kadardır.

Çok yemek nasıl bedene zarar verirse, gerekenden az yemek de benzer zararlara yol açar. Peygamber Efendimiz (ﷺ)'in midenin doldurulmasının dert, az yemenin ise ilaç/deva olduğu yönündeki ikaz ve tavsiyeleri, her Müslüman ve hatta bütün bir insanlık için 14 asır önce ortaya konulmuş emsalsiz bir reçetedir.

Müslüman'ın midesi, aklı ve nefsi

Bazı 'inançlı' insanlar, hastalık gibi başlarına gelen her nevi musibetin Allah'tan geldiğini iddia ederler. Oysa Cenabı Hak (ﷻ) ***"Başınıza gelen herhangi bir musibet, kendi ellerinizle işledikleriniz yüzündendir"***[174] buyurarak kullarının bu iddiasını naksediyor.

Hz. Peygamber (ﷺ), ***"Her kim korkuluksuz bir damda yatıp uyur da, geceleyin damdan düşüp ölürse sorumluluğu kendisine aittir. Her kim de fırtınalı bir zamanda deniz yolculuğuna çıkar, fırtınaya yakalanıp ölürse, bunun da sorumluluğu kendisine aittir"***[175] buyurur.

Görülüyor ki, toplumun ve bireyin musibet olarak gördüğü şeyler, o kişinin kendi amelinin sonucudur. Şâyet kişi yanlış ve gereksiz beslenerek veya kötü bir hayat sürerek şişman veya obez olmuş, bu nedenle de çeşitli hastalıklara yakalanmışsa, 'ne yapalım kader böyleymiş' deyip sorumluluğu kadere dolayısıyla Allah (ﷻ)'a yükleyemez. Nasıl dere yatağına ev yapmış birisi sel yüzünden evini kaybedince faturayı başkasına kesemezse, aynı şekilde Hz. Peygamber (ﷺ) in ölçülerini ihlal eden biri de, ortaya çıkan hastalık, yani musibetten dolayı ne başkasını, ne de Rabbini sorumlu tutabilir! Şâyet Rab olarak Allah (ﷻ)'ı seçmişse Tabiî!

Bazı kimseler kırk yıldır sigara içtiği halde hastalanmadığını veyahut da 30 yıldır aşırı kilolu olduğu halde herhangi bir sıkıntı yaşamadığını ifade ederek, kendisine yapılan ikazlara kulak asmaz. Oysa Fâtır Suresi'nin son Âyet-i Kerime'sinde Allah-ü Teâlâ (ﷻ), ***"Eğer Allah, yaptıkları yüzünden insanları hemen cezalandırsaydı, yeryüzünde hiçbir canlı yaratık bırakmazdı. Fakat***

---

174 Şura Suresi 30

175 Müsned 5/79, 271 (Ali Rıza Karabulut, *Tıp-i Nebevî Ansiklopedisi*, s. 562, 7. Baskı)

***Allah, onları belirtilmiş bir süreye kadar erteliyor Vakitleri gelince gerekeni yapar. Şüphesiz Allah, kullarını görmektedir*"[176] buyurur.

Kırk yıl içtiğiniz sigara size zarar vermemiş olabilir! Ama bir sonraki sigaranın yıkıcı bir etkisinin olmayacağını kim garanti edebilir? Ya da musibetin kırk yıldır tehir edilmediğini ve yarın yakanıza yapışmayacağının garantisi var mı?

Şura Suresi'nin 30. Âyet-i Kerime'sinde zikrolunan musibeti, Efendimiz (ﷺ), "***Mümine hoşlanmadığı her ne gelirse o bir musibettir***" şeklinde izah buyurmaktadırlar. Şişman veya obez olmak, çok yemekten kaynaklanıyor ve çok yemek başka hastalıklara da neden oluyorsa, kişi musibeti kendi eliyle davet ediyor demektir. O halde hastalanmamak için perhiz yapmak (doğru ve sağlıklı beslenmek) herkes için bir vecibedir. Bunun tek yolu az yemekten geçmektedir. Az yemek musibete karşı tedbir almaktır. Lakin, Allah (ﷻ) ve Peygamberinin (ﷺ) ikazlarına uygun yaşayan kişi buna rağmen hastalanıyorsa işte o zaman buna 'imtihan' demek daha isabetli olacaktır.

Mü'min ve kâfirin yemesi arasındaki fark

Business Insights'in '**İlk 10 Yiyecek ve İçecek Şirketi Raporu**'na göre, 2010 yılında tüm dünyada yiyecek ve içecek için 3,8 trilyon dolar harcanmış. Rapora göre, net satışları itibariyle dünyanın en büyük yiyecek ve içecek firmaları şöyle: *Nestle, Tobacco, Philip Morris, PepsiCo, Kraft, Imperial Tobacco, Coca-Cola, Mars, Tyson, InBev.*

Dikkat edilirse pazarın en büyüklerinin üçü sigara, ikisi ise kola üreticisi. Diğerlerinin ürettiği gıdalar da insanlık için öyle vazgeçilmez filan değil, hatta sakıncalı!

Dünya nüfusu 7.5 milyara tırmanıyor. Birleşmiş Milletler 1 milyar dolayında insanın yeterli beslenemediğini belirtiyor. Buna karşın Amerikan Çevre Araştırma Teşkilatı *Worldwatch Enstitüsü*'ne göre, dünya nüfusunun üçte biri obez, bir o kadarı da şişman. Obezitede ilk sıraları ABD, Kanada, İngiltere ve Avustralya paylaşıyor. 177 ülkenin verilerine dayanarak yapılan araştırmaya göre, dünya çapında 2 milyar insan obez.[177]

---

176 Fâtır Suresi 45
177 www.haberturk.com/saglik/haber/699979-2-milyar-insan-obez

Türkiye obezitede Avrupa birincisi, dünyada ise sekizinci. Türkiye Obezite Araştırma Derneği'nin verilerine göre, erkeklerin yüzde 24'ü, kadınların yüzde 31'i obez. Toplam Türkiye nüfusunun en az yüzde 65-70'i obezite tehlikesi altında. Amerika obezite tedavisi için yıllık en az 200 milyar dolar, Türkiye ise en az 5 milyar dolar harcıyor.

Dünya Sağlık Örgütü verilerine göre, dünya çapında 300 milyondan fazla insan obeziteden kaynaklı 'tip 2' şeker hastası. Sağlık Bakanlığı'nın sitesinde yer alan verilere göre, Türkiye'deki 5 milyon diyabet hastası için yapılan harcama miktarı yıllık 15 milyar Euro'yu aşmış durumda. Amerika Hastalıkları Önleme ve Kontrol Merkezi de obezite nedeniyle 2050 yılına kadar tüm dünyada her 3 kişiden birinin şeker hastası olabileceğini belirtiyor.

10 milyon insanın yaşadığı Somali'nin gayri safi hâsılası ile Türkiye'nin obeziteyle mücadele için harcadığı rakam hemen hemen aynı. Obezite sıralamasında Türkiye ve bazı Müslüman ülkelerin ilk sıralarda yer alması, Müslümanların İslam'la aralarındaki ilişkiyi bir kez daha gözden geçirmesini gerekli kılıyor.

Rasülullah (ﷺ), "***Kıyamet günü, şişman, iri bir adam mizana getirilip tartılır da, Allah indinde sinek kanadı kadar ağırlığı olmadığı görülür***"[178] buyurdu ve sonra da Kehf Suresi'nin 105'inci Âyet-i Kerime'sini okudu: "***Onlar, Rab'lerinin Âyetlerini ve O'na kavuşacaklarını inkâr eden, böylece amelleri boşa çıkan, o yüzden de kıyamet gününde amelleri için bir terazi kurmayacağımız kimselerdir.***"

Bir başka rivâyette ise şöyle denir: "*Selman (r.a.), yemek yerken, biraz daha yemesi için ısrar edilince şöyle demişti:* ***'Yediğim miktar bana yeter. Zira ben, Aleyhissalâtu Vesselâm'ın şöyle buyurduklarını işittim: 'Dünyada doyasıya en çok yiyenin, kıyamet günü açlığı en uzun olacaktır.'***'"[179]

İbn-i Haber, Cahcâh El Gıfari'nin hikâyesini kendi ağzından şöyle naklediyor: "*Bu zatın da aralarında bulunduğu bir grup, Müslüman olmak niyetiyle Rasülullah'ın Mescidi'ne gelirler ve akşam namazında hazır bulunurlar. Rasülullah selam verince* ***'Herkes yanında oturanın elinden tutup yemeğe götürsün'*** *buyurur. Herkes bir kişi götürür ve bir kişi de Efendimize kalır.*" Hikâyenin gerisini Cahcâh şöyle aktarıyor: "***Benim için bir keçinin sağılmasını emretti.***

178 Ebu Hureyre r.a. rivâyeti: Buharî, Tefsir, Kehf 6; Müslim, Kıyame 18/2785.
179 Atiyye İbn-i Âmir el-Cüheni r.a. rivâyeti: Kütüb-i Sitte Muhtasarı, c 17, s 425, Hadis No: 6988

Keçi sağıldı, hepsini içtim. Sonra bir keçi daha sağılmasını emretti, onu da içtim. Böylece tam yedi keçi sağıldı, hepsini içtim ama daha doymamıştım. Sonra bana bir tencere yemek getirildi, onu da bitirdim. Rasülullah'ın annesinin hizmetçisi ve o günden bu yana Hz. Peygamber'i hiç yalnız bırakmayan Ümmü Eymen dayanamayıp, 'Rasülullah'ı aç bırakanı, Allah aç bıraksın!' dedi. Aleyhissalâtu vesselam, 'Sus, ey Ümmü Eymen! O rızkını yedi, bizim rızkımız Allah'a aittir!' buyurdular. İkinci gece olduğunda Rasülullah önceki gece yaptığının aynısını yaptı. Bir keçi sağıldı. Bu sefer içtim ve doydum. Ümmü Eymen şaşırmıştı. 'Bu, dünkü misafirimiz değil mi?' dedi. Aleyhissalâtu Vesselam, 'Bugün o Mü'min'dir, tek bir mideye yedi. Dün ise yedi mideye yemişti. Kâfir, yedi mideye yer, Mü'min ise tek bir mideye yer' buyurdular."[180]

Konuyla ilgili bir rivâyet de İbn-i Ömer'den: "***(Bir zat) Rasülullah'ın yanında öğürmüştü. Ona, 'Öğürtünü bizden uzak tut. Zira dünyada insanların en çok doymuş olanları, kıyamet günü en çok aç kalacak olanlardır'*** *buyurdular.*"[181]

"***Kâfir, yedi mideye yer, Mü'min ise tek bir mideye yer***" ifadesindeki muradın 'dünyaya rağbet' olduğunu belirten âlimler olduğu gibi, 'Mü'min helâl, kâfir ise haram yer' diyenler de olmuştur. Bu Hadis-i Şerif'in, Mü'minleri az yemeye teşvik ettiğini belirten âlimler '**çok yemenin kâfirlere has bir haslet**' olduğunu söylemiş ve şu Âyeti örnek vermişlerdir: "***Şüphesiz Allah, inanıp salih ameller işleyenleri, içinden ırmaklar akan cennetlere koyacaktır. İnkâr edenler ise -dünya- zevklerinden yararlanırlar ve hayvanlar gibi yer içerler. Onların kalacakları yer ateştir.***"[182]

Bu bahsin günümüzde olmasa da geçmişte Müslümanları çokça meşgul ettiğinden şüphe yok. Ebu Hureyre (r.a.)'den gelen şu rivâyet konunun anlaşılması ve özellikle de Müslümanların müptela oldukları ölçüsüz tüketim hastalığının izahı için yeterlidir. Rasülullah (ﷺ) şöyle buyururlar: "***Kimin fikri fazlaysa yemeği azdır, kimin tefekkürü azsa yemeği çok, kalbi de karadır.***"

Bu hadisten şişmanlık halinin tasvip edilmediği anlaşılabilir. Konuya temas eden daha sarih rivâyetler de mevcut. Nitekim Buharî'de yer alan bir rivâyette

---

180 Buharî, Yiyecekler 12; Müslim, İçecekler 186/2063; Muvatta, Sıfatu'n-Nebi 10/2, 924; Tirmizi, Yiyecekler 20/1820
181 Tirmizi, Kıyamet 38/2480; İbn-i Mâce, Yiyecekler 50/3350.
182 Muhammed Suresi, 12

Hz. Peygamber, kendisinden sonra gelecek **şerir nesli** tasvir ederken şu vasfa da yer verir: ***"Onlar arasında şişmanlık da zuhur eder."*** İbn-i Hacer, şişmanlığın mezmum/kötü olduğunu, çünkü şişmanların çoğunlukla anlayışça kıt, ibadetçe ağır olduklarını belirtir. İmam-ı Gazali *İhyaû Ulûmi'd-Din*'de, Hz. Âişe validemizin, ***"Hz. Peygamber'den sonra icat edilen ilk bid'at, doyasıya yemektir"*** dediğini naklediyor.

Günümüzde tüketim konusunda gelinen noktayı Prof. Dr. Teoman Duralı hoca şöyle özetliyor: ***"Bir kültürün değişme hızı, tabiattan kopuşuyla ölçülür. Kültür seviyesi arttıkça tabiattan uzaklaşıyorsun. Tabiî ihtiyaçların karşılanmasından başka bu sefer sun'i ihtiyaçlar üretiliyor."***

Muhammed Suresi'ndeki kâfirlere yönelik ***"...zevklerinden yararlanırlar ve hayvanlar gibi yer içerler"*** ifadesine, müfessirler birbirine çok yakın mânâlar vermişlerdir.

Mevdudi merhum, *"Yani nasıl hayvanlar 'Bu rızık nereden gelmiştir, kim yaratmıştır, bu rızkı veren karşılığında benden ne istemektedir' diye düşünmeden yerse, bu insanlar da öyle yerler, yemeden içmeden başka bir şey düşünmezler"* şeklinde yorumlamıştır.

Ömer Nasuhi Bilmen merhum, *"Helâli, haramdan ayırmazlar, işin akıbetini düşünmezler, rızkı yaratana şükretmezler"* demiştir.

Seyyid Kutup merhum ise şöyle izah etmiştir: *"'Hayvanların yediği gibi' ifadesi, insanlık karakterini ve nişanlarını silip süpüren rezil edici bir ifadedir. Çünkü bu ifadenin onlar için verdiği çağrışım, açgözlü ve oburca yiyen hayvan çağrışımıdır. Hiçbir tat almaksızın, iyi ya da çirkin olup olmadığına bakmaksızın bulduğunu yiyen duygusuz hayvan yemesi çağrışımıdır. Bu öyle bir yeme ki, ortada onu frenleyen ne irade vardır, ne tercih söz konusudur, ne üzerine bekçi olacak gözcü vardır ve ne de onu engelleyecek bir vicdan! Hayvanlık, yemede ve eğlencede ortaya çıkar. İnsanın amaç edinip peşinden koşacağı nimetten yararlanma biçimi bu değildir. Amaç, nefsine ve iradesine hâkim olan ve hayat için özel değerleri olan insanın duyarlılığıdır. Böyle bir insan şehvetin baskısına boyun eğmeyen, lezzetin gevşetmediği bir iradenin ürünü olarak, Allah (c.c.) katındaki hoş olan şeyleri tercih eder. Hayatın tamamı yemek sofrası ve eğlence fırsatı olarak değerlendirilemez."*

Dönemin Gümrük ve Ticaret Bakanı Hayati Yazıcı, Türkiye'nin 2010'da 26 milyon tonu sebze, 16 milyon 600 bin tonu meyve olmak üzere 42 milyon 600 bin ton ziraî üretim yaptığını ve bunun iktisadî değerinin 57 milyar lira olduğunu açıklayıp ekliyor: *"Bunun yüzde 28'i yani 16 milyar liralık kısmı daha tüketiciye ulaşmadan çöpe atılıyor."* Bir o kadarının da tüketiciye ulaştıktan sonra çöpe atıldığını biz söyleyelim.

"Ey Âdemoğulları! Yiyiniz, içiniz, fakat israf etmeyiniz. Çünkü Allah, israf edenleri sevmez"[183] Âyet-i Kerime'sindeki emri hepimiz samimiyetle uygulasak, ziraî üretimimizin yarısı çöpe gider mi sizce?

Gıdanın insan üzerindeki etkileri

Tüketilen gıdanın nevinin, onu tüketen canlıları maddi ve manevi mânâda etkilediği herkesçe bilinir. Bir insanın sıhhatli olup olmaması tükettiği gıdalarla ilgili olduğu gibi ruh sağlığı da önemli ölçüde gıdalara bağlıdır. Bugün bir gıdanın daha güzel gözükmesi için eklenen Tartrazin (E102), Chrysoin Resorcinol (E103), Kunolin Sarı (E104), Fast Yellow (E105), Riboflavin (E106), Sarı 2G (E107), Sunset Yellow FCF (E110), Orange GGN (E111), citrus red (E121), azorubin (E122), amarant (E123) ve ponso 4R (E124) gibi renklendiriciler çocuklarda hiperaktiviteye (ADHD sendromu), zekâ (IQ) gerilemesine, astım ve alerjik reaksiyonlara, böbrek tümörüne, kromozom hasarına, anafilaktik şoka ve kansere neden olabiliyor.

Bu renklendiriciler bazı ülkelerde yasaklanmış olmasına rağmen, bazı ülkelerde hâlâ serbest. Bunlardan bir kısmı ise Müslümanlar açısından helâl olmayan hayvanlardan elde ediliyor. Bu tür katkıların, Kur'an-ı Kerim'deki 'helâl ve tayyib' tanımına uyup uymadığı son derece önemli. Gıda katkı maddelerinin tümünün hangi kaynaklardan elde edildiği, hangi gıdalara eklendiği, nerelerde yasak olduğu ve hangi hastalıklara neden oldukları konusunda '*Yediklerimizin İçinde N(E) Var?*' isimli münhasır kitabımıza müracaat edebilirsiniz.

Hz. Sa'd (r.a.), Hz. Peygamber (ﷺ)'in kendisi için şu tavsiyede bulunduğunu anlatıyor: ***"Ey Sa'd, daima tayyib olanlarda ye, duasına icabet edilen kimse olursun. Muhammed'in nefsini elinde tutan Allah'a yemin ederim ki, kişi karnına haram lokma atınca kırk gün -hiçbir ibadet ve duası- kabul edilmez.***

183 A'raf Suresi 31

***Hangi kulun bedeni, zulüm ve faizden -gelen gıdalarla- teşekkül ederse onun için ateş elzem olur.*"[184]

Hz. Ebu Hureyre (r.a.) anlatıyor: "***Rasülullah* (ﷺ) *bir gün şöyle hitap ettiler: 'Ey insanlar! Allah Teâlâ hazretleri Tayyip'tir, tayyibten başka bir şey kabul etmez. Allah'ın Mü'minlere emrettiği şeyler, peygambere emretmiş olduklarının aynısıdır.*"

Yine Ebu Hureyre'den gelen bir başka rivâyette ise Rasülullah (ﷺ) buyurdular ki; "***Öyle devir gelecek ki, insanoğlu, aldığı şeyin helâlden mi, haramdan mı olduğuna hiç aldırış etmeyecek. Böylelerinin hiçbir duası kabul edilmez.*"[185]

Şişmanlığın nedenleri

Weston Price, beslenme ile fizikî dejenerasyon arasındaki bağlantı üzerine yoğunlaşmış önemli bir araştırmacıdır. Price, Aborjinler türü iptidâî kabilelerin beslenme şekli üzerinde yaptığı araştırmada, kullanmakta oldukları yiyeceklerin, iyi seçilmiş ve insanın ihtiyacını karşılama bakımından çok isabetli olduğunu tespit eder. Aynı insanlar bu beslenme biçiminden uzaklaştırılıp, beyaz un, beyaz şeker gibi yiyeceklerle beslenmeye başlandığında tüberküloz, artirit, diş çürümeleri, vücudun savunma sisteminde ciddi bozulmalar baş göstermiştir. Bu nedenle Türkiye'den Afrika başta olmak üzere fakir memleketlere erndüstriyel gıdalar görütüp vermek büyük bir hata ve vebaldir. Her ihtiyaç sahibine, kendi coğrafyası ve kültürünün ürünleri verilmelidir.

Üç kişiden birinin aşırı kilolu olduğu Türkiye'de, fazla yemek dışında **şişmanlığa neden olan faktörleri şöyle sıralayabiliriz:**

- Gıdalara eklenen katkı maddeleri
- Pancar, mısır vb kaynaklardan elde edilen rafine şekerler
- Light, diyabet gibi adlarla pazarlanan ürünler ile birçok üründe kullanılan yapay tatlandırıcılar
- Beyaz undan yapılmış beyaz ekmek ve diğer beyaz unlu mamuller
- Tok karna yapılan duş/banyo
- Aşır uyku
- Hareketsizlik
- Düzensiz beslenme

184 İbrahim Canan, *Kütüb-i Sitte Muhtasarı*, c.3, s 476., Akçağ Yay.
185 Buharî, *Büyû* 7/23; Nesai, *Büyû* 2/7, 243.

Hastalıklara neden olan faktörleri ise şöyle sıralayabiliriz:

- Asabiyet
- Takıntı
- Midede veya diğer organlarda biriken fazlalıkların dışarı atılamaması
- Organların ihtiyaçlarının karşılanmaması
- Kirli hava teneffüs edilmesi
- Kirli çevre
- Fizikî ve zihinî faaliyet dengesizliği
- Gıdalar, ambalajlar vb ürünlerle vücuda alınan zararlı kimyevî maddeler
- Modern ilaçlar ve aşılar
- Mikrodalga fırınlar, tasarruf ampulleri, cep telefonları, baz istasyonları, kablosuz telefonlar, cep telefonları, kablosuz modem gibi radyasyon yayan benzer âletler
- Gıdaların bozulmasını engelleyerek raf ömrünü uzatmak ve gıdaları böcekler ve kelebeklerden korumak için ışınlama işlemine/radyasyona tabi tutmak
- Gıdaların rafine edilmesi, pastörize edilmesi
- Gıda ve diğer ürünlerde nanoteknoloji kullanılması
- 'Temizlik' ve kozmetik kimyasalları ile tekstil ürünleri, azo boyalar.

Diyet ve diyet ürün nedir?

Bu kitapta diyeti, beslenme biçimi anlamında kullanmayı tercih ediyoruz. İnsanları şişmanlatmayan, şişman iseler zayıflamalarına yardımcı olan sağlıklı beslenmedir diyet. Vücut için gerekli olan tüm besinlerin dengeli ve yeterli yani zaruret kadar (ama asla fazla değil) alınmasıdır.

Diyet yapmak (yani sağlıklı beslenmek) isteyen kimseler, çoğu kez (tuzağa düşerek) 'diyet' veya 'light' etiketiyle pazarlanan yiyecek ve içeceklere talep gösteriyor. Sahi bu ürünler güvenli mi? Bunları tüketip de sağlıklı kalmak ve bu ürünlerle diyet yapmak mümkün mü?

Artan obezite birçok gıda üreticisi için yeni bir pazar. Diyet gıdası ürettiğini iddia eden üreticiler, bu ürünlerle aynı zamanda şişman olmayanları da hedef seçmiş durumdalar.

'Diyet' ve 'light' adı altında satılan endüstriyel ürünlerin çoğunda pancar, şeker kamışı ve mısır şekeri yerine, aspartam (E951), sakkarin ve sodyum potasyum ve kalsiyum tuzları (E954), asesulfam K, (E950), sukraloz (E955), aspartam - asesülfam tuzu (E962), siklamik asit ve sodyum ve kalsiyum tuzları (E952), taumatin (E957), neohesperidin DC (E959), Sorbitol, (i) Sorbitol, (ii) Sorbitol şurubu (E420), mannitol (E421), izomalt (E953), maltitol (E965), laktitol (E966), ksilitol (E967) ve eritritol (E968) gibi yapay tatlandırıcılar kullanılmaktadır. Diyet ürünü olarak pazarlanan kola, gazoz, meyve suyu, yapısı değiştirilmiş maden suyu, enerji içecekleri, salam, sosis, bisküvi, çikolata, kek, kraker gibi ürünler sağlık açısından şekerli ürünlerden daha tehlikeli olabilir. Bu 'diyet' ürünlerin diyabet ve obeziteyi daha da artırdığına dair sayısız ilmî sel bulgu mevcut.

'Diyet' olarak pazarlanan bu ürünlere rafine şekerden daha ucuz ama 200 ila 13 bin kat daha tatlı olan katkılar ekleniyor. Daha da pahalıya satılan (aslında mantıken ucuz olması gerekir) bu ürünleri tüketen kimselerin, kilo vermek bir yana aksine kilo aldıkları görülmüştür. 'Az yemek' söz konusu olmadığı müddetçe farklı alternatifler çözüm değil, soygun aracıdır.

Midenin hükümranlığından kurtulmak

Hz. Peygamber (ﷺ), *"Senin iştah duyduğun her şeyi yemen israftandır"*[186] buyurur. İmam-ı Beyhaki bu Hadis-i Şerif'i şu meâlde tevil eder: Sıhhati korumak kişinin görevidir. Mü'min bir kimse canının çektiği her şeyi yememeli, nefsine hâkim olmalı, nefsinin bazı arzularına muhalefet etmeli. Kişinin canının çektiği her şeyi yemesi sağlığına zarar verebilir.

Hz. Ali (k.v.) bir dostunu şöyle anlatıyor: ***"Dünyanın gözünde küçük olması, onu gözümde büyütüyordu. Midesinin hükümranlığından kurtulmuştu. Bulamadığı şeyi arzulamıyor, bulduğunda ise çok yemiyordu. Zamanın çoğunda suskundu. Konuştuğu zaman soranların susuzluğunu giderirdi. Zayıftı ve zayıf sayılan biriydi. Ciddilik geldiği zaman ormanların aslanı ve vadilerin yılanıydı. Yerine getirmeden bir delili açıklamazdı. Özür bulduğu bir şeyde, mazeretini dinlemeden kimseyi ayıplamazdı. İyileşmeden bir hastalıktan şikâyet etmezdi. Söylediğini yapar, yapmadığını söylemezdi. Konuşmada mağlup edilse de susmada mağlup edilmezdi. Dinlemeye konuşmaktan daha istekliydi. Aniden önüne iki iş çıksa, arzuya hangisinin daha yakın olduğuna bakar ve ona muhalefet ederdi. Bu huylara yapışın!***

186 Enes bin Mâlik r.a. rivâyeti: Sünen-i İbni Mâce Tercemesi ve Şerhi, 9/104-105, Kahraman Yay.

Onlardan ayrılmayın, onlar için birbirinizle yarışın. Eğer bunu yapamazsanız biliniz ki, azı almak çoğu terk etmekten daha hayırlıdır. "[187]

Ünlü yazar **Tolstoy** (9 Eylül 1828 - 20 Kasım 1910) ise perhizin tarifini belki de en iyi yapanlardan biri. Tolstoy, '*Vahşi Zevkler*' adlı eserinde perhizi, '***insanın kendisini bir şeyden mahrum bırakması***' olarak tarif edip şöyle devam ediyor:

"İnsanın kendisini bir şeyden mahrum bırakmadan ahlâklı bir hayat sürmesi mümkün değildir. Ahlâklı bir hayata ulaşmak için bu erdeme sahip olmak gerekir. İnsanın erdemli olma yolunda ilk adımı, eskilerin dediği gibi sağduyulu olmak ya da nefsine hâkim olmayı öğrenmektir. İnsanın kendini bir şeyden mahrum bırakması, şehvet düşkünlüğünden kurtulup bilgeliğin yoluna girmesi demektir. İnsanın sayısız tutkusu vardır. Bu tutkularla isabetli bir şekilde mücadele etmesi için bütün öteki karmaşık tutkuları doğuran temel tutkulardan başlaması gerekir.

Oburluk, sefih bir hayatın ilk belirtisidir ve ne yazık ki çağımız insanlarının çoğunluğunun en belirgin hasletidir. Çağımız toplumunda insanların bedenlerine ve yüzlerine bir bakın. Sarkık çene ve yanaklarıyla bütün bu yüzler, yağ toplamış kol ve bacaklarıyla, çıkıntılı göbekleriyle size ***sefih bir hayat****ın ipuçlarını veriyorlar. Nasıl başka türlü olabilir ki? Toplumumuzdaki insanların çoğunluğunu harekete geçiren temel dürtü; damak tadı, yemek zevki ve açgözlülüktür.* **Açgözlülük** *öyle sanıyorum ki, en yoksulundan en zengi-nine kadar her insanın yaşamının temel zevki, temel amacıdır.*

Zamanı ve imkânı buldukça ilk fırsatta, üst sınıflardaki insanlar gibi, kendisine en lezzetli yemeklerden ve içeceklerden alıp, yiyebildiği kadar yer, içebildiği kadar içer. Yedikçe kendisini sadece mutlu değil, güçlü ve sağlıklı hisseder. Yüksek sınıfların yiyecek konusunda görüşleri böyle olduğundan, o da böyle düşünmeye başlar. Erkek ve kadınların asıl uğraşısı, özellikle de ilk gençlik çağları geçtikten sonra yemek yemektir. Nasıl yemeli, ne yemeli, ne zaman yemeli, nerede yemeli?

Yeme içmesiz bir eğlence, sofrasız bir açılış töreni yapılmaz. Seyahat edenlere bir bakın! Bu onlarda daha belirgin bir şekilde göze çarpar: Müzeler, kütüphaneler, parlamento...

Ne ilginç!

187 Hz. Ali, Nechü'l Belâga, s. 369, söz 289, Beyan Yay.

Peki, nerede yemek yiyeceğiz?
İnsanların çoğunluğunun ne arzuladığını öğrenmek için ruhların derinliklerine inilebilseydi, bunun iştah olduğu görülürdü.

Çocukluktan beri verilen en büyük ceza nedir, biliyor musunuz?
Katıksız ekmek veya suya mahkûm edilmek!

Emeği karşılığında en iyi ücreti alan uşak kimdir?
Aşçı!

İhtiyaçları gidermenin bir sınırı vardır ama zevkin sınırı yoktur. *İnsanların karnını doyurması için ekmek, bulgur ya da pirinç pilavı yeterlidir. Oysa* ***zevk söz konusu olduğunda*** *sosların, başka bileşimlerin sınırı yoktur.*

Ekmek lüzumlu ve yeterli bir yiyecektir.[188] *Çok çalışmalarına rağmen sadece ekmekle beslenen milyonlarca insanın güçlü ve sağlıklı olması bu gerçeği ispatlıyor"*[189]

Günümüz Türkiye'sinde insanlar günlük besin ihtiyaçlarının yarısını ekmekten karşılamaktadırlar. Oysa günümüzdeki ekmek hastalıkların ana nedenlerinden biri durumuna getirildi. Çünkü gerçek ekmek yerini, insanları obezleştiren katkılı beyaz ekmekler aldı. Çözüme yönelik bir gayrette ne yazık ki yok!

Yaygın olarak tüketilen beyaz ekmeğin yerine tam buğday ekmeği (tam buğday unu, ekşi maya, su, kaya tuzundan yapılan) tüketilmeli. Mideyi doyurup, fizikî açlığı gideren beyaz ekmek biyolojik açlığa neden oluyor. İçerdiği yüksek şeker nedeniyle toplumdaki obeziteyi ve buna bağlı hastalıkları tetikliyor. Tam buğday ekmeği ile beslenen bir kimse 7-8 hatta 10-12 saat sonra acıkırken, beyaz ekmekle beslenen bir kimse –ne kadar çok yerse yesin– en fazla 3 saat sonra açlık hissedecektir. Be nedenle şekerin yanı sıra beyaz ekmek de mide hükümranlığının sürmesinde kişinin kendisine doğrulttuğu en ölümcül silahtır.

188 Tolstoy'ın yaşadığı asırdaki ekmekler ne yazık ki artık üretilmiyor.
189 Tolstoy, *Vahşi Zevkler*, s. 49, Kaos Yay.

Az yemek mümkün mü?

Daha iştahı varken ve yiyebilecekken yemeye son vermeye '*az yemek*' denir. Nitekim Hz. Peygamber (ﷺ) şöyle buyurur: ***"Kişi az yediği zaman gönlü nur ile dolar."***[190]

Ünlü hekimlerden Hâris İbn-i Kelede'ye,
"***İlaç nedir***" diye sorulunca, "***Açlık***" diye cevap verir.
"***Hastalık nedir***" diye sorulunca da şöyle der: "***Yediği bir yemeği sindirmeden ikinci bir defa yemektir.***"[191]

Lokman (a.s.) oğluna şöyle nasihat eder: "***Ey Oğlum! Miden dolu iken sakın yeme! Zira tokken yiyeceğin şeyi köpeğe atman, senin için onu yemekten daha iyidir!***"[192]

Rasülullah (ﷺ), kendisinden sonra ortaya çıkacak olan çok yeme hastalığı konusunda şöyle buyurur: "***Öyle bir topluluk gelecek ki, tıka basa yeme-içme hayatın gayesi olacağından şişmanlık ortaya çıkacaktır.***"[193]

Enes'ten şöyle rivayet edilir: Bir gün kızı Fâtıma (r.a.), Hz. Peygamber (ﷺ)'e bir parça ekmek getirdi. Hz. Peygamber (ﷺ) '*Bu nedir?*' diye sorduğunda Fâtıma '*Kendi ellerimle pişirdiğim bir ekmektir. Canım yalnız yemeye razı olmadığından bu parçayı da sana getirdim*' dedi. Bunun üzerine Hz. Peygamber (ﷺ) şöyle buyurdu: '***Şunu bil ki, bu ekmek üç günden beri babanın ağzına giren ilk yiyecektir.***'[194]

Az yemek ile *aç kalmak* birbirinden ayrılması gereken iki farklı durumdur.

190 Ebu Hureyre rivâyeti: İmam Suyuti, Camiu's-Sağir, Muhtasarı, Tercüme ve Şerhi (Heyet), Hadis No 469
191 Bağdâdî, s. 17, *Tıbb'ün Nebevî Ansiklopedisi*, s. 66
192 ed-Dürrü'l-Mensûr, 5/161
193 İmrân b. Husayn rivâyeti: Sahih-i Müslim, Hadis No 52/2287
194 İmam-ı Gazali, İhyâ'ü 'Ulûmiddîn,Hâris b. Ebî Usâme

Çok yemek ne kadar tehlikeli ise şüphesiz aç kalmak da risklidir. Kitabın farklı bölümlerinde anlatıldığı üzere aç kalmak, her gün yememek mânâsına da gelmez. İnsan yedikçe tatminsizliği artar. Mutedil olmak gerekir. Ölçülü yemek mide, kalp, damar, karaciğer başta olmak üzere birçok hastalığı ve şişmanlığı engeller. Oysa çok yemek, beyin fonksiyonlarını gerilettiği için dikkat bozukluğu, zekâ geriliği, zihin sorunlarına neden olur. Özellikle çocuklardaki dikkat eksikliği çoğu kez çok yemekten kaynaklanabilir.

Kaliforniya Üniversitesi'nde yapılan bir deneyde, iki grup aç insana balon yutturulur. Birinci grubun balonları az, ikinci grubun balonları ise çok miktarda şişirilir. Her iki grup da bir süre sonra açlıklarının yatıştığını söyler. Balonlar indirilir ve bir müddet sonra bu kişiler acıktığında eşit miktarda yemek verilir. Balonu az şişirilenler, çok şişirilenlere oranla daha az yemekle doyarlar. Bu da gösteriyor ki, çok yemek Tabiî olarak daha fazla yemeyi tetikliyor. Tam doldurulmuş bir mide daha erken acıkmakta ve daha fazla yenilmesine neden olmaktadır. Artan her lokma, tokluğu değil, açlığı artırmış olmaktadır.

Yine aynı üniversitede yapılan bir başka deneyde, iki grup insandan hemen hemen aynı gıdaları yemeleri istenir. Tek fark, bir grubun gıdasına dışarıdan glikoz/şeker ilave eklenmiş olmasıdır. Defalarca tekrarlanan çalışmada, gıdalarına ilave şeker eklenen insanların daha erken acıktıkları gözlemlenir.

Aslında açlık sadece biyolojik değil aynı zamanda psikolojik ve suur arltı bir faaliyettir de. Yine bir grup insana saat 12'de aynı gıdalardan aynı miktarda yedirilir. Bu insanlar farklı mekânlarda işlerini yapmaya devam ederler. Bir müddet sonra bazı kişilerin saatleri bilgileri dışında değiştirilerek 15 iken 17 yapılır. Saati değiştirilmeyenler açlık hissetmezken, saati ileri alınanlar acıktıklarını belirtir. Yani psikolojik olarak 'yemek vakti geldi, o zaman acıktım' hissine kapılırlar. Bu da gösteriyor ki, insanoğlu çoğu kez gerçekten gerekmediği halde yiyor. Ve aslında yeme, kontrol edilebilir ve yönetilebilir bir duygu.

Az yemek nasıl sağlanabilir?

Hz. Peygamber (ﷺ), Müslüman'ın yeme içme adabından tüketim miktarına kadar her türlü ölçüyü koymuştur. Buna rağmen insan; zaafları, hazzı, bilgisizliği ve dikkatsizliği nedeniyle ölçüsüz hareket edebiliyor. Bu ihtimamsızlığın birçok sağlık sorununa neden olacağını (ya da tersten okursak yemek biçim ve süresinin birçok sağlık sorununu çözeceğini) göz ardı edebiliyor.

Yapılan araştırmalar uzun yaşamış insanların şu özelliklerini ortaya koyuyor:

- Gece erken yatıp, sabah erken kalkıyorlar.
- Az yiyorlar.
- Lokmaları çiğnemeden yutmuyorlar.
- Yoğurt, peynir, pekmez, bal gibi besin değeri yüksek Tabiî temel gıdaları tüketiyorlar.

Defaten izah edildiği üzere **birinci umde**, acıkmadan yememektir. **İkinci umde,** sofrada yemek dışında başka bir şeyle ilgilenmeyerek o gıdalarla iletişim ve etkileşim halinde olmaktır. **Üçüncü esas,** lokmaların mümkün oldukça küçük olması ve olabildiğince uzun süre çiğnenmesi, **dördüncüsü** ise bir öğünü yeme süresinin **21 dakika**ya kadar uzatılmasıdır. Sofrada birden fazla çeşit varsa karışık yemek yerine, sıra ile ve iki çeşit arasında 3 ila 5 dakika ara vererek yemek daha sağlıklıdır. Ya da en çok beğenileni yeterince yiyip, diğerlerine hiç dokunmamaktır.

Açlık ve tokluk kontrolü beyin tarafından yönetilir. Vücudun besin ihtiyacı olduğunda mide '*ghrelin*' adı verilen ve '*açlık hormonu*' da denilen bir hormon salgılar. Ghrelin hormonu, açlık sinyalleri gönderir, beyindeki nöronları uyararak açlığı artırır.

Açlık hormonu önemli ölçüde mide tarafından üretilse de bağırsak, böbrek, plasenta, hipofiz, tükürük ve tiroid bezleri, kalp gibi organlar tarafından da az miktarda üretilir. İlk lokmadan itibaren üretimi azalan açlık hormonu, yeme süresinin uzatılmasıyla kontrol altına alınabilir.

Sürenin uzatılması önemlidir, çünkü ilk lokma ağza atıldıktan yaklaşık **21 dakika** sonra kalın bağırsak tarafından 'PYY3-36' adlı doygunluk hissi veren hormon salgılanır. Bu hormon salgılandığında beyin açlık hissini sona erdirir ve iştah sona erer. Beynin besine ihtiyaç duyulmadığına dair verdiği mesaja rağmen yeme içmeye devam etmek sağlıklı bir durum değildir.

Kişi zaruri besin ihtiyacını yukarıda belirtilen dört ilkeye riayet ederek alabilir, yeme süresini uzatıp bedenini eğitebilir. Çok nadir olarak görülse de bazı kimselerde '*tokluk hissini*' kontrol eden hormondaki bozulma '*doyma hissi*' oluşmasını önler.

Açlık hissi bastırılabilir ve kontrol edilebilir bir durumdur. İster gerçek isterse de, sahte açlık olsun bu his oluştuğunda bir iki bardak su içmek işe yarayacaktır. Açlık hissinin zirvede olduğu zaman yemeye başlamak, tüketilmesi gereken miktarı birkaç kat artıracaktır. Oysa bir bardak su içip veya bir lokma alıp on veya on beş dakika ara vermek ve sonra yemek, tahminin ötesinde bir tokluk hissi oluşturacaktır. Hatta acıktıktan sonra **21 dakika** bir şey yemeden beklendiğinde, açlığın önemli ölçüde kaybolduğu görülecektir.

Açlığı bastırmanın bir başka yolu da bir fincan yeşil çay, siyah çay ya da Türk kahvesi içmektir. Kafein içeren bu içecekler **açlığı bastır**acaktır. Ancak bu içecekleri şekerle içmek yanlıştır. İlk anda açlığı bastırsa da kısa bir süre içerdiği şeker nedeniyle açlığı tetikleyecek ve daha fazla gıda tüketimine neden olacaktır.

Hz. Peygamber'in öğle vaktinde '**kaylûle**'[195] uykusuna yattığına dair çok sayıda rivâyet vardır. Peygamberimiz (ﷺ)'in Cuma namazını müteakiben de ashabı ile birlikte kaylûle uykusuna yattığı nakledilir. [196] Çocukların öğleyin 1 saat, erişkinlerin ise 15 dakika uyumasının, 1,5-2 saatlik gece uygusuna denk geldiği ilmî olarak ispatlanmıştır. Bu uyku, vücudu daha zinde ve sağlıklı kılarken, açlık hissini de bastırır. 2004'de *Annals of Internal Medicine* dergisinde yayınlanan bir araştırmada, öğleyin 30 dakika uyumanın **iyi bir perhiz** olduğu, açlık hissini de yok ettiği belirtiliyor.

Günlük bir saatlik kardiyovasküler egzersizin 'peptid YY' hormonunu artırdığı, bunun da açlık hormonunu bastırdığı, böylece gıda alımının azaldığı keşfedilmiştir. 'Peptid YY' hormonu salgılanmaya başlandığında beynin içindeki iştah düzenleyici devreye girerek, iştahı bastırmaktadır. Aynı şekilde bir arkadaşla sohbet edilerek yapılacak 30 dakikalık bir yürüyüş de açlık hissini bastırıyor.[197]

Günümüz çocuklarının çoğunluğu *–bazı verilere göre yüzde 80'i–* olması gerekenden fazla kiloya sahipler. Çocuklara, daha sadece anne sütü emmesi gereken dönemlerde bile mama veya ek besin adı altında yüksek miktarda şeker, nişasta ve yağ yedirilmekte. Cipsler, çikolatalar, şekerlemeler, kek ve bisküviler, çocukların doyma duyularını tahrip ediyor. Birçok aile, **çocuk 'doydum' dediği halde 'ye' diye ısrar** ediyor. Bu, çocuğun doyma duygusunu/yetisini kaybetmesine bile neden olabilecek bir davranış aslında.

195 Buhârî, İsti'zan 41; Müslim, Fezail 84/2331; Nesaî, Zinet 119/8-218
196 Buharî, Cum'a 40, 41, Hars 21, Yiyecekler 17, İsti'zan 16/39; Müslim, Cum'a 30/859; Ebu Davud, Cum'a 224/1086; Tirmizî, Salât 378/525
197 www.ehow.com/how_7846823_stop-hunger-cravings-not-eating.html#ixzz1nu7QOyDi

Apartmana sıkışıp kalan, koşup oynayamayan, toprakla temas edip olumsuz/menfî enerjisini atamayan çocukların şişman, obez hatta 'ölümcül obez' olma riski gün geçtikçe artıyor.

Psikolojik açlık bastırılabilir mi?

Açlık, biyolojik ve psikolojik olarak iki şekilde tasniflenebilir. Biyolojik açlık gibi psikolojik açlığın da terbiye edilmesi gerekir. Kontrolü sağlamanın birinci yolu güçlü bir inançtır. Psikolojik açlığı doyurmak için zihnimizi beslemek ve eğitmek gerekecek.

Her iki açlık türü de mideye/bedene ağır yük getirse de günümüzde psikolojik açlık daha baskın ve yaygın haldedir. Hazzın tatmini bir nevi bedenin zulme uğraması demektir. Bir ata taşıyabileceğinden fazla yük yüklemek zulümse ve yasaksa, mideye dolayısıyla da bedene ihtiyacından fazla yemek yedirmek de bir nevi zulümdür. Bu zulmün hem dünyevî, hem de uhrevî bir bedeli olacaktır. Ayrıca ***"Komşusu aç olduğu halde geceyi tok geçiren kişi bizden değildir"***[198] buyuran bir Peygamber'in ümmetinden de kanaatkâr olmaları beklenir.

Elbette bütün insanlardan Hz. Ömer (r.a.)'in ***"Biz harama düşme korkusuyla helâlin onda dokuzunu terk ederiz"***[199] şeklindeki muttaki davranışını beklememek gerek. Ancak her insan, bedenini ve zihnini terbiye edebilir ve sağlığını tehdit edecek boyuttaki tüketime engel olabilir.

Biyolojik ve gizli açlık nedir?

Bitkileri, fıtratlarıyla oynayarak Tabiî yapılarını bozmak, onları tüketerek hayatta kalabilen insan ve hayvan da dâhil tüm canlıları sağlıksızlaştırır.

19'uncu yüzyılda başlayıp ve 20'nci yüzyılda yaygınlaşan endüstriyel veya konvansiyonel tarım/ziraat, değerlerini, **daha fazla üretim, daha fazla kontrol ve tekelcilik** üzerine inşa etti. Nicelik şaşırtıcı derecede artarken, gıdaların niteliği bozuldu, besin değerleri düştü. Ülkemizde 1950-60'larda üretilen sebze ve meyvelerin mineral değerleri bugünkülerle karşılaştırıldığında, kalsiyum, magnezyum, sodyum, potasyum, bakır, demir, riboflavin, askorbik asit değerlerinde ürkütücü boyutlarda düşüşler yaşandığı görülmektedir. Yine 50'li

---

198 İbn-i Abbas rivâyeti: İmam Suyuti, *Camiu's-Sağir Tercümesi*, Aydın Yay. 2/385
199 İbn-i Abbas rivâyeti: İmam-ı Gazali, İhya-u Ulumuddin, *Helâl ve haramlar bahsi*

yıllarda tam buğday unu tüketen kişi 1**00 birimlik besin değeri** elde ederken, bugün beyaz unla beslenen kişinin elde ettiği besin değeri **sadece 3 birim**dir.

Minnesota Üniversitesi'nin yaptığı bir araştırmada da, geleneksel Tabiî tohumlardan elde edilen ürünler ile hibrit tohumlardan tarım kimyasalları kullanılarak elde edilen ürünler arasında besin değerleri yani besleyicilik açısından önemli farklar gözlenmiştir. Mesela fasulyenin besin değeri 20'de 1'e, marulun ise 15'te 1'e düşmüştür. Tarlada eşinerek beslenen geleneksel tavuklarda 1/1 olan omega-6/omega-3 oranı, kümes-hapishanelerde yaşamaya mahkûm edilen ticari tavuklarda ise 20/1'dir.

Tarım endüstrisi yıllarca '*üretim artarsa, refah da artar*' masalını anlattı. 'Küresel efendiler', üretim artışına paralel yaşanan dramatik besin değeri düşüşünü istatistik cambazlıklarıyla gizlemeye çalıştı. Gerçek ve saf aklı devre dışı bırakmaya çabaladı. Güdümlü ve muharref aklı devreye sokarak biyolojik ya da gizli açlığın görülmesini engelledi.

Midesini, midenin fiziki şartlarını da zorlayarak tıka basa dolduran insanlar aslında sadece fizikî açlığını gidermekte, buna mukabil biyolojik açlığını gideremeyerek gizli bir açlık çekmektedir. Yani yiyip içtiğimiz gösterişli ürünler ya hiçbir besin ihtiva etmemektedir, ya da ihtiva ettikleri besin değerleri olması gerekenin yüzlerce kat altındadır.

Janjanlı endüstriyel ürünlere genellikle besin koruyucular, kıvam artırıcılar, renklendiriciler, tatlandırıcılar ve enerji vermesi için şeker nevi katkılar eklenir. Ama ne eklenirse eklensin insanların mineral, vitamin, protein, yağ ve sair ihtiyaçlarını karşılayamaz. Buna karşın insanlar adeta '*hipnotize edilmiş bir müptela*' gibi bu sahte gıdaları tüketmeye devam eder. Devam ettikçe şişmanlar, şişmanladıkça hasta olur ve ilaç bağımlısı haline gelir. İşte iki ucu bağımlılık olan bir kısır döngü!

Oysa Peygamberimiz "***Amellerinizde orta yolu ve doğruyu bulmaya çalışın***"[200] buyurarak, her açıdan ölçülü olmaya davet eder insanları. Üretirken de, tüketirken de bu ölçülülüğe riâyet etsek inanın dertlerin çoğu kendiliğinden çözülmüş olacak.

200 Ebu Hureyre rivâyeti: Müslim, Birr 2574; Tirmizi, Tefsir, Nisa 3041.

Gıdalar midede ne kadar kalır?

Sağlıklı beslenmede en temel ölçü, acıkmadan yememektir. Yani midedeki gıdaların sindirimi tamamlanarak bağırsağa geçmeden yenisinin yenilmemesidir. Hazım sürecini tamamlamamış mideye gönderilen ilave her gıda -bir lokmacık bile olsa- önce yenilen gıdanın hem bağırsağa geçmesini geciktirir, hem de çürümeye neden olur. Müteaddit defa zikrolunduğu üzere gereksiz her lokma midenin işini zorlaştıracak, besin değeri kaybına neden olacaktır. Besin değerlerinin kaybedilmesi de toksik tesir meydana getirecektir.

Su ayakta içilirse midede beklemeden bağırsaklara geçer. Oturarak içilirse kısa bir işlemden sonra bağırsaklara gönderilir. Meyveler türüne göre 2 saat kadar midede kalırken, meyvenin suyu 30 dakika içerisinde mideyi terk eder. Çorbalar 2 saat kalırken, pişirilmiş sebze yemekleri, tahıllar, bakliyatlar 2 ila 4 saat midede hazmedilmeye çalışılır. Kızartılmış gıdalar mideyi 7 saat meşgul eder. Yağları sindirmek 7-8, hayvanî proteinleri sindirmek ise midenin 4-5 saatini alır. Bütün bu süreler 'normal' şartlar altında geçerlidir.

Sözgelimi kısa sürede tüm besin gruplarından bolca tüketilen, finalde de hiç beklemeden büyükçe bir dilim pasta yenilen 'anormal' bir öğünde işler karışır. Hazım zorlaşır, besinler sindirilmeden çürür, sindirim sisteminin bir parçası olan, mide, bağırsak, karaciğer, pankreas gibi organlar alarm verir. Bu tip sağlıksız aşırı yeme durumu sürekli bir hâl alırsa kronik hastalıklar baş gösterir.

Üretim ve tüketim arttıkça sağlık neden bozuldu?

Dünya Sağlık Örgütü verilerine göre; kanser, diyabet, kalp damar, böbrek yetmezliği gibi bulaşıcı olmayan hastalıklar dünyada ölümlerin yüzde 60'ına neden oluyor. Tüm sağlık harcamalarının da yüzde 43'ü bu hastalıkların tedavisi için harcanıyor. Oysa bu hastalıkların çoğu, gıda tüketim miktarını azaltıp ve besin kalitesini artırarak, yani yaşam biçimini değiştirerek önlenebilir ve tedavi edilebilir.

Bugün dünyada 3 milyar kişi günlük ihtiyacından çok fazla miktarda et, süt ve yumurta tüketiyor. Mesela ABD'de kişi başına düşen hububat tüketimi, Hindistan'ın dört katından daha fazla. 1950'den beri dünyada nüfus 2,8 kat artarken, kişi başına et tüketimi 5 kattan fazla arttı. Son yirmi yılda deniz ürünleri tüketimi 13 milyon tondan 50 milyon tona çıktı. 1950'de gıda için 1,6 trilyon dolar harcayan dünya, 2010'da 16 trilyon dolar harcamıştır. Dünya Tarım Örgütü'nün verilerine göre, ziraî üretimdeki miktar artışına karşın, gıdaların besin değeri hızla azalmıştır. Dünyada gıda tüketimi hızla artarken, gıdaların besleyiciliği de aynı şekilde azalmıştır.

Özgür hayvanlar neden obez olmaz?

Tabiatta özgür dolaşan hayvanlara baktığımızda hiçbirinin obez olmadığını görürüz. Çünkü onlar acıkmadıkça yemezler, doydukları anda yemeyi bırakırlar. Yani ölçülü bir hayatları var. Ölçüsüzlük ise 'akıllı' ve 'tamahkâr' olan insanda...

Kedi, köpeğinizi marketlerde satılan mamalarla beslediğinizde bu hayvanların da obezleştiği görülür. Evcil hayvanlar, özgür vahşi hayvanlara göre daha şişman. Çünkü ikincisi Tabiî besleniyor. Mönüsünde kimyasal ve sağlıksız katkı maddeleri yok, modifiye ürünler yok. Dahası hayvanlar gıdalarını korumak için pastörize ve rafine etmiyorlar. Ot yiyen tertemiz otları yiyor, tahıl yiyen beyazlatılmış un yerine tam tahıl tüketiyor. Bizim gibi ekmeği şeker küpü değil. Şeker yemedikleri için de acıkma şamandıraları bozulmuyor. Şeker onlara meyve suyu, gazoz, kola, çikolata, kek, bisküvi, krema, salam, sosis, baklava, pasta, börek, hamburger, ekmek gibi adlarla yedirilmiyor. Verilse de onlar tenezzül etmiyor.

Bugün besilik koyun/kuzu/inek/dana denilen hayvanlar da insanlar gibi suni ürünler ve mısır şekeri ile obezleştirilmiş suni canlılardır. Yapay etin laboratuarda değil besi çiftliğinde üretilmiş hali! Besilik hayvanlar da insanlar gibi rafine gıdalarla beslenip, açlık kısır döngüsüne sokuluyor. Kamçılanan açlık duygusu, modifiye ürünlerle şişen bedenler ve bunları tüketen insanlar. Sonrası diyet seansları, reçeteler ve çileli bir ölüm!

Vücuda yardımcı olmak...

Allah (c.c.), hazcı tüketimle çöplüğe çevirdiğimiz bedenimizi inanılmaz bir savunma mekanizmasıyla mücehhez kılmış. Aksi halde bunca kire ve zehre nasıl tahammül ederdik? O (c.c.), kulunun tamahkârlığını, Rasülü (s.a.v.)'nün ağzından "***Âdemoğlunun iki vadi dolusu altını olsa, bir üçüncüsünü de ister***"[201] şeklinde tarif eder.

201 Buharı, Rikak 10; Buhâri, Rikak 10; Ahmed b. Hanbel, Müsned, 1/370, 3/122; Sahih-i Müslim, 972, 973

Prof. Zheng Cui yaptığı bir deneyde, farelerin bedenine iki milyar kanserli hücreyi enjekte eder. Farenin vücudu gelen tehlikeli hücrelerle mücadele için teyakkuza geçer ve 6 saat içinde 160 milyon akyuvar hücresi, kanserli hücreleri ablukaya alır. **Yarım gün içinde 20 milyon kanserli hücreyi yok eden akyuvarlar, birkaç hafta içinde tüm kanserli hücreleri öldürür.** Bu deney, bağışıklık sisteminin, bedenin yüzde 10 ağırlığındaki kanser hücresiyle baş edebileceğini gösterir. Prof. Cui deneyin sonunda şunları kaydeder: "***Tabiatın, ders kitaplarını hiç okumamış olmasına şükretmeliyiz.***"[202]

Elbette bedenin kanser dâhil her türlü hastalıkla mücadele gücü var. Lakin bu güç, sınırsız ve sonsuz değil! İnsana düşen onun yükünü artırmak değil, azaltmaktır. Bunu, Kur'an-ı Kerim'deki 'helâl ve tayyib' sınırı, 'yiyiniz, içiniz fakat israf etmeyiniz' düsturu ile Hz. Peygamber'in bizatihi hayatında uyguladığı ölçülere riÂyet ederek yapabiliriz.

---

202 Prof. Davit Servan, *Anti Kanser*, s. 55, Varlık Yay.

Fazla kilolardan nasıl kurtuluruz?

Şişmanlık ve aşırı şişmanlık (yani obezite) tedavi edilebilir hastalıklardır. Bu hastalığa neden olan faktörler (çok yeme, aşırı karbonhidrat tüketimi, dengesiz beslenme, hareketsizlik vb) ortadan kaldırıldığında/düzeltildiğinde, hastalık da çoğu kez ortadan kalkar.

Şişmanlık nedeniyle vücudun taşınması güçleşir, fizikî çirkinlik meydana gelir, kas hareketlerinin verimi düşer, kalp, damar, böbrek ve pankreas rahatsızlıkları meydana gelir. Şişmanlar daha az yaşar, şişman olmayanlara nazaran erken ölürler.[203]

Fazla kilolardan kurtulmak için, fazla kiloya neden olan unsurları bilmek ve bunlardan uzaklaşmak gerekir. Fazla kiloya, öncelikle fazla yemek tüketimi neden olur. Ve hareketsizlik. Kilo verebilmek için hareket artırılmalı, oturarak süren monoton hayata son verilmeli ve gerginlik olabildiğince uzaklaşılmalıdır. Posalı besin alımının artırılması gerekir. Şeker ve şeker eklenmiş gıdalar, beyaz undan yapılmış ekmek ve hamur işleri mutlaka uzak durulması gereken ürünlerdir. Buna mukabil, mevsimine uygun yeşillikler, sebzeler yenilmelidir.

Et, balık, tam tahıl ürünleri, mevsimine uygun meyveler, sızma zeytinyağı gibi besinler de ölçülü tüketilmelidir. Peki, ***tüketimde ölçü nedir***? Öğünün ikiye düşürülmesi çok önemlidir. Hatta ileri bahislerde de görüleceği üzere insan için bir öğün bile kifayet edebilir. Bu tümüyle bedenin alıştırılmasına bağlıdır bir şeydir. '*Karatay Diyeti*' kitabının yazarı Prof. Dr. Canan E. Karatay; yemek yedikten sonra 4-5 saat boyunca ağzımıza bir lokma dahi koymamak gerektiğini söylüyor. Karatay şöyle diyor: *"Sık sık yemek yediğimiz zaman kan şekerimiz ve insülinimiz de sürekli olarak yükselmekte ve yüksek kalmaktadır. Kan insülin değerinin normal düzeye inmesine imkân verilmemektedir."*[204] Prof.

203 Prof. Dr. Ayşe Baysal, *Beslenme*, s 406, Hacettepe Üniversitesi Yay. (Bu metnin yazarı ne yazık ki, çok öğün yemeyi tavsiye eden bir akademisyendir)
204 Prof. Dr. Canan Karatay Efendigil, *Karatay Diyeti*, s 16-17, Hayykitap.

Karatay'a göre sık sık yemek, vücut için hayati önem taşıyan ve vücudumuzun çeşitli bölgelerinde önceden depolanmış olan yağları yakan leptin hormonunun da salgılanmasını engelliyor. Hocanın ifadesinden '**leptin hormonu**'nun kritik bir rol oynadığını, bu hormonun işlevini yerine getirebilmesi için de sık sık yememek gerektiğini öğreniyoruz.

Öğün aralarını açmak iyi ama elbette yeterli değil. İşte sağlıklı hayat için diğer yapılması gerekenler:

Kurtul - Terket	Yap - Ye - iç
Batı tipi beslenme	Geleneksel Akdeniz mutfağı
Stres	Neşe
Öfke	Dinginlik
Toplumsal tecrit	Arkadaşlık
Hareketsizlik	Düzenli fiziksel aktivite
Şeker ve türevleri	Meyve, sebze
Beyaz un	Tam tahıllar
Rafine yağlar	Sızma zeytinyağı, hakiki tereyağı
Gazlı içecekler	Şekersiz yeşil çay veya diğer bitki çayları

Kurtul, terket tablosundakilerden kurtulmadan, şu kısa dünya hayatının kaliteli şekilde sürmesi neredeyse imkansız. O halde herşey kendi elimizde...

Tablo 1: Hayat Biçimi, Kilo-Hastalık İlişkisi

	Geleneksel hayat		Modern hayat	
Hastalığın Adı	**Kadın**	**Erkek**	**Kadın**	**Erkek**
Şişmanlık	21,0	7,0	26,3	19,0
Çok şişmanlık	2,2	0,7	39,0	17,1
Obezite	8,4	5,7	34,0	26,0
Gut	0,0	7,0	2,8	17,3
Diyabet	4,4	2,0	12,5	14,5
Hipertansiyon	4,4	2,0	39,1	31,3
Kalp hastalıkları	1,4	2,0	18,9	14,9

Not: Rakamlar yüzdedir. Modern hayattan kasıt 2. Dünya Savaşı sonrasıdır. Tüm bilgiler, Tabiî hayattan modern hayata geçtikçe de şişmanladığımızı ve sağlığımızı kaybettiğimizi gösteriyor.

Ölçülü kilo nedir?

Beden Kitle İndeksi (BKİ) veya Vücut Kitle İndeksi (VKİ), kişinin boyuna göre kilosunun normalden fazla olup olmadığını belirleyen modern bir hesaplama yöntemidir. Kilonun (sözgelimi 66 kg), boyun (sözgelimi 1,65) karesine bölünmesiyle bulunur.

$$\text{Beden Kitle İndeksi} = \frac{\text{Kilo}}{\text{Boyun karesi}} = \frac{66}{1{,}65^2} = \frac{66}{3.3} = 20$$

Ortaya çıkan **Beden Kitle İndeksi**, kişinin normalden zayıf ya da şişman olduğunun göstergesi olarak kabul edilir. Beden Kitle İndeksi'nin değer aralıkları şu anlama gelir:

BKİ = 18,9'dan küçükse zayıf
BKİ = 19-24,9 aralığı normal
BKİ = 25-29,9 aralığı şişman
BKİ = 30-34,9 aralığı aşırı şişman (obez)
BKİ = 35-44,9 aralığı aşırı obez
BKİ = 45'ten büyükse ölümcül obez

Tablo 2: 25 Yaş Üstü Yetişkinlerde Boya Göre Ölçülü Kilo

	Küçük yapılı / Kg		Orta yapılı / Kg		İri yapılı / Kg	
Boy	**Kadın**	**Erkek**	**Kadın**	**Erkek**	**Kadın**	**Erkek**
152	43-47	48-52	45-50	51-55	49-56	55-59
155	44-48	49-53	47-52	52-56	50-58	56-60
158	45-49	50-54	48-53	53-58	51-59	57-63
160	47-50	51-55	49-55	54-60	53-60	58-64
163	48-52	53-57	50-56	56-62	54-62	60-66
165	50-53	54-58	52-59	57-63	56-64	61-68
168	51-55	58-60	54-60	59-65	58-66	53-70
170	53-58	57-62	56-62	61-67	60-68	65-72
173	55-59	59-64	58-64	63-69	62-70	67-74
175	56-60	61-66	59-66	65-71	64-72	69-76
178	58-63	63-68	61-68	67-73	66-74	71-78
180	59-65	65-70	63-70	69-75	68-76	73-80
183	61-67	67-72	65-72	71-77	70-78	75-82

Tablo 3: Bebeklerde Yaşa Göre Ölçülü Boy ve Kilo

	Kız		Erkek	
Ay	Boy	Kilo	Boy	Kilo
0	49,9	3,23	50,5	3,27
3	59,5	5,40	61,1	5,98
6	65,9	7,21	67,8	7,85
9	70,4	8,56	72,3	9,18
12	74,3	9,53	76,1	10,55
18	80,9	10,82	82,4	10,82
24	86,5	11,90	87,6	12,59

Tablo 4: Çocuk ve Gençlerde Yaşa Göre Ölçülü Boy ve Kilo

	Kız		Erkek	
Yaş	Boy	Kilo	Boy	Kilo
4	101	15	103	16
6	114	19	116	20
8	126	24	127	25
10	137	31	138	32
12	149	40	152	42
14	160	50	163	50
16	162	56	173	62
18	164	56	177	69

İfrat ve tefrit sınırları

Oruç/Savm, yeme içme ve hazza dair şeylerden uzak durma veya kendini yoksun bırakmadır. Arapça'daki karşılığı 'sıyam'dır ve '**istirahatta olmak**' mânâsına gelir.

İslam'ın temel ibadetlerinden biri olan oruç, her Müslüman'a farz[205]dır. Oruç bedeni arındıran, organları dinlendiren bir ibadettir. Hz. Peygamber (ﷺ), ***"Her şeyin bir temizlenme vasıtası/zekâtı vardır, bedenin zekâtı ise oruçtur"***[206] buyurarak orucun amaçlarından birini izah ediyor. *Câmi'üs Sağir*'in şârihlerinden *El Hanefi* bu Hadis-i Şerif'i şu şekilde izah etmektedir: ***"Zekât, malı temizlediği***

205 Bakara Suresi, 183: *"Ey iman edenler! Allah'a karşı gelmekten sakınmanız için oruç, sizden öncekilere farz kılındığı gibi, size de farz kılındı."*
206 Ebu Hureyre rivâyeti: İbn-i Mâce 5/9-10/1745

***gibi oruç da bedeni temizler. Görünüşte noksanlık vermek, manada ise bereket ve fazlalık sağlamak bakımından oruç, zekâta benzer.*"

Kahvaltı yerine imsak vaktinde sahur yenilerek başlayan oruç, her türlü yeme, içme ve cinsî münasebeti yasaklar yani nefsin arzularını alıkoymayı içerir. Güneşin batışı yani iftarla sona eren yasak, bedeni arındıran bir faaliyettir.

Allah (ﷻ) orucu farz kılarken, kulunun manevi derecesini artırmanın yanı sıra bedenî arınmayı da murat etmiştir. 11 ay aralıksız tüketen beden, yorulmaktadır ve kul da genellikle bedenini dinlendirmeyi akletmez. Gittikçe obezleşen bir toplum bunun en büyük delilidir ki, insanoğlu nefsinin yeme-içme, eğlenme arzularında çoğu kez sınır tanımamaktadır. Çoğunluk helâl, haram ve şüpheli ayırımı yapmaksızın önüne geleni midesine gönderebilmektedir. Bunun neticesinde hastalıklı bir beden ve toplum ortaya çıkmıştır.

Yılda bir ay oruç bedene yıllık arınma sağlar. Efendimiz (ﷺ), Ramazan orucu dışında Zilhicce ayında 9 gün, Muharrem'de 2 gün (aşure gününün önüne ve sonuna bir gün ilave ederek) oruç tutardı. Ayrıca her hicri ayın 13, 14 ve 15. günlerini ve de pazartesi ve perşembe günlerini oruçlu geçirirdi.[207]

Efendimiz (ﷺ) şöyle buyururlar: "***-Ramazan dışında- oruç tutmak istediğin zaman, ayın 13, 14 ve 15. günlerinde oruç tut.***"[208] Burada zikredilen ay, ay takvimine ait hicri aylardır.[209]

Susuzluğa dikkat

Açıklık oruçlarında vücudun su ihtiyacını ihmal etmemek gerekir. Beden açlığa çok uzun süre tahammül edebilir ancak susuzluk böyle değildir. Bazı zamane doktorları ilk altı ay bebeklere su verilmemesi gerektiğini, bebeğin su ihtiyacını anne sütünden temin edeceğini söyleyebiliyor. Elbette anne sütünde su mevcuttur. Lakin bu, bebeğe su vermemeyi gerektirmez. Bebeklere su verilmesinin önemini Dr. Fereydoon Batmanghelidj şu şekilde aktarır: "*Özellikle* ***beşik ölümlerinin***[210] *en sık görüldüğü iki-altı aylık dönem-*

207 Hüneyde İbn-i Hâlid hanımından, o da Efendimizin zevcelerinin birinden naklediyor: Ebu Davud, Savm 61/2437; Nesâi, Savm 83/4, 220
208 İmam Suyuti, *Camiu's-Sağir Tercümesi*, Hadis No 845. Aydın Yay.
209 Hicri aylar şunlardır: Muharrem, Safer, Rebiülevvel, Rebiülahir, Cemaziyelevvel, Cemaziyelahir, Recep, Şaban, Ramazan, Şevval, Zilkade, Zilhicce
210 Bebeğin yatağında anlaşılamayan bir nedenle ölmesine denir.

de bebeklerin diyetine suyun eklenmesi gerektiğine inanıyorum. Bebekler çok fazla su içmezler, ama ***sütten sonra bir miktar su*** *almaları gerekir. Bu uygulama, bebeklikten başlayarak ileriki yıllarda da sürecek sıkıntıya, yani onların susuzken aşırı yemek yemelerine engel olacaktır. Büyüyen çocuğun vücudunda hiç bitmeyen bir su gereksinimi vardır ve onsuz büyüyemez. Vücudun su gereksinimi kimyasal maddelerle, şeker içeren hazır içeceklerle giderilirse, sağlıklı bir büyüme ve gelişme mümkün olamaz. Sonunda astım ve alerji gibi dertler ortaya çıkabilir. Susuzluklarını başka içeceklerle gidermeden su içmeyi öğrenmeleri gerekir."*[211]

İbn-i Sina ise su ihtiyacı ile ilgili şunları söyler: *"Su, besinlere özel bir yapı kazandırır ve onun emilmesine yardımcı olur. Şüphesiz ki su, besini sıvı hâle getirmekle ve kan damarları ve vücudun diğer dar kanallarının emmesi ve nakletmesine uygun inceliği ona vermekle kendi görevini yapar. Suyun bu görevi, beslenme zaruretin hiçbir şekilde daha az önemli değildir."*[212]

Susuzluk, yalnızca oruçlu olunan süre ile sınırlı kalmalıdır. İftar sonrasında sahura kadar (yaş ve kişinin vücut yapısına göre değişmek kaydıyla) 8-10 bardak su içilmesi şarttır. Hz. Âişe (r.a.) annemizden gelen rivâyette Efendimizin (ﷺ), iftar etmeden peş peşe oruç tutmayı yasakladığı[213] bildiriliyor. İbn-i-Arabî merhum, devamlı oruç tutmak ya da iftar etmemeyi bedene uygulanan bir ceza olarak tanımlar ve ***"Ceza yoluyla verilen ruhsat, şeriattan değildir"*** der.

Çok yemek de, gerektiği kadar yememek de ifrat ve tefrittir. İslam ifrat ve tefriti yasaklar. Kaldı ki, Hz. Peygamber (ﷺ) ***"Allah'ım! Açlıktan Sana sığınırım. Çünkü o kötü bir arkadaştır"*** buyurarak, açlığın ruha ve bedene verdiği acıyı bildirir.

En iyi perhiz, en iyi ilaç nedir?

Hiç kuşkusuz **en iyi ilaç açlık**tır. Sonrası ise gıdamızı ilaç, ilacımızı gıda yapmaktır. Şâyet tüketilen gıdalar mide fizikî doygunluk sağladığı halde biyolojik olarak ihtiyaçları karşılamıyorsa, bu durum yiyen kişi için çok tehlikeli sonuçlar doğuracak demektir.

---

211 Dr Fereydoon Batmanghelidj, *Hasta Değil Susuzsunuz*, s. 47-48, Klan Yay.
212 El Kânûn Fi't Tıp, cilt 1
213 Buharî, Oruç 48, Temennî: 9; Müslim, Oruç 57-60/1103-1105; Tirmizî; Oruç 62/77

İster İslam öncesi, isterse sonrası dönemler için olsun, **oruç bilinen en iyi tedavi biçimidir.** Artık günümüzde de bazı duyarlı hekimler, sağlığın yeniden düzeltilmesi ya da kalıcı sağlık için oruç tedavisi uyguluyor ya da belirli aralıklarla oruç tutmayı öneriyorlar. Ramazan ayını daha çok yemeye dönüştürmeyen kimseler, oruç sayesinde fazla kilolarından kurtulduklarını ve rahatladıklarını belirtirler. Ramazan ayı hastaneler ve karakollar için de sakin günlerdir.

Ulusal Yaşlanma Enstitüsü (NIA) araştırmacıları, Aralık 2011'de yaptıkları açıklamada, 115 kişi üzerinde yürüttükleri çalışmanın sonuçlarını şu şekilde aktardılar: *"**Haftada iki gün oruç tutmak, kişinin uzun süre sağlıklı kalması için en iyi perhizdir. Haftada iki gün oruç tutanların sürekli diyet yapanlara nispetle iki kat daha sağlıklı olduklarını gözledik.**"*

Almanya'daki Nörobilim Laboratuarı Başkanı Dr Mark Mattson şöyle diyor: *"**Oruç sağlıklı kalmak için de tutulmalıdır. Oruç, enerji kısıtlaması yaparak ömrü uzatıyor ve yaşlanma emarelerini azaltarak kişiyi beyin ve kalp-damar sistemi başta olmak üzere tüm hastalıklara karşı koruyor.**"*

Aynı laboratuarda çalışan Dr Benjamin Horne ise *"**Müslümanların Ramazan ayından sonra kendilerini daha sağlıklı hissettiklerini biliyoruz**"* diyor ve 200 hastası üzerinde yaptığı çalışmada orucun en sağlıklı hayat biçimi olduğunu belirtiyor.

Daha önce de ifade ettiğimiz gibi insan hariç tabiattaki hiçbir canlı aşırı yemek gibi bir hastalığa müptela değildir. Bu nedenle de yeme-içme sınırlaması yapmaları gerekmez. İnsanlar tarafından ahırlarda beslenmeye mahkûm edilmemiş **özgür hayvanlar, gıdalarını ilaç, ilaçlarını da gıda yaptıklarından, ne tedaviye ihtiyaç duyarlar, ne de perhize**.

Yiyeceklerin çekiciliği, insanın tamahkârlığı, fiziki arzuların cazibesi çoğu hastalığın müsebbibidir. Bu cazibenin frenlenmesi, sınırlandırılması oruçla daha kolaylaşmaktadır. Bu da bir mânâda 'koruyucu hekimlik' sağlamaktadır. İster bir aylık Ramazan orucu, isterse pazartesi ve perşembe günü oruçları, hem manevi anlamda derece kazanmayı sağlar, hem de benzersiz bir diyettir. Nefsi terbiye eden, bedeni koruyan oruç gibi bir nimet varken binlerce lira harcayarak doktor, reçete ve tedavi peşinde koşan insanlara ne demeli? Orucun bu tarifsiz tedavi edici özelliğine karşın, modern tıbbın ısrarla kimyasal ilaçları dayatması boşuna değildir.

Ivan Illich bu durumu şöyle özetliyor: *"**Sağlık hizmeti standart bir mala dönüşmüştür. Tüm acılar hastanelik olmuş ve evler, doğum, hastalık ve ölümün konukluğunu istemez hâle gelmiştir. İnsanların kendi bedenlerini anlayabildikleri dil, bürokratik bir fan-fin-fona dönüşmüştür. Hasta rolü dışındaki acı, yas ve iyileşme bir tür sapkınlık olarak etiketleniyor.**"*[214]

Oruç, mideyi, bağırsakları ve kalbi dinlendirerek kalbe ve bedene deva olur. Oruç, gereksiz fazla gıdaların bedene alınmasını engellemekle kalmaz, bedendeki fazlalıkları da eritir. Oruç sıhhatin kaynağıdır,[215] şişmanlığı giderir. **Oruç ilaçtır.**

Orucu ruhsal ve tabiî bir ilaç olarak tarif eden İbn-i Kayyım El Cevziyye, *"**Eğer hastanın aç bırakılması veyahut oruç tutması, zararlı maddeleri dışarı atarak vücudu tedavi edecekse, bu durumda ilaç kullanılmamalıdır**"* demektedir.

Orucun şişmanlığı giderebilmesi için iki-üç öğünde yenilenlerin veya daha fazlasının, sahur ve özellikle de iftarda yenilmemesi gerekir. Oruca başlarken de, tamamlarken de midenin üçte birinin yemek, üçte birinin su ile doldurulması, diğer bölümünün de boş bırakılması kâidesine uyulmadığı müddetçe, orucun ilaç olma özelliği de ortadan kalkar.

Ramazan ayında kilo aldım diyenlere ya da iftar saatinde birkaç öğüne denk yemek yiyenlere İmam-ı Gazali merhum '*İhya*'sında şunları söyler: *"**Mide sabahtan akşama kadar aç bırakılır, tam iftar zamanı yemeğe karşı şehvetle isteği arttığında, midesine lezzetli yemekleri yedirip doyurursa, onun iştahı daha da fazlalaşır. O halde iftarda da midenin üçte birinden fazla yemekle doldurmamak şart.**"*

Tolstoy ise orucun önemini şöyle izah ediyor: *"**Obur insan tembelliğe karşı mücadele edemez. Bunun içindir ki, bütün öğretilerin işaret ettiği gibi, perhiz, önce oburlukla mücadele ederek, oruç tutmakla başlar. Nasıl insanın kendisini bir şeyden mahrum bırakması ahlâklı hayatın birinci şartı ise, insanın kendisini bir şeyden mahrum bırakmasının birinci şartı da oruçtur. İnsan oruç tutmadan iyi olmayı arzulayabilir, iyilik yapmayı hayal edebilir. Ama bu gerçekte ayakta durmadan yürümek kadar imkânsız bir şeydir. Ahlaklı bir hayatın şartı oruç tutmaktır.**"*[216]

---

214 Ivan Illich, *Sağlığın Gaspı*, s. 36, Ayrıntı Yay.
215 Ünlü Hadis alimi Zehebi
216 Tolstoy, *Vahşi Zevkler*, s. 50, Kaos Yay.

1950'de vefat eden İrlandalı ünlü yazar George Bernard ise şu sözlerle tarihe not düşüyor: "***Gelecekte doktorların hastalarına yazacakları reçete, Müslümanların kıldığı namaz ve tuttukları oruç olacaktır!***"

Vücudun yağları nasıl eritilir?

Bağışıklık sisteminin yüzde 80'i bağırsaklardadır. Bağırsaklarda 500 tür bakteri yaşar, bunların sayısı yüz trilyon civarındadır. Yani insan vücudundaki hücre sayısının on katı kadar. 6 metre boyu olan ince bağırsağın yüzey alanı 400 m^2 iken, 3 metre uzunluğundaki kalın bağırsağın yüzey alanı ise 600 m^2'dir. Yanlış beslenme, gıdalara katkı maddesi adıyla eklenen kimyevî maddeler, gıdalarla birlikte vücuda geçen pestisitler, ilaçlar ve benzeri maddeler, bağırsak sistemindeki dengeyi zararlı bakterilerin lehine bozar, bu nedenle de çeşitli sağlık sorunları meydana gelir. Beslenme merkezi mideden ibaret olmayıp, mide, sistemin içerisindeki unsurlardan sadece biridir.

Hz. Peygamber (ﷺ) orucun bağırsaktaki dertleri tedavi ettiğini belirtmektedir: "***Oruç, bağırsakları inceltir, yağını eritir, etteki boşluğu doldurur. Sahibini cehennem ateşinden uzaklaştırır. Şüphesiz Allah'ın, gözlerin görmediği, kulakların işitmediği, hiç bir beşerin kalbine girmediği öylesine rengârenk bir sofrası vardır ki, o sofranın üzerine oruç tutanlardan başka hiç bir kimse oturamaz.***"[217]

Peygamberimiz (ﷺ)'in yasakladığı veya küçümsediği hallerden biri de şişmanlıktır. Câbir bin Abdullah (r.a.)'dan gelen rivâyette şöyle buyrulmakta: "***Ümmetim hakkında en çok şu hususlardan korkuyorum: Şişmanlık, uykuya düşkünlük, tembellik ve iman zayıflığı.***"[218]

İbn-i Abbas (r.a.)'dan gelen rivâyette ise şöyle buyruluyor: "***Sizin Allah'a en sevimli olanınız, az yiyip içen ve bedence hafif olanınızdır.***"[219]

Görülüyor ki İslam, çok yemek ve dolayısıyla şişmanlığı kötü bir hâl olarak tanımlarken, az yemek içmek, bundan mütevellit de normal bir beden Allah'ın rızasını kazanma vesilesi olarak görülüyor. Bugün Türkiye, Arabistan gibi ekonomik anlamda müreffeh olan Müslüman ülkelerin şişmanlıkta batı

217 İmam Suyuti, *Camiu's-Sağir Tercümesi*, Hadis No 841. Aydın Yay.
218 İmam Suyuti, *Camiu's-Sağir Tercümesi*, Hadis No 295
219 İmam Suyuti, *Camiu's-Sağir Tercümesi*, Hadis No 221.

ve dolayısıyla batılı hayat biçimiyle yarış halinde olması utanılması gereken bir durumdur.

Hz. Peygamber (ﷺ), *"**Öyle -insanlar gelecek ki-, onlar emanete karşı ihanet eder ve kendilerine güven duyulmaz, şahitliğe çağrılmadan şahitlik yapar, adakta bulunduklarında yerine getirmezler, -sadece midelerine hizmet ettiklerinden- kendilerinde şişmanlık hastalığı baş gösterir**"*[220] buyurur.

Midesi aralıksız olarak dolu olan insan, açın halini anlamaz. Az yiyebilmek, bencillik ve hazcılıktan da kurtulma anlamına gelir. Az yemek, sağlık demektir. Sağlık maddi ve manevi zenginlik getirir. İslam insana arzularını frenlemeyi vazeder. İnsan lüks ve zevkten arındığında hem ahlaklı bir hayat sürer, hem de bedende biriken yüklerden kurtulur. Bedendeki fazlalıklardan kurtulamayan kişi bedenî, ruhî, maddî ve manevî zarara uğrar ve çevresine de zarar verir.

İhtiyaçtan fazla alınan her şey diğer insanlar ve canlıların hakkına tecavüzdür. Bol, çok çeşitli, yağlı, tatlı, rengârenk ürünlerle beslendiğini sananlar, aslında arzularına kölelik yapmaktadırlar. Her köleliğin bir bedeli vardır. Zevkine/hazzına yenik düşen bizler, bu bedel gelip çatınca beceriksizliğimizin faturasını kadere kesiyoruz.

Allah (ﷻ) ne buyuruyordu: *"**Başınıza gelen herhangi bir musibet, kendi ellerinizle işledikleriniz yüzündendir.**"*[221]

Ve hepimizi nasıl uyarıyordu: *"**Kendi kendinizi tehlikeye atmayınız!**"*[222]

220 İmam Suyuti, *Camiu's-Sağir Tercümesi*, Hadis No 583.
221 Şura Suresi 30
222 Bakara Suresi 195

Farmageddon zamanı!

Ne yazık ki **insanlığın sağlıklı hali tarih sayaflarında kalmış bir hatıra** durumunda Galen'e göre insan vücudu ya sağlıklıdır, ya hastadır, ya da ikisi arasındadır. Aradaki,bu üçüncü hal sanki bugünü tarif ediyor. Toplum ne hasta, ne sağlıklı, hem hasta, hem sağlıklı. Biraz hasta, biraz sağlıklı. Bir süre hasta, bir süre sağlıklı... Birbirini izleyen (ve hiç bitmeyen) sağlıklılık-hastalık döngüsü... Sürekli bir savaş hali, **farmageddon**[223] **savaşı**!

Ivan Illich'e göre insanlığın üçte biri beslenme yetersizliği çekerken, üçte ikisi ise modern bir hastalık olan kötü beslenme salgınına yakalanmış durumda. Zenginler daha çok miktarda zehir ve mutajen[224] maddeler içeren yiyecekler yiyor.[225] Modern kötü beslenme, çeşitli tezahürleriyle iatrojenik[226] hastalıklardan daha fazla zarar veriyor insanlara.

Kötü beslenme; modern hayat biçiminin, dünyevileşmenin, dayatılan bilimciliğin, körü körüne bilim dalkavukluğunun, fıtrata müdahalenin, çevre tahribatının ve hazcılığın sonucu ortaya çıkmış pandemi[227] düzeyinde bir hastalığa dönüşmüş durumda.

Tabiat yalnız bedenleri değil aynı zamanda ruhları da besler. Her türlü ahlâkî değerden yoksun olan modern sanayi, ne yazık ki tabiatı saran bir kansere dönüşmüştür. Bugün daha fazla tarım ürünü elde etmek gibi gerçek dışı iddialarla pazarlanan tarım pestisitleri, kentlilerden daha fazla köylüyü ve çiftçiyi tehdit ediyor. Geleneksel Tabiî tohum yerine endüstriyel tohum kullanımı, gübreler, pestisitler gibi zararlı ta-

223 Modern tüketim biçimi ve modern tedavide kullanılan sentetik ilaçlar nedeniyle, artık hemen herkes hasta ya da bağımlıdır. 'Farmageddon' (ilaçlarla kıyameti getirmek) olarak da adlandırılmaya başlanan bu hal sayesinde toplumlar ekonomik, sosyal, düşünsel, siyasi ve dini tür türlü faaliyetten uzak tutulmaya çalışılmaktadır.

224 Mutojen: Genlerde değişime yol açarak canlı soyunda kalıcı değişimler yaratan maddelere verilen ad.

225 Ivan Illich, *Sağlığın Gaspı*, s. 24, Ayrıntı Yay.

226 İatrojenik, Ivan Illich'in ortaya attığı bir kavramdır. 'Doktor tedavisinin yan etkisi olarak, doktor ve tıbbın hatası sonucu ortaya çıkan' anlamında kullanılır. Tıbbın müdahalelerinden kaynaklanan ağrı, fonksiyon bozukluğu, sakatlık ve acı, günümüzde trafik kazaları hatta savaşların etkileriyle bile yarışır hâle gelmiştir.

227 Bir hastalığın tüm dünyayı sarma, tüm dünyaya yayılma seviyesine gelmesi durumu.

rım girdileri, hem çiftçinin hem de toprağın sağlığını bozuyor. Ürün fiyatlarını yükseltiyor, orta ve uzun vadede verimi düşürüyor. Gıdanın besin değerini düşürüyor. ABD'de yapılan birçok çalışma, endüstriyel tarım sonrasında **birçok gıdanın besin değerinin büyük oranda düştüğ**ünü gösteriyor. Pestisit kalıntıları, gıdaların aşırı düzeyde işlenmesi ve eklenen katkı maddelerinin toplum sağlığına verdiği zarar da cabası.

TÜİK'in verilerine göre, 2002 yılında 266 milyon dolarlık zararlı gübre ithal eden Türkiye, 2011 yılında tam 1 milyar 374 milyon dolarlık gübre ithal etmiştir. Türkiye, ithalatından daha fazla gübre üreten de bir ülkedir. Bütün bu kimyevÎ zehirler toprağa bırakılmaktadır. Bu kimyevî nitrat gübresi, ürünü hacimsel olarak büyüttü büyütmesine lakin suları kirletti, gıdalar bozuldu ve nihâyetinde Türkiye mide kanserinde Japonları bile geride bırakarak dünya birincisi oldu!

Endüstriyel tarımın bir sonucu olan mono tarımda besin değerinden ziyade ürün çokluğuna ve estetiğine önem veriyor. Netice itibariyle yine toplumun sağlığı bozuluyor. **Post-antibiyotik** veya **McTıp** da denilen günümüz endüstri tıbbı bu gidişattan mutlu. Nasıl mutlu olmasındaki herkes biraz sağlıklı biraz hasta.

İnsanlar para harcayıp zehirli ucube gıdalar satın alıyor ama bu gıdalar onları hasta ediyor. Bu kez de iyileşmek için modern tıbbın çarkına giriyorlar, ihtişamlı hastanelerde servet harcıyorlar. İşin en acısı ise, hastalığa sebep verenle, hastalığı 'tedavi(!)' iddiasında olanların aynı şirketler olması! İlacı da, gübreyi de, diğer kimyevî maddelerini de, tıbbî aletleri hatta tohumu da aynı el, aynı sermaye üretiyor.

Tüketimin kurallarını, tetkik ve teşhisin ölçülerini de onlar belirliyor. Dahası neyin hastalık olup olmadığına da onlar karar veriyor. İçlerinden birisi 'sürü'den ayrılsa, gerçekten halkın sağlığını düşünen bir kelam etse (mesela *"Kolesterol ilaçları hiçbir işe yaramaz, bırakın"* dese) hemen meslekten aforoz etmeye çalışırlar. İyilik maskesi imal etmekle yükümlü PR'cılara, reklâmcılara, sivil toplum kuruluşlarına sahip, sürekli sosyal sorumluluk kampanyası düzenleyen bir 'ağ' var karşımızda. İnanılmaz paraların döndüğü şeytanî bir çark bu. Farmageddon işte bu!

Kötülüğün kol gezdiği bu kargaşa çağında **Müslüman'a düşen en önemli görev**; insanlığı, bilimciliğin, pozitivizmin ve materyalizmin sürüklediği helâk edici uçurumdan kurtarmaktır. Bunu ise ancak zihindeki putları yıkarak, bilgisizliği yok ederek, bencillik ve müsrifliğe son vererek, fıtratın kanunlarına ve tüm canlıların hayat hakkına saygı duyarak, kadim bilgiye ve hikmete sahip çıkarak, körü körüne taklidi bırakarak, köklerine geri dönerek, bilim dalkavukluğuna son vererek, sessiz ulemaya itiraz ederek, kendini batıla sürükleyen iktidara karşı durarak, irfan ehli olarak, batının batmakta olan gemisini terk ederek ve yeniden Hz. Peygamber (ﷺ)'in ölçü ve öğütlerine sarılarak başarabilir.

Başka çare yok!

Hangi sırayla yemeli?

Daha önce de belirtildiği üzere Hz. Peygamber (ﷺ)'in sofrasında bizde olduğu gibi envâi çeşit yoktu. Bundan olsa gerek, hangi sırayla yediğine dair de bir rivâyet yok. Peki ama bizim hangi sırayla yememiz daha sağlıklı olur?

Önce iki Hadis-i Şerif'i tekrar hatırlayalım: *"Bir kişi, Rasülullah'(ﷺ)'ın yanında öğürmüştü, Efendimiz, ona: '**Öğürtünü bizden uzak tut. Zira dünyada insanların en çok doymuş olanları, Kıyamet günü en çok aç kalacak olanlarıdır**' buyurdular."*[228]

Rasülullah buyurdular ki: *"**Âdemoğlu, mideden daha şerli bir kap doldurmaz. Âdemoğluna belini doğrultacak birkaç lokmacık yeterlidir. Ancak ille de midesini dolduracaksa bari onu üçe ayırsın: Üçte birini yemeğe, üçte birini suya, üçte birini de havaya/nefesine.**"*[229]

Gıdaları kolay ve zor hazmedilebilen (halk dilindeki tabiriyle hafif ve ağır) olmak üzere iki gruba ayırırsak, kolay hazmedilenler mideyi daha hızlı terk ederken, zor hazmedilenler midede daha uzun süre kalacaklardır. Bu durumda gıdanın miktarı kadar yenilme sırası da önem kazanır.

Abdülvehhâb bin Yusuf İbn-i Ahmet, '*Kitâbu'l-Müntehab fi't-Tıb*' adlı eserinde, uyumlu olmak şartıyla bir defada çeşitli yemekleri bir arada yemenin mahsurlu olmadığını belirtir. Yemek yağlı ise yanında acı veya tuzlu bir başka yemek yemeyi tavsiye ederken, yaş yemekleri kurularla, ekşiyi tatlıyla, tatlıyı da ekşiyle dengelemeyi nasihat eder.

228 İbn-i Ömer r.a. rivâyeti: Tirmizî, Kıyamet 38/2480; İbn-i Mâce, Yiyecekler 50/3350
229 Mikdâm İbn-i Ma'dikerib r.a. rivâyeti: Tirmizî, Zühd 47/2381; İbn-i Mâce, Yiyecekler 50/3349

Günümüzdeki alışıldık sıralama; yemeklere sıcak bir çorba ile başlanması, ardından pilav, etli ve/veya sulu yemekler yenilmesi, yanında salata yenilmesi ve genellikle gazlı bir içecek (ya da iyimser bir tahminle ayran ya da hoşaf) içilmesi, tatlı ve meyve ile de nihayete erdirilir. Yer kalmışsa en sonda da su içilir. İşte asıl sıkıntı da bu sıralamadadır!

'*Efendimiz hangi sırayla yerdi sorusunun abesliği*' bölümünde de zikredildiği üzere, eski hekimler, '**farklı iki yemeğe sahip olan kimse önce lezzetli olandan başlamalıdır**' demektedirler. Çünkü lezzetli bir yemekten sonra gelen kaba (daha az lezzetli) bir yemek artık iştahı çekmez. Kaba yemeği önce yiyen kimse ise lezzetli yemeği açlıktan değil lezzetinden dolayı yer. **Yemeği hazmetmek için ise en azından dört rek'at namaz kılmalı ya da yemeğin akabinde Kur'an'dan bir cüz okumalıdır.**

Sıcak yemenin mahzuru ile ilgili gelen rivâyette Hz. Peygamber (ﷺ) şöyle buyururlar: "***Yemeği soğutunuz. Zira o berekettir, sıcak yemekte bereket olmaz***"[230]

İbn-i Sina ise sıcak yemeğin kanda soruna neden olacağını, ekseriyetle de vücutta gerilime neden olacağını bildirir.[231] İbn-i Sina, mideyi hissi bir organ olarak tarif eder: "Yüce Allah (ﷻ) mideye, his için sinirsi bir iç tabaka ve sindirim için kastan meydana gelmiş bir dış tabaka bahşetmiştir. İçteki tabakanın sinirsi olmasının sebebi, maddenin temasını hissetmesi ihtiyacıdır."

İnsanoğlu vahiyden ve kadim bilgiden beslenmeyi bırakıp, sadece modern bilimin masallarını esas almaya başladığı günden bu yana, gerçeklerle irtibatı önemli ölçüde tersyüz olmuştur. Eskiden Müslümanlar sünnete uygun olarak yemekten önce bol miktarda su içerken, şimdiki büyükler yemek öncesi su içen çocuğu '*karnını su ile doldurdun*' diye azarlıyorlar.

Fıtri davranışları en kolay terk eden varlık insandır. İnsanlar tarafından genetik yapılarıyla oynanmadığı müddetçe hayvanlar, yaratılışında Allah (ﷻ) tarafından kodlanan davranışlarından asla vazgeçmezler. Aslan, bir antilop kendine yetecekken tamahkârlık yapıp ikinci hayvanı öldürmez. Hayvanlar sabah önce su içip, sonra yerler. Aynı fıtrî durum davranışı değiştirilmemiş bir çocuk için de geçerlidir. Çocukların bu Tabiî davranışı ve hayvanların bu fıtrî hasletleri, aslında sağlıklı diyetin/perhizin en önemli adımıdır. Yemeğe

230 Enes r.a. rivâyeti: Ramuz El-Ehadis s. 560/13.
231 El Kânûn Fi't Tıp, cilt 1, sayfa 34

su ile başlamak hem hazım, hem de fazla yeme isteğinin ortadan kaldırılması açısından önemlidir.

Birbirine 'zıt' maddeler bir araya geldiğinde kimyevî tepkimeler meydana gelir. Aynı durum mide için de geçerlidir. Kişi midenin hazmını kolaylaştırmak için, hem doğru bir sıra ile yemeli, hem de her yediğini çok çiğnemelidir.

Örnek bir sıralama şöyle olabilir: Yemekten bir süre önce bir-iki bardak su içilmeli. Yemeğe başlamak üzere iken rafine edilmemiş küçük bir parça tuz[232] alınmalı. Ardından (yenilecekse) rafine şeker[233] kullanılmadan yapılmış tatlı yenilmeli.

Birkaç dakikalık kısa bir soluklanmanın ardından yoğurt ve salata yenilmeli. Ardından çorba, kuru fasulye gibi 'sulu' yemekler, nihâyetinde ise pilav ve kavurma gibi 'kuru' yemekler yenilmelidir. Hayvanî gıdalar her daim en sonda yenilen çeşitler olmalıdır. Kuru gıdaların boğazda sıkıntı yaratmaması için sofrada hoşaf bulundurmak oldukça yararlı olacaktır.

Yemek sonrasında su içmemek ya da suyu birkaç yudumla sınırlı tutmak gerekir. Özellikle de yemekten sonra bir iki saat su içmemeye ihtimam gösterilmelidir. İbn-i Sina, ***"Sıcak su çok sık kullanılırsa sindirimi zayıflatır"***[234] der. Bu görüşten hareketle yemek üstüne içilen 'sıcak çay' hazmı zorlaştıracaktır. Yemek sonra en az iki saat çay da içilmemelidir. İlla içilecekse yeşil ılık çay tercih edilmelidir. İçilen her sıvının sıcaklığının vücut ısısına yakın olması denge açısından önemlidir.

Yemeğin başlaması ile bitişi arasında geçen sürenin **21 dakika**dan az olmamasına dikkat edilmelidir. Yemeğin bedene şifa olması için bütün dikkat yemeğe verilmeli, yaratana her an şükredilmelidir. Eski muttaki dervişler, her lokma için ayrı besmele çekerlermiş.

232 İbn-i Ömer rivâyeti: Rasülullah (ﷺ) *"Allah (c.c.) gökten yere dört bereket inzal etti: Demir, ateş, su ve tuz"* buyurdu. Ramuz El Ehadis s. 86/4.
Enes (r.a.) rivâyeti: Rasülullah (ﷺ) yemeklere tuz eklenmesiyle ilgili şöyle buyururlar: *"Yemek ancak tuzla salih olur."* Ramuz El-Ehadis s. 390/3.
Ancak İbnü'l-Cevzî ile Suyutî ise *"Yemeğe başlarken tuzla başla, tuzla bitir. Zira tuz, yetmiş derde şifadır"* şeklindeki Hadis'in uydurma olduğunu aktarıyor. Bu hadis uydurma olsa da uzmanlara göre tuzdaki klor, midede uygun sindirim için lazım olan hidroklorik asidi bedenin üretebilmesi için gereken uygun klor kaynağıdır. Bu yüzden, yemekten önce bir parça tuz almakla, yemek öncesinde herhangi bir asit azlığının meydana gelmesi önlenmiş olur. Ayrıca yemekten önce alınacak çok az bir tuzun pozitif iyon sağladığı belirtiliyor. Tuz hakkında ayrıntılı bilgi için *Şeytan Ye Diyor! İnsan Ne Yemeli Ne Yememeli?* kitabına bakınız.
233 Piyasadaki şekerlerin tamamı rafinedir. Bu nedenle şeker yerine şekerkamışı suyu, pekmez, bal veya taze sıkılmış meyve suyu kullanılmalıdır.
234 El Kânûn Fi't Tıp, cilt 1, sayfa 180. Dil Tarih Yüksek Kurumu Yay.

Unutulmamalıdır ki, ihtimamla seçilen gıda ve dikkatle yenilen yemek bedene sağlık, ruha şifa verir. Yatınca uyuyamamanın en önemli nedenlerinden biri de midenin hazımla meşgul olmasıdır. Bu nedenle yemek üzerinden iki-dört saat arasında bir zaman geçmeden yatağa girmemek, yatmadan önce bir şeyler atıştırmamak gerekir.

Meyve yemekten önce mi, sonra mı yenmeli?

Glikoz bir karbonhidrat olup vücudun en vazgeçilmez enerji kaynağıdır. 100 ml kanda 70-110 mg glikoz (yani **kan şekeri**) olması gerekir. Kanın glikoz yoğunluğundaki artış ya da düşüş, organizmada çeşitli bozukluklara neden olabilir. Vücut glikoz ihtiyacını, yenilen glikoz[235], fruktoz[236] ve galaktozları[237] sindirip karaciğerde glikoza çevirerek karşılar. Bu çevrilme faaliyeti karaciğer için önemli bir görevdir. Kana geçen şekerlerin yüzde 80'i glikoz olduğundan '*kan şekeri*' denince akla glikoz gelir.

Tokluk anında kanda glikoz miktarı yükselir. Bunu dengelemek içinse pankreas insülin salgılar. Pankreasın insülin salgılayamaz hâle gelmesi, şeker hastalığı olarak bilinen diyabete yol açar. Hem fazla gıda tüketilmesi, hem de tüketilen gıdaların sorunlu olması, pankreasın yorulması ve yıpranmasına dolayısıyla da *–Türkiye'de 20-25 milyon dolayında insanda görüldüğü üzere–* görevini yapamaz hâle gelmesine neden olur.

Pankreasın görevini yapamaması dışarıdan insülin verilmesine yol açar. Günümüzde diyabet hastalarına verilen **insülin ya domuzdan, ya da genetiği değiştirilmiş bakterilerden**[238] elde edilmektedir.

Yemek yemeye başladığımızda kandaki glikoz oranı yükselir, açlık duyusu baskılanır. Tokluk hissi arttıkça da kişi beslenmeyi azaltır veya sona erdirir. Glikoz kana hemen karışırken, ince bağırsaktan emilen fruktoz (ister rafine şeker, isterse mısır şurubu kaynaklı olsun), karaciğere direkt gider. Fakat fruktozun insülin salgılatıcı etkisi yoktur, bu nedenle vücutta kullanılmaz. Değişik süreçler için çok azı kullanılan fruktozun geri kalanı yağlara

235 Karbon, hidrojen ve oksijenden oluşup özellikle üzüm suyunda bulunan şeker, 'üzüm şekeri' yapısındaki basit şeker.
236 Fruktoz daha çok meyvelerde bulunduğu için 'meyve şekeri olarak da adlandırılır.
237 Galaktoz daha çok sütte bulunduğu için 'süt şekeri' olarak adlandırılır.
238 Bazı GDO taraftarları insülinin domuz yerine bakterilerin genetiğinin değiştirilerek elde edilmesini gerekçe göstererek GDO'lara haklılık ve meşruiyet kazandırmaya çalışmaktadır. Bu zihin doğru çalışsaydı, GDO'ya değil toplumun doğru beslenmesine kafa yorması gerekirdi.

dönüşür. Böylece kanda trigliserid/yağ düzeyi yükselir. Diğer taraftan fruktoz, insülinin glikoza ilgisini azaltarak insülin direncine, bakır metabolizmasını baskılayarak bakır eksikliğine, böylece kemiklerin zayıflamasına, anemi, bağ dokusu hasarı, damar hasarı, kısırlık, aritmi, kan kolesterol yüksekliği ve enfarktüse yol açabilir.

Bütün veriler, kanda glikoz yerine fruktoz şekeri aşırı yükseldiğinde kişide tokluk hissinin oluşmadığı yönünde. Kişide tokluk hissinin oluşmaması demek, sürekli yeme ihtiyacı demektir. Doyma hissinin gecikmesi veya ortadan kalkması daha fazla tüketim veya gıda israfının yanı sıra farklı sağlık sorunlarına neden olur. Bu durum, aynı zamanda gıda üreticisi olan ilaç üreticilerinin de ilaç satmasını kolaylaştırır. Yani bir taşla birkaç kuş! Hemen her gıdaya rafine edilmiş pancar ve/veya kamış şekeri ile nişasta bazlı şeker (NBŞ) şeker eklenmesi, insanlığın sağlığına vurulan önemli bir darbedir.

Bu bilgiler ışığında, meyvenin yemekten önce ya da en az dört saat sonra yenilmesi gerekiyor. Bu kurala riâyet etmek, vücudun hem tokluk, hem de şeker dengesi açısından büyük önem arz ediyor. Çalışmalar göstermiştir ki, trigliserid/yağ yükselmesi neticesinde karaciğer yağlanması meydana gelir. Yemekle beraber veya hemen sonrasında meyve yenilmesi damar sertliği ve siroz gibi sağlık sorunlarına neden olabilir. *"Yağlı ve ağır bir yemek sonrasında, bünyemiz şeker ister. Bunun sebebi, yağların yağ dokusunda depolanması için şekerin şart olmasıdır. Kan yağlarının azalması için yenilebilecek en iyi gıda pekmezdir. Bunun dışında endüstriyel rafine fruktoz şekerleri*[239] *ile yapılmış baklava benzeri tatlılar fayda değil, zarar getirecektir."*[240]

Midedeki gıdalar nasıl çürütülür?

Mide, gıdaları parçalamak için gelen gıdaya uygun enzimler salgılar. Mide öz suyu yenilip içilen gıdalarla karıştırılır, bulamaç haline getirilir. Mide salgıladığı tuz asidi ile hem besinleri sindirir, hem de besinlerle mideye ulaşan mikropları öldürmeye çalışır.

239 Son yıllarda mısırdan elde edilen fruktoz şurubu (NBŞ) tüketimi hızla artmaktadır. Hatta Türkiye dünyada en çok NBŞ tüketimine izin veren ikinci ülke konumuna yükselmiştir. NBŞ başta gazlı içecekler olmak üzere meyve suları, baklava türü tatlılar, bisküvi, şeker ve çikolatalar gibi birçok üründe yaygın olarak kullanılmaktadır. NBŞ iştah artırıcı tesiri dolayısıyla bir nevi beslenme bağımlılığı yapmakta ve obezite başta olmak üzere kalp damar sorunları, tansiyon, diyabet ve böbrek hastalıkları gibi çok sayıda soruna neden olmaktadır.
240 Prof. Dr. Ömer Arifoğlu, S. Dergisi, Nisan 2012

Mide, enzim salgısını beyinden aldığı sinyaller çerçevesinde yapar. Genetiği değiştirilmiş organizmalarda olduğu üzere, karpuz görünümlü et yenilmesi durumunda bu hâl, midede kargaşa meydana getirecektir. Öte yandan, yemek tamamlanıp hazım süreci devam etmekte iken yeniden yenilen bir yemek, midenin yeni bir enzim salgılamasına neden olur. Hazım süreci devam eden ilk yemekle yeni yenilen ikinci yemeğin karışması, midede ekşime, çürüme, mayalanma meydana getirir. Bu da mide açısından beklenmedik bir durum olması nedeniyle faciaya yol açar.

Su içerek açlığını bastır ve zayıfla

Allah-ü Teâlâ (ﷻ) Kur'an-ı Kerim'de '*her canlıyı sudan yarattığını*'[241] beyan eder. Yetişkin bir kişinin bedeninin yüzde 60 kadarı, bir bebeğin ise yüzde 65-80 kadarı sudan oluşur. Nispeti bu kadar yüksek olan su, bedenden çeşitli şekillerde atılır. Bu nedenle sürekli olarak takviye edilmesi gerekir. Şâyet bedende yüzde 10'luk bir su kaybı yaşanırsa insan hayatı tehlikeye girer. Kayıp oranı yüzde 20'lere ulaştığında ise ölüm kaçınılmazlaşır. Az su içilmesi sonucunda, dalından koparılınca su kaybederek büzüşen ve kuruyan meyveler gibi organlar da büzüşür.

Azaltılan su tüketimi beyin faaliyetlerini de azaltır. Bu da insanın sağlığını olumsuz etkiler, becerilerinin azalmasına yol açar. Su, hayat için hayatidir, gıdaların parçalanıp taşınmasında da en önemli kaynaktır. **İnsan su ihtiyacını suyun dışında başka hiçbir kaynaktan karşılayamaz.** Bu nedenle günlük düzenli su içmek zorundadır.

Hem Hz. Âişe (r.a.) validemizden, hem de Zühr'den (r.a.) gelen rivâyetlerden, Rasülullah (ﷺ)'ın en çok sevdiği içeceğin 'tatlı su'[242] olduğunu öğreniyoruz. Enes b. Mâlik'ten (r.a.) gelen rivâyette ise Efendimiz (ﷺ)'in su içerken üç kere nefes alarak içtiğini ve bu şekilde içmeyi daha kandırıcı ve sıhhî[243] bulduğunu öğreniyoruz. Hatta ***"Develer gibi bir solukta içmeyin"***[244] buyurduklarını biliyoruz. Bu durumda midemizin üçte birini dolduracak kadar 'iyi ve tatlı' suyu, oturarak ve üç yudumda içmek hem sünnete uygun bir tarz, hem de perhiz için en önemli ölçü olacaktır.

241 Enbiya Suresi 30
242 Tirmizi, *İçecekler*, 1895-1896
243 İbn Mâce, *İçecekler*, 18; Dârimî, *İçecekler*, 20
244 İbn-i Abbas rivâyeti: Tirmizi, 1885.

Midenin tıka basa doldurulmamasını ve üçe bölünmesini isteyen Efendimiz (ﷺ), *"Sizden biri iftar edeceği zaman hurma ile iftar etsin. Çünkü hurma berekettir. Hurma bulamazsa su ile iftar etsin, çünkü su da temizdir"*[245] buyururlar.

Oruçlunun midesi boş olduğuna göre hurma gibi bir tatlı ile veya su ile yemeğe başlamanın öğütlenmesi, midenin dengesi açısından büyük önem arz ediyor. Açlık ve susuzluk duygularını ayırt etmenin en iyi yolu yemek öncesi su içmektir. Her yemekten yarım saat önce ve iki saat sonra bir-ikişer su bardağı su için.

Beslenme ve su ile tedavi konusunda dünyanın en yetkin isimlerinden biri olan ve bedenin, açlık ve susuzluk duygularını birbirinden ayırmasının yaklaşık yarım saat sürdüğünü belirten Dr. Fereydoon Batmanghelidj'e (Feridun Batmangeliç) göre vücudun besin unsurlarını kullanabilmesi için önce suyun hidrolize[246] olup parçalanması gerekiyor. Bu nedenle katı besinleri yemeden önce vücuda yeterli miktarda su almak gerekiyor.[247]

Özellikle köylerde yaşayanlar ya da köy hayatına vakıf olanlar bilirler ki, hayvanlar sabah önüne konulan saman ve yemi yemeden önce su arayışına girerler. Ahır kapısı açılır açılmaz (şâyet bulunduğu mekânda su yoksa) hayvanlar ilk iş olarak bildiği en yakın su kaynağına giderek bol miktarda su içerler. Yapılan araştırmalar, hayvanların önceliği su nispeti yüksek otlara verdiğini göstermiştir.

Yemek öncesi içilen su, midede hacim oluşturacağından kişi daha az yer. Dr. Batmanghelidj, su içmeden yemeyi ve vücut kullanılabilir suyu bitirene kadar su içmemeyi, şişmanlığın ana sebebi olarak görüyor. Ona göre **beyin hidroelektrik enerji üretmek için su istediğinde, su vermek yerine yemek yemek obeziteyi de tetikliyor.**

Hücrelerin yüzde 75'i sudan oluşur. Vücut yeterli su aldığında, kandaki su oranı yüzde 94'e kadar çıkar. Hücre zarlarında hidroelektrik santrallerdeki türbinlere benzeyen ve voltaj üreten yüzlerce hatta binlerce pompa birimi vardır. Pompaların arasından akan su, hidroelektrik enerji üretir. Su olmazsa hayat da olmaz. Vücuda hayat veren 'elinin altında' tuttuğu sudur.

Dolayısıyla gün boyu yeteri kadar su almak gerçekten hayatidir.

245 Selman b. Âmir'den r.a. rivâyeti: Tirmizî Kilab'uz-Zekât 658, Ebu Davud 2355. İbn-i Mâce 844

246 Hidrolize işlemi suyu oluşturan hidrojen ve oksijen elementlerinin birbirinden ayrılmasıdır. Hidroliz işleminin gerçekleşmesi zorlu bir aşamadır. Bu maddenin hem yanıcı hem de yakıcı olması gıdaların parçalanması için son derece önemlidir.

247 Dr. Fereydoon Batmanghelidj, *Hasta Değil Susuzsunuz*, s. 40, Klan Yay.

30 günde 5 kilo verdim

Bir enerji kaynağı olan suyun en iyi tarafı, fazlasının vücuttan atılmasıdır. Su vücutta depolanmaz ve gerekli enerjinin üretilmesine yardımcı olup, hücrelerin yedeklerini doldurduktan sonra, onların zehirli artıklarını da beraberinde götürerek vücudu terk eder. Yeterli su içilmediği zaman dehidrasyona[248] giren hücreler hazır enerjiden mahrum kalır. Bu durumda da tüketilen besinlerden enerji üretme yoluna gider. Dehidrasyon durumunda beden yağ depolayıp, protein ve nişasta rezervlerini kullanmaya başlar. Çünkü bu unsurların parçalanması, depolanmış yağın parçalanmasından daha kolaydır. Bundan kurtulmak için de hem bedenin gerekli su ihtiyacı karşılanmalı, hem de yemeklerden önce mutlaka en az bir-iki bardak su içilmelidir.

Bu öneriler, Hz. Peygamber'in hem '*iftara su ile başlayın*' hem de '*midenin üçte birini su ile doldurun*' tavsiyesi ile de örtüşmektedir. '*Yemekten önce su içmeyin*' şeklindeki tezin de tutarsızlığını ortaya koymaktadır.

'*Mideden gelen sinyalin açlık mı, susuzluk mu olduğunu anlamanın en iyi yolu iki bardak su içmektir*' tavsiyesini bu eseri kaleme alırken onlarca kez test ettim ve ettirdim. Uygulamaya katılan hemen herkes, açlık hissettiklerinde içtikleri suyun açlıklarını giderdiğini belirtti. Ben de öğleyin acıktığımı hissettiğim zaman en az iki bardak su içtim, bazen de yanımda varsa birkaç adet hurma yedim. Yani öğle öğününü tamamıyla hayatımdan çıkardım.[249] Bu denemelerim sırasında başka hiçbir ilave uygulama yapmayarak 30 günde 5 kilo verdim. Elbette siz de yapabilirsiniz ve yapmalısınız da.

Günün son yemeği ve kadim tıp uygulamaları

Mideye yıpranmaz bir değirmen muamelesi yaparak günün her saatinde yiyip-içmek, sağlık açısından en büyük tehdittir. Yemenin zamanlaması oldukça önemlidir. Uyku vaktiyle, yeme vakitlerinin dengeli olması gerekir. Güne güneş doğmadan başlamak, batarken de tamamlamak gerekir. Akşam yemeğini saat 18-19 aralığında tamamlamalı, içecekleri ise en geç 21'de sona erdirmelidir. Bu saatten sonra yapılacak tüm yeme içme faaliyeti hiçbir yarar sağlamadığı gibi verimsiz bir uykuya sebep olur.

248 Vücuttaki su yetersizliği durumu.
249 Bu, sağlam bir sabah kahvaltısı yapıldığı durumlar için geçerlidir.

İlaçlar, besinlerdeki kimyevî kalıntılar, bozuk gıdalar, teneffüs edilen kirli hava ve kokular organlarca atılamadığı takdirde birikecektir. Bu birikim, hem organlarda ağır bir yük meydana getirebilir hem de kana karışabilir. Bu toksik birikime karşı endüstri tıbbının yok saymaya ve kötü göstermeye çalıştığı geleneksel ve kadim tıbbın tavsiyeleri, bedenin temizlenmesi ve arınması için bulunmaz bir deva olacaktır.

Hz. Peygamber (ﷺ)'in hacamat[250] önerisi, sülük tedavisi, beden temizliği, şifalı bitkilerin uygun karışımlarla alınması, mutlaka müracaat edilmesi gereken gerçek tedavi biçimleridir. Batı tıbbının mensuplarının hacamat ve sülüğü küçümsemesi, Efendimiz (ﷺ)'in uygulamalarını küçümsemektir.

Hadis kitaplarının tıp bölümleri özellikle hacamatla ilgili rivâyetlerle doludur. İşte bunlardan bazıları: İbn-i Abbas (r.a.) şöyle aktarır: *"Rasülullah (ﷺ) Miraç gecesinde, meleklerden oluşan bir cemaate her uğrayışında, 'Hacamat olmaya devam et! Ümmetine de hacamat olmalarını emret!' derlerdi."*[251]

"Rasülullah aleyhissalâtu vesselam hacamat oldu ve hacamatı yapan doktora ücretini ödedi ve ayrıca burun damlası da kullandı."[252]

"Rasülullah başından ve iki omuzu arasından hacamat olur ve 'Kim bu kandan akıtırsa, herhangi bir hastalık için, bir başka ilaçla tedavi olmasa da zarar görmez!' buyurur."[253]

Dünyanın her yerinde uygulanan bu tedavi biçimleri, Türkiye'de uzun zaman küçümsense de şükür ki, tercih edilir hâle geldi. İnsanlık tarihiyle yaşıt sayılabilecek olan hacamat vb. tedavi usûlleri birçok hastalığın tedavi araçlarından biridir. Şimdilik olmasa da yakın gelecekte batı tıbbının da tercih etmek zorunda kalacağı bu önemli, zararsız, ağrısız ve acısız tedavi uygulamasını onlar da kabule mecbur kalacaklar. Öte yandan bu uygulamalar artık hukukî bir zemine kavuşmuş bazı hastanelerde de uygulanmaya başlanmıştır. Ancak tıpçıların pek çoğu cehaletleri ve şuur altlarındaki masallar nedeniyle uzak durmaya devam etmekte.Bu uygulamların ehil kimselerin yapması da son derece önemlidir. Uygulamadan fahiş fiyatların isteyenlere de fırsat verilmemelidir.

250 Vücudun bir bölümünden kan aldırmak
251 Tirmizi, *Tıp* 12/2054
252 Buharî, *Tıp* 9; Müslim, Selam 76/202; Tirmizi, *Tıp* 9/2048; Ebu Davud, *Tıp* 8/3867
253 İbn-i Mâce, *Tıp* 21/3484; Ebu Davud, *Tıp* 4/3859;

Yiyecekler arasındaki ‘denge’nin önemi

Bugün batı tıbbı ile takim tıbbın beslenme tavsiyeleri arasında ciddi bir çatışma var. Batı tıbbı, besinlerdeki bileşenleri, (1) karbonhidratlar[254], (2) proteinler[255] ve (3) yağlar, (4) vitaminler[256] (5) mineraller[257] ve (6) su olmak üzere altı ana grupta izah etmeye çalışır. Bu gruplara dâhil olan gıdaların (özellikle de karbonhidrat ve proteinlerin) ayrı ayrı zamanlarda yenilmesinin sindirimi kolaylaştıracağını iddia eder.

Kadim tıp ise sindirim sistemine batı tıbbı gibi bakmaz ve besin tüketimi için bambaşka bir sistem sunar. Galen'den İbn-i Sina'ya, Hipokrat'tan Razi'ye, Çin tıbbından İbranî tıbbına, Arap tıbbından Yunan tıbbına kadar tüm kadim tıp bu noktada modern tıpla çatışır.

Geleneksel kadim tıpta gıdalar; ‘ısıtıcı’[258] ve ‘soğutucu’[259] olmak üzere ikiye ayrılır. Burada sıcaklık ve soğukluk fizikî ısı değil, vücuda yaptığı uyarıcı etki ile ilgilidir. Batı tıbbı ekmekle etin, balla kaymağın birlikte tüketilmesinin zararlarından söz etmektedir. Batı tıbbı tutarsızdır! Nişastalarla proteinlerin birlikte tüketilmesi durumunda, sindirimin mümkün olamayacağını belirtmesine rağmen, modern endüstrinin ürettiği her ürüne nişasta ve soya eklenmesine hiç de itiraz etmez. Dahası nebatî, hayvanî ve sentetik her türlü katkı maddesinin ister nebatî isterse de hayvanî menşeli gıdalara eklenmesine de göz yumar, yammakla kalmaz bizzat yapar!

254 Şeker ve şeker ihtiva eden meyveler, buğday ve nişasta içeren diğer tahıllar.
255 İnsan bedeni bir araca benzetilse proteinler bu aracın motor, fren, kasa ve tekerlerini temsil ederken karbonhidratlar ise yakıtıdırlar. En önemli protein kaynakları: Et, süt, yumurta, balık, baklagillerdir.
256 A, B1, B2, B3, B5; B6, B12, C, D, E, K gibi adlarla isimlendirilirler.
257 Tabiatta yaygın olarak bulunan inorganik maddeler olan mineraller, vücudun yüzde 4'ünü oluşturan önemli yapı taşlarıdır. Toprak ve işlem görmemiş kaya tuzu bu elementlerin tümünü birden içerir. Topraktan yaratılmış insanda bu madenlerin olması son derece tabiî bir haldir.
258 Yenildiğinde vücut ısısını (farklı derecelerde de olsa) artıran gıdadır.
259 Yenildiğinde vücut ısısını (farklı derecelerde de olsa) azaltan, serinleten gıdadır.

Tablo 5: Geleneksel tıbba göre gıdaların vücutta meydana getirdiği etkiler

Gıda Grubu	Isıtıcı - Sıcak	Serinletici - Soğuk
Yağlar	Ham zeytinin yağı, Susam yağı, Hardal yağı, Mısır yağı, Tereyağı, İçyağı	Olgun zeytinin yağı, Hindistancevizi yağı, Ayçiçeği yağı
Etler	Kuzu, Erkek keçi, Tavuk, Horoz, Karaciğer, Sucuk	Dişi keçi, Sığır, Tavşan, Balıklar
Meyveler	Şeftali, Limon, Portakal, Dut, Üzüm, İncir, Siyah Zeytin, Taze hurma, Kuru hurma, Tatlı elma, Turunç, Bal kabağı, Kurutulmuş meyveler, Havuç, Pancar, Tatlı dut	Erik, Kavun, Karpuz, Kayısı, Muz, Nar, Armut, Ham hurma, Üzüm, Hindistan cevizi, Yeşil zeytin, Ayva, Böğürtlen, Ahududu, Ekşi elma, Ekşi dut, Keçiboynuzu
Sebzeler	Pancar, Turp, Soğan, Sarımsak, Maydanoz, Yeşil hardal, Tatlı patlıcan, Tere, Kırmızıbiber, Yeşilbiber, Sivribiber, Kabak, Kereviz, Enginar, Bezelye, Nane, Şalgam	Salatalık, Domates, Ispanak, Marul, Lahana, Bamya, Lalgam, Yeşil fasulye, Kabak, karnabahar, Kereviz, Dolmalık kabak, Acı patlıcan, Semizotu, Kuzukulağı, Pırasa, Patates
İçecekler	Siyah çay, Kahve, Koyun sütü, Seve sütü, Kaymak, Salep	Yeşil çay, İnek sütü, Keçi sütü, Anne sütü, Yayık ayran
Hububat Tahıllar	Basmati pirinci, İnce taneli pirinç, Mercimek, Kuru fasulye, Susam, Yulaf, Nohut, Buğday, Kepek, Hardal	Kahverengi pirinç, Kabuklu pirinç, Keten tohumu, Mısır, Nişasta, Arpa, Haşhaş
Kuruyemiş	Badem, Ceviz, Fındık, Şamfıstığı, Kayısı çekirdeği, Çamfıstığı, Kuru üzüm, Kabak çekirdeği, Menengiç, Kayısı çekirdeği	İğde
Tatlılar	Bal, Pekmez, Rafine edilmemiş şekerler, Bal şerbeti, Pekmez şerbeti, Şekerkamışı suyu	Rafine şekerler
Baharat	Çörekotu, Kimyon, Karanfil, Zencefil, Kekik, Anason, Safran, Harman, Çemen, Havuç tohumu, Zerdeçal, Isırgan otu, Tarçın, Safran	Kına, Kişniş otu
Bitkiler	Kekik, Safran, Harman, Rezene, Şahtere, Hindiba, Papatya, Ayrık kökü, Helile, Deve dikeni, Oğulotu, Karabaş otu, Dikenler, Pelin otu, Günlük, Lavanta, Defne, Kantaron, Rezene, Ebegümeci	Dereotu, Civanperçemi, Zeytin yaprağı
İlaçlar	Mürekkep ilaçlar, Kimyevî ilaçlar	
Diğer	Yumurta sarısı, Turşu, Acılar, Ekşiler, Tuz, Misvak, Pamuk	Yoğurt, Sirke, Yumurta beyazı, Peynirler

Gıda endüstrisinin en hızlı, en kolay, en ekonomik üretmek, raf ömrünü uzatmak ve ürünün daha fazla beğenilip tüketilmesini sağlamak için ürünlere onlarca katkı maddesi eklemesi sindirimi zorlaştırmıyor da, balla kaymak yemek mi zorlaştırıyor? Bıraksınlar bu masalları! Batı tıbbı şâyet iddiasında samimi olsaydı, en azından katkı maddelerine karşı çıkardı. Ama karşı çıkmıyorlar.

Yeşil fasulye yazın yetişip, bedeni soğuturken, kuru fasulye soğuk kış günleri içindir ve bedeni ısıtır. Aynı şekilde kavun, karpuz ve dutun yaz günlerinde insanları serinletmesi, hurmanın ise kışları içimizi ısıtması, geleneksel tıbbın tezini desteklemesi açısından önemli örneklerdir.

Abdullah İbn-i Cafer, Rasülullah (ﷺ)'ın salatalıkla birlikte taze hurma yediğini,[260] diğer taraftan ***birlikte yenilip içildiğinde mideye ağır geleceğinden dolayı, bal ve sütün birlikte yenilmemesini***[261] tavsiye ettiğini nakklediyor. Bu nakil bize, iki hayvanî gıdanın birlikte yenilmemesi tavsiyesini doğrulamaktadır.

İbn-i Abbas, Rasülullah (ﷺ)'ın en çok sevdiği yiyeceklerden birinin de et ve et suyundan yapılan tirit olduğunu[262] nakklediyor. Yine ***"Bana salatalık ve hurma yedirdiler. Bunun üzerine ben en iyi şekilde kuvvet buldum"***[263] şeklindeki benzer bir rivâyet Hz. Âişe (r.a.) annemizden gelmektedir.

Bir başka rivâyetinde ise şöyle der: ***"Rasülullah (ﷺ) kavunu/karpuzu taze hurma ile yedi ve 'Bunun hararetini şunun serinliğiyle, şunun serinliğini de bunun hararetiyle kırıyoruz!'*** *buyurdu."*[264]

Burada hurma sıcak, salatalık ise serin bir gıdadır. Bu Hadis-i Şeriflerden yiyeceklerin etkilerinin bilinerek yenilsinin daha yararlı olacağı sonucunu çıkarmak zor değildir. Hz. Peygamber (ﷺ)'in **soğutucu kavun, karpuz ve salatalık ile ısıtıcı hurma yiyerek gıdalar arasında kurduğu denge** geleneksel tıbbın soğuk/sıcak besin dengesi ile birebir örtüşmektedir. Batı tıbbı ve savunucularının kendilerinin bile uymadıkları '*Sakın nişasta ve proteini birlikte yeme*' tezi, Efendimiz (ﷺ) in tirit örneğiyle de tezat oluşturmaktadır. Bir Müslüman'a düşen, batı tıbbının doğruluğu ispatlanmamış tartışmalı tezlerine değil, Allah Rasülü (ﷺ)'nün sünnetine uymaktır.

260 Buharî, *Yiyecekler* 39, 45, 47; Müslim, *İçecekler* 147/2043; Ebu Davud, *Yiyecekler* 45/3835; Tirmizî, *Yiyecekler* 37/1845
261 İmam Suyuti, *Camiu's-Sağir ve Tercümesi* 2/237
262 Ebu Davud, *Yiyecekler* 23/3783
263 Ebu Davud, *Tıp* 20/3903; İbn-i Mâce, *Yiyecekler* 37/3324
264 Tirmizî, *Yiyecekler* 36/1844; Ebu Davud, *Yiyecekler* 45/3836

Ebussuûd Efendi şöyle der: Allah (ﷻ) dünyada var olan her türlü meyve ve sebzeden iki çeşit ve iki sınıf yarattı. Bu çeşitlilik, ya beyaz veya siyah gibi renklerde, tatlı ve ekşi gibi tatta, küçük ve büyük gibi miktarda yahut sıcak ve soğuk gibi tür şeklindedir.[265]

Sıcak/soğuk dengesini bir örnekle anlatmaya çalışalım. Kahvaltıda sofrada çay, bal, siyah zeytin ve ekmek olduğunu varsayın. Hepsi hararet yapan bu gıdaların yanına yeşil zeytin, mevsimine göre salatalık, domates, ıspanak, marul, dereotu gibi yeşillikler eklenmesi sıcak/soğuk dengesini sağlayacaktır.

Su ısıtıcı mı, soğutucu mu?

Acı veya tatlı yiyenler meydana gelen harareti sona erdirmek için hemen su içerler. Oysa su, vücudu ısıtan veya soğutan bir özelliğe sahip değildir. Bu nedenle su ne acının, ne de tatlının hararetini sona erdirmez. Su bîtaraf/nötrdür.

Hz. Peygamber (ﷺ)'in Hadis-i Şeriflerinde görüldüğü üzere hurmanın, balın hararetini ancak salatalık (ve yoğurt, kırmızı dut, sirke, yeşil çay gibi hararet alıcı/soğutucu gıdalar) alır.

Evde mi, dışarıda mı yemeli?

Koku, Allah (ﷻ)'ın insana ve diğer canlılara bahşettiği muhteşem nimetlerden biridir. İnsan bedeni gelen kokulara farklı tepkiler verir. Günümüzde yaygın olarak kullanılan kokuların bir bölümü bitkilerden elde edilirken, bir bölümünün de insan ceninleri, hayvanlar, böcekler veya diğer sentetik kaynaklardan elde edildiğini biliyoruz. Bu kaynakların önemli bir bölümü meşru olmadığı gibi kullanım amaçlarının da meşru olduğundan söz etmek mümkün değil!

Şâyet yemeği dışarıda değil de evde yiyorsak ve mutfağımızda pişen besinler taze ve sağlıklı iseler evimizi yemeğin kokusu saracaktır. Ne yazık ki, kimileri bu kokuyu bastırmak için kimyasal parfüm ve deodorantlara sarılır. Oysa beden bu kokuları algılamaya başladığında beyin, mideye yeni bir sofra hazırlığının yapıldığını, önceki öğünde yenilip henüz hazmedilmemiş gıdalar varsa bir an evvel hazmetmesini emreder. Eski ile yeninin karışarak mideye yük getireceğine dair sinyaller göndererek sindirim/hazım sürecini hızlandırır. Güzel yemek kokusu, sindirimi, gıdanın mideye ulaşmasından daha önce başlatabilir!

---

265 Muhammed Ali es-Sâbûnî, Safvetü't Tefâsîr, c.3, s.209, Ra'd Suresi Tefsiri

'*Sufi Tıbbı*' kitabının müellifi Muînûddîn Çiştî, yemek pişirmeyi bir nevi tedavi aracı olarak da kabul ediyor. Yemeği yapan kişinin enerjisi yemeğe de nüfuz ediyor. Lokantalardaki kötü koşulların yanı sıra ucuz fiyata gönülsüz çalışan bir kişinin mutsuzluk enerjisinin de hazırlanan yemeklere nüfuz ettiğini unutmamak gerek. Yemeğin hazırlandığı mekân ve hazırlayan kişilerin o anki ruh hâli hazırlanan yemeğe bu kadar etki ediyorsa, kimyevî maddelerle estetikleştirilmiş ancak enerjiden yoksun gıdaların toplumu nasıl gizli açlığa mahkûm ettiği daha kolay anlaşılır.

Anne elinin şefkat ve merhametinin önemini iyi bilenler, ürünlerindeki kötü enerjiyi, '***anne eli değmiş gibi***', 'anneninki gibi' bilinç altına yönelik reklâmlarla gizlemek isterler. Bu açık şuuraltı saldırısı bile reklâmlardaki ahlaksızlığa bir örnektir.

Bir hastanenin kalitesi; yalnızca doktorlarının becerisi, binasının güzelliği ve teknolojisiyle değil, aynı zamanda hastalarına ikram ettiği yemeklerin pişirildiği mutfağıyla da ölçülmelidir. Bugün birçok hastanede, alelade beslendiği için hastalanmış bir hastanın mutfağındaki besinlerin aynıları ikram ediliyor. Hatta hastanenin doktorları da bu boş gıdaları yiyor. O zaman nerede kaldı aradığımız şifa?

Mizaçlar, hıltlar ve kan gruplarına göre beslenme

Hz Peygamber (ﷺ)'in sıhhat ve beslenme ile ilgili nasihatler, kadim hekimlerin yol göstericileri ola gelmiştir. ***'İçinizin aldıklarını yiyin', 'Her vücuda alışık olduğu şeyleri veriniz!', 'Mide hastalıkların evidir', "Tayyib olanlarından yiyiniz', 'Acıkmadan yemeyiniz' 'Yediğiniz zaman tıka basa yemeyiniz', 'Daha iştahları varken sofradan kalkınız', 'Bunun hararetini şunun serinliğiyle, şunun serinliğini de bunun hararetiyle kırıyoruz'*** şeklinde devam eden yüzlerce, binlerce tavsiyeleri sadece hekimlerin değil her Müslüman ve dahi insan için eşsiz bir rehberdir.

Mesele hekimler bazı hastalıklar için özellikle de kanser ve nefes darlığında yaşanılan yerden, bir süreliğine de olsa havası güzel, kır ve yaylalara gidilmesini yani **'tebdil-i hava'yı reçete ederler.**

Medine-i Münevvere'nin rutubetli havası Ukl ve Ureyne kabilelerinden bir grup insana iyi gelmemez ve hastalanırlar. Bunun üzerine Efendimiz Aleyhissalâtu vesselâm, onları tedavileri için kıra gönderir.[266] Bu hâdise İslam ulemasınca '**tebdil-i mekân**' veya '**tebdil-i hava**'nın da **bir tedavi usûlü** olarak görülmesine neden olur.

Demek ki, tedavi için hastaneye değil, şifahaneye ihtiyaç vardır. Şifahane vasfını çoktan yitiren günümüz hastanelerinin önüne gelen yere yapılması büyük bir hatadır. Ayrıca özellikle kanser hastaları tedavi için kırlara, yaylalara çıkmalılar. Öte yandan şurası kesindir ki, mevsimlerin sayısı dörttür. Aynı şekilde **mizaçlar ve hıltların sayısı da dört**tür.

266 Buhârî, Muhâribin 16, 17, 18, Diyât 22, Vudû 66, Mâide 5, Tıbb 5, 6, 29; Müslim, Kasâme 9/1671; Tirmizî, Et'ime 38, (1846); Ebû Dâvud, Hudud 3/4364-4371); İbn-i Mâce, Hudud 20/2578

Kadim tıp, Yaratıcı (ﷻ)'nın her bir canlının kendisine ve uzuvlarına o canlıya uygun bir mizaç ve kuvvet verdiğini kabul eder. İnsan, bu varlıklar arasında mizacı en itidalli olanıdır. İtidal, uzvun vaziyetine göre şekillenir. Buna göre kimi ziyade **sıcak (hârr)**, kimi ziyade **soğuk (bârid)**, kimi ziyade **kuru (yâbis)** ya da **ıslak/nemli (ratb)** olarak yaratılmıştır. Bedenin en sıcak olanları ruh, kalp, kan (dem), karaciğer (kebid), et (lahm) şeklinde sıralanır. Uzuvlarda en soğuk olan balgamdan itibaren kıl, kemik, kıkırdak, en ıslak ve en kuru olanlar da bir bir tıpta zikredilir.

İnsanların hayat devrelerinin her biri de bir mizaca bağlıdır ve devre devre bir mizaçtan diğer bir mizaca geçiş yapar. Kendi içinde de sınıflara ayrılan **sinn-i nümüvv** (sinn-i hadâset), **sinn-i vukûf** (sinn-i şebâb), **sinn-i inhıhâtın başları** ve **sinn-i inhıhâtın sonları** ayrı ayrı **harâret, yübûset, rutûbet** ve **sühûnet** denilen mizaçlara sahiptir.

Tabii olan bu **mizaçlar "garîziyye"** şeklinde tanımlanır ve bu metinlerde yaşlarda mizaca göre beliren hazım, kan akışı, şehvet vs. tabii hususiyetler tespit edilerek bir nizama bağlanır. Bu keyfiyetlerden biri veya bir kaçının yaş, iklim, cinsiyet gibi sebeplerle azalması, çoğalması ile beliren hastalıklar aslî tabiatın tespit edilmesinden sonra yine aslî tabiata göre mizacın dengelenmesiyle bertaraf edilir.

Hılt ise gıdanın insan vücudunda hazımdan sonra dönüştüğü nesnedir. Bu dönüşenlerin bir kısmı faydalı (mahmûd), bir kısmı zararlı /redî)dir. Güzel olan hılt (hılt-ı mahmûd) hangi organa intikal etse ondan o organın ihtiyaç duyduğu kan vasıtasıyla safra, balgam veya sevdâ oluşur, o organın parçasına dönüşür.

Mizacın itidali değiştiğinde bu seyir bozulur, tabiat dağılır. Uzva dönüşmeyen hıltlar ya vücuttan tabii hâlde atılır; atılamadığında bir rahatsızlığa yol açar. Her bir yararlı hılt vücudu tamir eder, parçaları toplar, sıhhati muhafaza eder. Bu dört hılt (dem, balgam, safrâ ve sevdâ)ayrı koku ve renge sahiptir. Tabiat, aslî olan bu niteliklerin değişip değişmediğinden de tespit edilir.

Kadim tıp, 'ahlat' dediğimiz hıltların her birinin itidali bozulduğunda meydana gelen hastalığı, bu hıltı takviye, mizacın dengesi değiştiğinde o kendisine has olan dengesini bulmak için azaldığında çoğaltmak, çoğaldığında azaltmak yolunu takip eder. Eşyanın her bir unsusu bir mizaca maliktir, işte tedavi insanın ihtiyaç duyduğu haricî nesnelerin mizaçlarından istifade etmekle gerçekleştirilir.

Tabip İbn-i Şerif, şöyle der: Bilinmelidir ki, sağlığın ve hastalığın müessirleri 6 tanedir. Bunlar hava, yemek-içme, hareket ve sakinlik, nefanî arâzlar, istifrâğ (kusma) ve bağırsağı boşaltmadır. Ruhun maddesi havadır.

Dört temel unsurun bedendeki karşılıkları ve özellikleri

İsmi	Nâr - Ateş	Hava	Mâ - Su	Turâb - Toprak
Bedendeki karşılığı	Safra	Kan	Balgam	Sevdâ
Tabiatları - Özellikleri	Hârr ve yâbîs Sıcak ve kuru	Hârr ve ratıb Sıcak ve nemli	Bârid ve ratıb Soğuk ve nemli	Bârid ve yâbîs Soğuk ve kuru

Bahar mevsiminde, yemek az ve hafif yenilmelidir. Yemekler hafif bile olsa mide asla doldurulmamalıdır. Hacamat özellikle de baharda mutlaka yaptırılmalıdır.

Yaz mevsiminde, yemek ve cimâ azaltılmalıdır. Durgunluk ve dinlenme tercih edilmelidir. Yemişlerin suyu içilmeli, mümkünse müsil yapılmalı, kusulmalıdır.

Sonbaharda, kuruluğu artıran gıdalar yenilmez. Kuru gıdalar ve cimâ azaltılır. Soğuk mekânlara dikkat edilmeli ve soğukta yatılmamalıdır.

Kış mevsiminde ise, gıdalar daha fazla alınmalı, bedenî hareket artırılmalıdır.

Bugün ise **Kan Grubu ile beslenme** fikri tartışılmaktadır. Bu fikrın ne kadar isabetli henüz tam olarak bilememekle birlikte, aslının mizaca göre beslenme olduğu ortadadır. Kan grubuna göre beslenme bazen haram koyucu bir noktaya gittiği de görülüyor ki, burası tehlikelidir. Aslolan içimizin aldıklarını yiyip, almadıklarını yememektir. Yasakların mutlakiyet taşımaması durumunda elbette istifade edilebilir. Fakat yayınlanan bazı tablolarda bazı gıdalar tüm kan gruplarına yasaklanmaktadır. Deniliriyor ki, '*0 grubu et yemeli, A grubu ise vejetaryen beslenmeli*!' Böyle bir tavsiye olamaz. Bu bir hata değilse haram koyma mânâsına gelir.

Bu yüzden kadim hekimlerin yüzlerce sayfa olarak ortaya koyduğu mizaç ve hılt bahisleri çok iyi çalışılmalıdır. Özellikle de genç hekim ve hekim adaylarının mutlaka Osmanlı Türkçesi ve Arapça öğrenmeleri şarttır.

Tabip İbn-i Şerif tabip adaylarına şu nasihatte bulunur: '*Hastalıkları tanımak ve bilmek, öncelikle üstaddan (ehlinden) görerek öğrenmeye, sonra hekimlerin kitaplarını çok çok okuyup anlamaya muhtaçtır. Yoksa yalınız birisiyle iş bitmez.*' Aksi halde hekim olduklarının asla söyleyemezler ve söylememeliler. Modern tıbbın dayatmalarından sıyrılıp insanlığın ortak ilmî/tıbbî birikimine sahip çıkmalıdırlar. Aksi halde sözlerinin hiçbir tesiri kalmaz. Hakk (ﷻ)'a değil, maazallah kendilerini istemeden de olsa batıla hizmet eder halde bulabilirler.

Ayrıca hekimler hastalarını tedavi etmek konusunda samimi iseler, beslenme meselesini öğrenmek mecburiyetleri vardır. Öğrenmeliler ve reçetelerine az adlı ilaçtan yazmalılar. Hastalığı tedavi etmek kolaydır. Önemli olan hastalığa neden olan derde erişip yok etmektir. Bu da özel bir gayret gerektirir. Bu yapan kurtulur, yapmayan ise hesabını kolay kolay veremez.

Akıllı ailenin mutfağı

Mükellefiyetlerinin farkında olan mesuliyet sahibi bir ailenin mutfağı sağlıklı ve inancına uygun gıdalardan oluşmalıdır. Bu gıdaların nitelikleri şöyle sıralanabilir:

1. İhtiyacı karşılayacak nitelikte olmalı

Her evde; beslenme ev halkının yaş, sağlık ve hamilelik gibi durumları dikkate alınarak belirlenmeli. Gebe veya emzikli bir kadının, yaşlı bir ninenin veya gelişme çağındaki çocukların olduğu evlerde beslenme bunların ihtiyacına göre de düzenlenmezse o ailenin evi eczaneyi aratmaz. Mesela kendisi tatlı seven babanın eve her gün baklava getirip çocukları yüksek şeker/karbonhidratla beslemesi, kendi zevkini tatmin ederken, ailenin sağlığının altını oyacaktır. Bazı kimseler marula 2 lira, maydanoza 1 lira, portakala/elmaya 3 lira vermekten kaçınırken, hiçbir besin değeri olmayan suni şekerli bir tatlının kilosuna 50-100 lira verebilmektedir.

Bir gram karbonhidratın organizmada yakılmasından 4 kalori meydana geldiği kabul edilmektedir. Proteinler de yakıldıkları zaman aynı ölçüde kalori verirler. Yağlar ise karbonhidratlara göre daha çok kalori verir ve bir gram yağın yanmasından 9 kalori elde edilir. İnsanın günlük kalori ihtiyacının karşılanmasında en ucuz ve en iyi kaynak karbohidratlar olabilir. Çünkü karbothidrat kaynağı olan tahıllar, baklagiller, meyve ve sebzeler göreceli olarak ucuzdur, protein kaynaklarıysa pahalıdır.

Normal bir insanın ihtiyacından fazla karbonhidrat alması sindirimden önce bağırsaklarda hazımsızlık (fermantasyon) hadiselerine ortam hazırlayabilir. Ayrıca karbonhidratlardan zengin yiyecekler çoğunlukla kalsiyum bakımından fakir oldukları için bu yönden bir dengesizlik de meydana çıkabilir.[267]

267 Doç. Dr. Osman Nuri Koçtürk, *Besin ve Beslenme*, s 104, Varlık Yay.

2. Taze olmalı

Taze gıdalar vitamin ve diğer biyolojik kaynaklar açısından oldukça zengin iken, bayatlamış bir gıda bu özellikleri kaybeder. Bu nedenle bir ürünün raf ömrünün uzun olması veya uzatılması gibi amaçlarla eklenen katkılar[268] ürünün küflenmesini engellese de besin değerini kaybetmesini engelleyemez.

3. Hilesiz olmalı

Tağşiş günümüzün en yaygın hile yöntemlerinden biridir. Mineralli su içmek için aldığınız ve etiketinde büyükçe '*doğal*' yazan maden suyu doğal /Tabiî olmayabilir. Üzerine göremeyeceğiniz kadar küçük ve anlayamayacağınız ifadelerle '*gördüğü işlem*' not edilmiş olabilir. Bir şey endüstriyel ise ve üzerinde **'yüzde yüz doğal' yazıyorsa, burada açık bir hile söz konusu**dur.

4. Bozulmamış olmalı

Gıdaların büyük çoğunluğu en uygun şartlarda saklansa bile zamana yenik düşerler. Bu nedenle de besin değerlerini kaybederler. Küflenerek ya da ekşiyerek renk, koku ve tat değişikliğine uğrarlar.

5. Hazırlanması kolay olmalı

Uygulanan tarif ağır maliyetli ve bezginlik verici olmamalıdır. Sadelik ve basitlik her zaman iyidir.

6. Aşırı kızarmış, yanık ve çok pişmiş olmamalı

Çok pişirilmiş bir süt, aşırı kızartılmış veya yakılmış et ve balığın hem besin değeri düşer, hem de sindirimi güçleşir.

7. Geleneksel tohumdan üretilmeli

Günümüzde ziraî ürünlerin önemli bir bölümü '*hibrit*' adı verilen ve bitkilerden gen azalımı veya artırımı yapılarak elde edilen '*F1*' tohumlardan üretilmektedir. Bu tohumların önemli bir bölümü, çiftçinin kendi tohumunu ken-

268 L-Asorbik asit (E300), Sodyum L- Askorbat (E301), Kalsiyum askorbat (E302), Sodyum laktat (E325), Potasyum laktat (E326), Kalsiyum laktat (E327), Sitrik asit (E330), Sodyum sitrat (E331), Potasyum sitrat (E332), Monodi ve tri kalsiyum sitrat (E333), L-(+)-tartarik asit (E334) asit gibi koruyucular ne yazık ki sentetik kaynaklı olup bakterilerin genetiği değiştirilerek elde edilirler.

dinin üretmesini engellemek ve tohumu ticari meta haline getirmek için kısırlaştırılır. Çekirdeksiz patlıcan üretimi gibi. Bu tür ürünlerin sağlıklı olduğuna dair hiçbir delil yoktur. Aksine sağlıksız oldukları sayısız bilgi ile desteklenmektedir. Satın alacağımız gıdaların geleneksel Tabiî tohumdan üretilmiş olması hem besin değeri açısından, hem de tüketenlerin cinsî hayatının verimliliği açısından son derece önemlidir.

8. Kimyevî toksik maddeler kullanılmamış olmalı

Günümüzde yüz binlerce çeşit ziraî kimyevî maddesi çeşitli amaçlarla bitki ve hayvanlar üzerinde kullanılmaktadır. Öldürücü olan bu toksik maddeler çiçek safhasından başlayıp olgunlaşma evresine kadar çeşitli zamanlarda atılırlar. Bu yüzden meyve veya sebzenin kabuğundan çekirdeğine kadar çeşitli bölümlerinde birikirler. Az miktarı insan için ölümcül olmamakla birlikte, vücutta birikmesi kanser dâhil çok sayıda hastalığa yol açabilir.

9. Endüstriyel işlem görmemiş olmalı

Raf ömrünü uzatmak veya şekil vermek için endüstriyel işlem görmüş gıdalar, besin değerlerini kaybetmelerinin yanı sıra tüketen kimselerde ciddi sağlık sorunlarına neden olabilirler. Besin enerjilerini kaybederler, gizli açlığa ve çeşitli dertlere neden olurlar. Üreticilerin kârı açısından yararlı bir işlem, tüketenler için her zaman yararlı değildir.

10. Katkı maddesi kullanılmamalı

Nebatî, hayvanî ve sentetik kaynaklı on binlerce katkı maddesi günlük besinlerin neredeyse tümünde arzı endam etmektedir. Bir katkı maddesinin hayvanî veya nebatî olması onun yararlı ve besleyici olduğu anlamına gelmez. Bilakis gördüğü işlemler onu aslî yapısından uzaklaştırıp kimyevî bir forma sokar. Mamafih katkı maddelerinin ciddi bir bölümü de GDO'ludur. Bu nedenle katkı maddeli ürünlerden uzak durmak hem sağlık açısından, hem de dinî son derece önemlidir.

11. Mevsiminde üretilmiş olmalı

Özellikle meyve-sebzenin tüketim zamanı son derece önemlidir. Allah (ﷻ)'ın soğuk kış günlerinde ısınmamızı sağlamak için yarattığı besinleri, Ağustos'un sıcağında yemenin faydadan çok zararı olacaktır. Hakeza kışın karpuz yemenin de sağlık için hiçbir yararı yoktur. Her sebze ve meyve yalnızca mevsiminde ve ölçülü tüketilmelidir. Hayvanî gıdalar ise her mevsim yenilebilir.

12. Bölgenizde yetişmiş olmalı

Nebatî ve hayvanî ürünlerin yaşadığınız bölgenin ürünlerinden olmasına dikkat edin. Uzak bölgelerden gelen gıdaların size ulaşana dek çok zaman geçirdiğini unutmamak gerek! Yerli olanlar yaşadığınız bölgenin virüs, bakteri, böcek ve kurtlarına karşı antidot[269] içerirler.

13. Günlük tedarik edilmeli

Yerli muz yerine çok düzgün ithal muz daha güzel gelebilir. Oysa bizim iyi ve güzel zannettiğimiz bazı şeyler, reklâmlarla şuuraltımıza işlenmiş kötü ve yanlışlardır. Karşınızdaki marketten cezbedici ürünleri almak kolaydır. Fakat bunların bize yarar sağlayacağının hiçbir garantisi yok. Yanlış kaynaklardan edinilmiş bilgileri bir kenara bırakıp, bakliyat vb kuru gıdalar hariç her türlü temel gıda mümkün oldukça günlük tedarik edilmelidir. Hububat ve bakliyat türleri ise son hasat dönemi ürünlerinden seçilmelidir.

14. Tayyib olmalı

Müslümanlar için tüketilen gıdaların 'tayyib' vasfına haiz olması gerekir. Şâyet kan, domuz, leş, sarhoş ediciler dışında bir gıda, Kur'an-ı Kerim'in ifade ettiği anlamda 'tayyib' ise zaten helâl kabul edilir. Kur'an-ı Kerim'deki tayyib şartının sağlanabilmesi içinse, gıdanın manevi kirler, basit maddi kirler, kimyevî kirler, biyolojik/genetik/nano/recombinat kirlerden de arınmış olması gerektiği kanaatindeyiz.

269 Bir zehri etkisiz hale getirmek yahut zehrin fizyolojik etkileriyle savaşma.

Gıdalara 'canlılık' testi

Fransız mühendis *André Bovis* sağlıklı besini, kötü besinden ayırmak amacıyla basit bir sarkaç sistemi geliştirir. Kırmızı bir ipin ucuna, küçük bir parça pirincin (maden olan pirinç) bağlı olduğu bu sarkaçla '*besinlerin müsbet (Pozitif) enerjisini*' ölçmeyi başarır. Aslında geliştirilen bu sistem binyıllardır su ve madenlerin keşfi başta olmak üzere pek çok amaçlarla kullanılan, '*çatallı çubuk*' gibi şekillerde de kullanılan basit bir alettir.

Herkesin yapabileceği bu basit sarkaç, gıdanın besin değerini yahut tazeliğini (buna '**besin canlılık radyasyonu**'[270] da deniyor) ölçmemizi sağlıyor. Bovis, deneylerinden birini sütler üzerinde yapar. Onun deneyini tekrarladığımızda, '*sokak sütü*' diye küçümsenen '*normal süt*'ün, sarkacı dakikada 300-400 kez döndürdüğü görülecektir. Oysa pastörize edilmiş veya UHT sütte ise sarkacı döndürecek hiçbir enerji kalmadığı görülecektir. Aynı şekilde gereğinden fazla pişirilmiş bir gıdanın da sarkacı harekete geçirecek enerjiye sahip olmadığı görülecektir.

Taze bir besinin sarkacı hızla döndürdüğünü her zaman gözleyebiliriz. Yeni koparılmış bir maydanoz ile koparılmasının üzerinden saatler (ya da günler) geçmiş bir maydanozun enerjisi arasında uçurum olduğu görülecektir. Bu da günümüzde tüketilen paketli endüstriyel gıdaların besin değerinin neredeyse tümüyle yok olduktan sonra tüketildiğinin en basit ispatıdır.

Tüm canlılar çevrelerine müsbet (pozitif) veya menfi (negatif) enerji yayarlar. Bu sarkacı kalbinizin yanına yaklaştırıp, hayatınızda en çok acı çektiğiniz ânı hatırlayın, o ânı tekrar yaşamaya çalışın. Sarkacın inanılmaz bir hızla döndüğünü göreceksiniz.

270 Bio-Foton-Aktifleştirici enerji

Pastörizasyon gıdayı nasıl öldürür?

'*Bovis besin biyometresi*' denilen bu sarkaç, daha sonraki yıllarda *Simoneton* tarafından elektronikleştirilir. Simoneton'un geliştirdiği yeni yapı bir yandan Bovis'i doğrular, diğer yandan da ölçümü sistematikleştirir. Bovis besinlerin frekansını ölçmek için 100 cm'lik bir cetvel yerleştirir. Her cm'yi bir mikrona (milimetrenin binde biri) eş değer kabul eder. Cetvel on bin angstromluk (mikronun yüzde biri) bir banda dönüşür.

Değeri ölçülecek olan gıda maddesi en uçtan itibaren sarkaca yavaş yavaş yaklaştırılır. Sarkacın dönmeye başladığı nokta (ve dakikada yaptığı devir) o besinin canlılık derecesinin bir göstergesi olarak kabul edilir. Simoneton'un sisteminde yapılan ölçümlerde yeni sağılan taze süt 6.500 angstrom yani 65 cm uzaklıkta sarkacı döndürdüğü halde, sağımın üzerinden 12 saat geçmiş sütün enerjisinin yüzde 40 oranında azaldığı gözlenir. 24 saatin sonunda ise besin enerjisinin yani canlılık emaresinin yüzde 90'ının kaybolduğu tespit edilir. Süt pastörize edildiğinde ise canlılık tümüyle sona erer. Pastörizasyonun etkisi bu kez taze sıkılmış meyve sularında test edilir.

Taze sıkılmış meyve suyu iyi canlılık değerleri verirken, pastörize edildiğinde tüm besin enerjisini kaybeder. Sarkacı 80 cm ya da 8000 angstronda harekete geçiren sarımsak suyu, pastörize edilerek denendiğinde sonuç yine aynıdır: Pastorizasyon besini öldürmüştür!

Başka bir deneyde kurutulmuş meyve ve sebzelerin de (kurutulmuş olmalarına karşın) canlılıklarını korudukları görülmüştür. Kurutulmuş meyveler 24 saat suda bekletilip ölçüldüğünde besin enerjilerinin dalından koparılmış gibi arttığı gözlemlenir. Pastörize işlemi gibi konserve edilmiş meyve ve sebzelerin de besin enerjisi sıfırdır.

Nötr durumda olan su ise bitki veya insanla yani canlı bir organizmayla bir araya geldiğinde müthiş bir canlılık kazanır. Elma veya armut kabukları bir gece suda bekletilip çıkarılınca enerjinin elma veya armutta elde edilen en yüksek seviyeye eriştiği görülür. Bu durum kabuğun besinlerini suya bıraktığının ispatıdır.

'Radiations des Alimentes' adlı eserde şu bilgiler yer alıyor: Bahçeden yeni toplanmış ham meyvelerin besin enerjileri yok denecek kadar az. Ama enerjileri, olgunluklarının doruğunda 6.500-10.000 angstroma kadar yükseliyor. Satışa arz edildikleri sürede geçen zamanın uzunluğuna bağlı olarak enerjilerinin üçte biri ila üçte ikisini kaybediyorlar. Gerektiğinden fazla pişirilmeleri durumunda da enerjilerinin tamamını yitiriyorlar. Simoneton enerjinin olgunlaşma başladığında artmaya başladığını ve olgunlaşma tamamlandığında doruğa çıktığını belirtiyor. Dalından koparılmasından itibaren enerji yavaş yavaş azalıyor, çürümenin başladığı anda ise sıfıra iniyor.

Radyestesi ilmi ve cihazı

'Gök gürlemesi, gök gürültüsü' mânâsındaki **'Ra'd'**, Kur'an-ı Kerim'deki bir surenin de adı. Çatallı bir dal ile su keşfi olarak başladığına inanılan bu keşif ilmine *'radyestezi'* denilmektedir. *Prof Dr Charles Ricket* (1985-1935) bu ilimle ilgili şunları söyler: *Radyestezi, kabul etmemiz gereken bir gerçektir. Bunun böyle olup olmadığını bulmak için deney yapmayın. Böyledir!' Kolları sıvayın ve radyestesiyi geliştirin!'* Geçmişte pek çok maden ve su keşfi çeşitli şekillerdeki radyestezi aletleri ile yapılmıştır.

Günümüzde farklı madenlerle yapılan radyestezi aletleri, geçmişte ağaçlardan yapılırdı. Fındık ağacından yapılanla gümüş, dişbudaktan yapılanla bakır, çamdan yapılanla kurşun ve kalay, demir ve çelikten yapılanlarla da altın keşfi yapılırdı. Her iyi ve ilmî şeye düşman olan kilise, radyestesi ilmine de itiraz etmiş, şiddetle reddetmiştir.

16. asırda İngiltere kraliçesi Cornwall, Almanya'dan radyestezistler getirip maden araması yaptırır. Elde edilen başarılar şöhretinin birden yayılmasına yol açar.

Gentleman's Magazine dergisi 1751'de şunları yazar: Metallerin farklı farklı cezbetme dereceleri vardır. Altın en güçlüsüdür. Bunu bakır izler. Sonra demir, gümüş, kalay, kurşun, kömürler, su kaynakları ve kireçtaşı gelir.

Hastalık teşhisi gibi, tarihin farklı zamanlarında farklı maksatlarla da kullanılan radyestezi, gıdaların sıhhatinin testinde de kullanılabilir ve kullanılmaktadır. Bunun için '**radyestezi çubuğu**' adı verilen bir malzemeye ihtiyaç vardır. Bu çubuk L harfi şeklindeki pirinç teldir. L telin kısa tarafına içi genişçe delik bir ahşap takılıdır. Uzun tarafında ise uca yakın kısmı yay şeklinde bir bölümden oluşur. Yaydan sonraki telin en ucuna ise yine pirinçten mermiye benzer ancak ucu sivri bir pirinç madeni takılır.

Radyestezi çubuğu sorularla hareket eder. Mesela '*bu elmada pestisit var mı*' sorusuna aşağı ve yukarı doğru şiddetle hareket eder. Bu '*evet pestisit var*' mânâsına bir cevaptır. Şayet '*pestisit yok*' ise dönmeye başlar. Sorunun şekli değişince cevabın şekli de değişir. '*Bu elmada pestisit yoktur*' denildiğinde ise aşağı yukarı doğru şiddetli hareket yerine şiddetli dönme medyana gelir. Kesin cevapta dönmenin şiddeti dakikada 300-400 kez civarında olur. Radyestezi çubuğunun cevapları laboratuvar tetkikleri ile karşılaştırıldığında yüzde yüze yakın doğru çıktığı görülür. Yüzde yüz çıkmamasının nedeni sorunun doğru sorulmamış olmasından kaynaklanabilir.

Oldukça kolaylaştırıcı olan bu ilim ve aletin faydaları saymakla bitmez. Kolay ve hızlı çözüm üreten bu bahis ihmal edilmemelidir. Üzerinde araştırma ve çalışmak şart.

Çiğnemek besinin enerjisini artırıyor

Muz normal şartlarda toplandıktan sonra 24 günlük bir ömre sahiptir. Ölçümler muzun besin değerini ilk 8 günde koruduğunu, sonra kaybetmeye başladığını gösteriyor. Çiğken sadece 2 bin angstromluk enerjisi olan patates ve patates türü yumrulu gıdaların enerjisi, haşlandığında 7 bine, fırınlandığında da 9 bine yükseliyor. Daha da ilginci besinlerin en fazla titreşimi ağızda çiğnendiği anda yaymalarıdır. Ağızda daha fazla çiğnenmesinin, enerjiyi daha da artırdığı tespit ediliyor. Bu da gıdaların ağızda çokça çiğnenmesi nasihatinin ne kadar yerinde olduğunun en açık göstergesi.

Buğday 8 bin 500 angstromluk bir ayarken, pişirildiğinde bu güç 9 bine yükseliyor. Zeytinyağı da buğdayla aynı enerji değerlerine sahip, ama sızma zeytinyağı 6 yıl beklese bile enerjisini kaybetmiyor. Bu onun önemli bir üstünlüğü. Nitekim tereyağının canlılığı 8 bin civarında. Ama iyi muhafaza edilmediği takdirde 2 gün sonra enerji kaybına başlıyor. Yirmi gün sonra ise en düşük düzeye ulaşıyor. Balıkların ve özellikle açık deniz balıklarının 8 bin 500 ile 9 binlik enerji değerleriyle en iyi besinlerden olduğu görülüyor. Onlarda da en yüksek değer yeni yakalandıkları andır. Geçen her dakika enerjilerinin azalmasına yol açıyor.

Simoneton, *en iyi gıdaları* 6.500-10.000 aralığındakiler olarak tasniflerken, 3.000-6.500 aralığını ise ikinci iyi grup olarak nitelendiriyor. Bu ikinci grupta yumurta, fıstık, haşlanmış sebzeler, rafine edilmemiş kamış şekeri var. Şekerin enerjisi de oldukça şaşırtıcıdır. Şeker pancarının taze suyu 8 bin birimlik enerji yayıyor. Pancar rafine toz pancar şekerine dönüştürüldüğünde enerjisi bine, küp şeker haline getirildiğinde ise sıfıra düşüyor.

Yeni kesilmiş çiğ etlerin 6 bin dolaylarında olan enerjisi, tuzlanıp odun ateşinde pişirildiğinde 9 bin beş yüze, haşlama yapıldığında ise 10 bine yükseliyor. Sosis, salam sucuk gibi işlemlerde ise bu değer sıfıra düşüyor. Tam buğday unundan mayasız ekmek yapıldığında enerjisi tavan yaparken, mayalı ekmeğe dönüştüğünde 3 binlere geriliyor. Kahve, siyah çay ve çikolatada da değerler 3 binler seviyesinde. Simoneton, en kötüler kategorisine ise margarini, içkileri, beyaz şekeri, beyaz unu ve konserveleri yerleştiriyor.

Simoneton bu tekniği insanlara da uyguluyor. Hiçbir sağlık şikâyeti olmayan kişilerde 6-7 bin rakamını elde ederken, tütün ve alkol içenler ile fazla et tüketenlerde canlılığın hızla düştüğünü aktarıyor. Simoneton'a göre düşük enerjili gıdaların tüketilmesi, insanın enerjisini de düşürüyor. Düşük enerjili besinler bedenin var olan enerjisini artırmak bir yana sömürüp yok ediyor.

Dr Edward Bach, **günümüz tıbbının tedavi yöntemlerinin hastalara gereksiz yere acı çektirdiğini ve çoğu zaman yarardan çok zarar doğurdu**ğunu söylüyor. Bach'a göre yüksek titreşimli besinler insanların düşük titreşimini artırabilir. Nasıl ki, müzik ve renkler bizi eğlendirip mâneviyatını düzeltiyorsa, şifalı otlar da aynı iyileştirme etkisine sahip.

Dr Bach, *"Hastalığa saldırmak yerine, yabanî otlar ve çiçeklerden gelen güzel titreşimlerle gövdeyi yıkamak gerekir. Bedende artırdıkları titreşim güneş görmüş kar gibi hastalıkları eritmektedir"* diyor.

Dr Robert Bitler ve Myrna J. Lewis, '*Yaşlılık ve Ruh Sağlığı*' adlı eserlerinde, Soçi şehrinin yaşlı yöre halkının ilaçlar yerine çiçeklerin titreşimleriyle tedavi edildiklerini aktarıyorlar. Bu tedavide hastalar, belirli bitki/çiçeklerin yanında yürütülüyor, bu çiçekleri koklamaları isteniyor, odalarında kayda alınmış deniz sesi dinletiliyor. Bu çalışmada en iyi enerjiye sahip olan bitkilerin geç çiçeklenenler (günlerin en uzun, güneşin en yüksek düzeyde olduğu dönemlerde çiçeklenenler) olduğu tespit ediliyor. Bunların hem renk, hem koku, hem de görünüm olarak diğerlerine göre daha belirgin ve daha cömert olduğu anlaşılıyor. Bu bilgiler bize İbn-i Sina'nın hastalarını neden çiçekleri bol yüksek yerlere gönderdiğini daha iyi iah ediyor.

Başka bir deneyde ise **gübre kullanılan toprakta enerji yozlaşması meydana geldiği**, toprağın kendine gelmek için çok uzun bir zamana ihtiyaç duyduğu, gübrenin toprağın coşkusunu, tazeliğini ve enerjisini yok ettiği, onu hastalık ve zararlılara karşı korunaksız kıldığı sonucuna varılıyor.

'*Bitkilerin Gizli Yaşamı*' adlı kitapta, toprak, bitki, hayvan ve dahi insana yönelik çağımızın vahşi uygulamaları şöyle özetleniyor:[271]

"Bütün canlılar uyum içinde yaşamak üzere yaratılmışlardır. Ama insanoğlu bu varlıklar üzerindeki egemenliğini kötüye kullanarak her yerde bir uyumsuzluk doğurmakta. Bu kötü egemenlik insan, hayvan ve bitki yaşamında fiziksel hastalıklar olarak dışa vurmaktadır. Bu da yaratılışın çarpıtılmasına, hayatkaynaklarının zayıflatılmasına neden olmaktadır. Eğer isteyerek başka canlılarda acıya ve hastalığa neden olursak, kendi acılarımızı ve hastalıklarımızı da artırırız.

Bir laboratuar hayvanına aşılanan hastalık, bütün varlıkları etkiler. Teşrihçinin[272] *zavallı ve güçsüz bir yaratığa uyguladığı korkunç işkenceler, bütün canlılara eziyet vermektedir. Bu derin acılar pahasına kazanılan bilgilerle iyileştirileceği düşünülen bir hastalığın bedeli, bütünün başka bir bölümünde kat ve kat daha büyük acılarla ödenecektir.*

---

271 Peter Tompkins, Christopher Bird; *Bitkilerin Gizli Yaşamı*, 391-414, Ter: Sulhi Dölek Sungur Yay.
272 Bir cesedi kesip parçalara ayırarak inceleyen kişi.

Otlara kullanılan kimyevî ilaçlarla milyonlarca bitki kavrulduğunda, bütün varlıklar acı çekmektedir. Savaşta ölen her insan, ya da toplama kamplarında işkence gören her tutsak, bütün canlılar için birer darbedir. İnsanın yol açtığı myxamatosis[273] *yüzünden laboratuarlarda ölen her tavşanın, avlanan veya spor olsun diye öldürülen her hayvanın, mezbahalarda dehşet verici acılarla öldürülen her sığırın acısı bütün canlılardan çıkar. Hayatın tümü birdir. Bunun ayrıcası yoktur."*

273 Tavşanlarda tümörler oluşturan bulaşıcı bir virüs hastalığı.

Temiz model: Hangi gıda, nasıl, ne zaman?

Tabiî meyve ve sebzeler farklı boy, tat ve renktedir. Oysa günümüzde tüm ziraî ürünler aynı zamanda büyüyen, aynı zamanda olgunlaşan, aynı zamanda hasat edilen 'tek tip/standart' ürünler haline getirilmiştir. Üretimde yoğun kimyevî maddeler kullanılmakta, ürünler (yeşil soğan, bir kap yoğurt hatta su bile) ülkenin bir ucundan diğer ucuna seyahat ettirilmektedir. Tüm bu 'işkenceler' birtakım olumsuzlukları da beraberinde getirmektedir.

Müsbet (Pozitiflik)	Menfî (Negatiflik)
Tabiî tohum	Ticari hibrit ve gdo'lu tohum
Tazelik	Bayatlık
Asgarî (az) işlem	Azamî (çok) işlem
Yüksek besin değeri	Düşük besin değeri
Düşük civar/çevre etkisi	Yüksek civar/çevre etkisi
Yerel/yerinde tedarik	Uzun mesafeli tedarik
İktisadî fiyat	Fâhiş fiyat

Satın alınacak bir gıdada dikkat edilmesi gerekenler

Hayat hakkı tüm canlıların en kutsî hakkıdır. Bir canlının yaşaması için eksikliğini duyduğu temel şey gıda değil, sağlıklı gıdadır. Kur'an-ı Kerim'in ifadesiyle 'tayyib'[274] olan gıdalardır.

Bir gıda satın alınmadan önce onun gerçekten ihtiyaç olup olmadığı gözden geçirilmelidir. Sağlığı nasıl etkileyeceğini ve dinin izin verip vermediğini de

274 Tâhâ Suresi 81

kontrol etmek gerekir. Bir ürünün sağlıklı olmasında beş etken belirleyicidir:

1) Tohumun geleneksel/tabiî olup olmadığı
2) Kimyevî maddeler kullanılıp kullanılmadığı
3) Rafine veya pastörize edilip edilmediğ
4) Katkı maddesi eklenip eklenmediğ
5) Isıl işlem (radyasyon) uygulanıp uygulanmadığı

Gıdanın niceliğinden çok niteliği yani çokluğundan ziyade besleyiciliği ile ilgilenilmelidir. Kimyevî maddeler içeren, endüstriyel işlemlerle besin değeri düşürülmüş bir gıda yarardan çok zarar getirir.

Bugün her Avustralyalı, yemeklerle birlikte senede 25 kilo kimyevî yemektedir.[275] Bu durum, batı kültürünün ürünü olan modern mutfaktan beslenen herkes için geçerlidir. Dünyada kişi başına yıllık şeker ve tatlandırıcı tüketim miktarı 75 kg'ı buluyor. Bu da bir kişinin ortalama vücut ağırlığı kadar yıllık şeker tükettiğini gösteriyor. Bir kişi hayatı boyunca ortalama 5-6 ton civarında şeker tüketiyor. Dünyanın yıllık şeker tüketimi ise (6,7 milyar x 75 kg) 500 milyon tondan fazla.[276]

Tümüyle sağlıklı gıdalarla beslenmeye kotlanmış bir bedenin bu denli tehlikeli kimyevî maddelere dayanması mümkün olabilir mi? Elbette olamaz. Temiz hatta en temiz gıdaları tercih etmekten başka çare yok.

Netelikli ve sağlıklı beslenmenin yolu mideyi doldurmaktan geçmez. Bedenin ihtiyaçlarına ve fıtratına uygun üretilmiş gıdaları dengeli bir biçimde tüketmek gerekir. Gıda tercihlerinde sadece fizikî açlığı gidermek ve hazza odaklanmak biyolojik açlığa neden olur. Gerçek olmayan gıdalar sahte açlıklara yol açar. Sahte açlıkları sahte gıdalarla ötelemek kısır bir döngüye neden olur.

Sağlıklı bir mutfağın temel taşları nelerdir?

Beslenmenin sağlıklı olması; mutfağa girmesi ve girmemesi gereken ürünlerin tespiti, girecek olanların da olmazsa olmaz vasıflarının belirlenmesi, alışverişin de bu ilkeler çerçevesinde yapılması ile sağlanır. Yani **her mutfağa bir anayasa (kanun-i esasî) şart!** Ve evdeki herkes bu anayasaya uymalı! Söz konusu anayasanın ilk maddesi ise şöyledir: Mutfak ile tabiat arasında aracısız bir yol

275 Anarkan Arslanbek Nadirova, *Tibet Tıpı* s.10, Dil Tarih Kurumu Başkanlığı Yay.
276 Kemal Özer, *Şeytan Ye Diyor!* Hayykitap

ve duygu alışverişi olmalıdır. Toprağın memnuniyetle kabul ettiği gıdaları, insan bedeni de kabul eder. Tabiatın reddettiğini tabiî olarak insan bedeni de reddeder.

Sağlıklı bir mutfağın temel taşları şöyle sıralanabilir:

TAM TAHIL EKMEGİ:

Mayasız tam buğday ekmeği en iyisidir. Evde yapmanızı tavsiye ederim. İlla mayalı olacaksa endüstriyel hazır maya yerine, mutlaka ama mutlaka ekşi maya kullanılmalıdır ve un ise kesinlikle işlem görmemiş tam buğday olmalıdır. Ekşi maya da olsa çok olması da zararlıdır.

Üzerinden gün geçmiş ekmek kolay, sıcak taze ekmek ise zor hazmedilir. Üzerinden gün geçtiği için suyu uçmuş olan ekmek, ağızda çiğnenirken bol miktarda tükürük emer. Bu sayede tükürükte bulunan pityalin ekmeğin her tarafına bulaşarak nişasta tanelerinin çok daha kolay hazmedilmesini sağlar. Su zengini olan taze ekmek çiğneme sırasında tükürük emilmesini engelleyerek tükürüğün yapacağı etkiyi yok eder, bu işlemin bağırsakta yapılmasına yol açar. Bu da bağırsakların işini zorlaştırır.

Nişastalı gıdaların önemli ölçüde ağızda sindirilmeleri son derece önemlidir. Proteinler mideye kadar hiçbir değişikliğe uğramadan gittikleri halde, nişastalı besinler daha ağızda iken tükürükle salgılanan bir enzim olan pityalinin etkisiyle parçalanmaya başlar. Ağız da fazlaca tutulan ve uzun süre çiğnenen ekmek lokması bu sayede tatlılaşır. Bu tatlılığın nedeni nişasta enziminin ağızda parçalanmasıdır.

Karbonhidratlardan zengin yiyecekler açlık hissini kolayca ve kısa bir süre içinde yok ederler. Özellikle kepeği alınmış beyaz ekmeğin insanı çabuk doyurduğu düşünülür. Ancak bu sahte bir doygunluktur, çok kısa sürede yeniden acıkılır.

İÇECEKLER:

- Su
- Yeşil çay, siyah çay, dağ çayı, adaçayı
- Doğal maden suyu
- Türk kahvesi (Arabica türü)
- Sirke çeşitleri
- Bal şerbeti
- Hoşaflar

YAĞLAR:

- Sızma zeytinyağı (tercihen taş baskı/soğuk sıkım)
- Geleneksel usûlde yapılmış tereyağı

BAKLİYATLAR:

- Ev yapımı tarhana
- Bulgur, kabuklu pirinç
- Mercimekler
- Nohut, kuru fasulye

ET ve ET ÜRÜNLERİ:

- Merada otlayan keçi eti, kuzu eti, sığır eti
- Hamsi, istavrit gibi tek yıllık yüzey balıkları
- Serbest dolaşan köy tavuğu
- Yalnızca ev yapımı pastırma ve/veya sucuk

KAHVALTILIKLAR:

- Yeşil zeytin, siyah zeytin
- Serbest dolaşan köy tavuğu tabiî usullerle beslenmiş özgür tavukların yumurtaları

SÜT ÜRÜNLERİ:

- Taze sağılmış, işlenmemiş süt (pastörize ve UHT olmamalı)
- Evde mayalanmış yoğurt
- Ev yapımı ayran
- Ev yapımı peynirler. (Mayası helâl şirdenden olmalı, hazır maya kullanılmamalı)

Taze sağılmış süt, sıcaktır ve bakteri ihtiva etmez. Bakteri hava ile temastan 15 dakika sonra oluşmaya başlar. Beklemiş süt mutlaka kaynatılmalıdır. Süt ile insana başta tüberküloz olmak üzere birçok hastalık geçebileceği için sütü kaynatmak bir bakıma mecburiyettir. İnek yerel ırksa ve merada otluyorsa daha sağlıklı olacağından sütü de daha sıhhidir. Ancak günümüz hayvan türleri ve beslenme şartları nedeniyle elde edilen süt iyice kaynatılmadan içilmemeli. Hele Türkiye gibi modern hayvancılık kaynaklı süt ineklerinin önemli bir kısmının verem olduğu bir ülkede, sütü kaynatmadan veya az kaynatarak içmek insana fayda yerine, önlenmesi ve tedavisi mümkün olmayan önemli hastalıklar getirebilir. Sütün (evde ve uygun tencerede) kaynatılması sonucu ortaya çıkabilecek vitamin kayıpları da çok önemli sayılmayacak ölçüdedir.

Sütte henüz tespit edilmemiş ve fakat insan için pek lüzumlu olan bazı vital maddelerin bulunduğuna inanan bir grup bilim adamı, sağlıklı hayvanlardan elde edilmiş ve mükemmel bir kontrolden geçirilmiş olan sütlerin çiğ olarak içilmesini savunmaktadırlar.[277]

Süt, teyağı ve sütten yapılan yiyecekler, protein ve karbonhidrat kaynağıdırlar. Ayrıca B2 vitamini[278], yağlı bölümlerinde vitamin A ve bol miktarda kalsiyum içerir. Her insan günlük en az bir bardak süt veya süt mamulü tüketmelidir. Sütün kesinlikle taze olması gerekir. Tüketilecek süt, 'günlük' adıyla satılan pastörize süt veya UHT edilmiş süt ise bir fayda sağlamaz. Sütün besin değerinin en yüksek olduğu zaman, hayvanın memesinden sağıldığı ilk anlardır. Sütten azamî besin elde etmek için, sütün ilk 12 saatte -en geç 18 saatte- tüketilmesi gereklidir.

TATLILAR:

Endüstriyel olmayan pekmezler, Geleneksel kara kovan balı, Kahverengi geleneksel tahin, Hurma çeşitleri (Kudüs adı verilen İsrail hurması hariç, Katkısız helva (ev yapımı pekmez helvası), Kuru meyveler, Siyah katkısız gün kurusu kayısı ve kuru üzüm...

BAHARATLAR:

Kırmızıbiber, Karabiber, Kekik, Nane, Kişniş, Kimyon, Yenibahar, Sumak, Zencefil, Zerdeçal, Tarçın...

ŞİFALI BİTKİLER:

Çörekotu, Kenevir thumu, Dereotu, Roka, Madımak, Yemlik, Aş otu, Ketentohumu, Kuş bacağı, Semizotu, Turp otu, Ebegümeci, Arapsaçı...

KURUYEMİŞLER:

Kavrulmamış Badem, Ceviz, Fındık, Kabak çekirdeği, İğde, Menengiç, Antep fıstığı, Çam fıstığı, Kestane...

277 Doç. Dr. Osman Koçtürk, *Besin ve Beslenme*, s. 246 Varlık Yay.

278 Riboflavin olarak da bilinen B2 vitamini; enerji üretimi, enzim fonksiyonu, normal yağ asidi ve aminoasit sentezi için önemli bir vitamin türüdür. B2 vitaminine serbest radikallerin toplayıcısı olan glutathion'un üretimde ihtiyaç vardır. Besinlerden elde edilen enerjinin serbest bırakılmasında rol oynar. A vitamini ile birlikte kullanıldığında; solunum, sindirim, dolaşım ve boşaltım sisteminin sağlıklı olmasını sağlar. Sinir sistemi, deri ve gözleri koruyucu özelliği vardır. Enfeksiyon, alkolizm, yanık, mide ve karaciğer hastalıkları tedavisine yardımcı olur. Migren, katarakt, anemi tedavisinde etkilidir. Özellikle çocukların gelişimine yardımcı olur.

MEYVELER:

Limon, Portakal, Mandalina, Kavun, Karpuz, Havuç, Elma, Üzüm, Kayısı, Şeftali, Kiraz, Vişne, Çilek, Erik, Alıç, Yenidünya, Trabzon ve Hatay Hurması, Muz, Dut, Böğürtlen, Ahududu, Nar, Ayva, Yerelması, Kızılcık, İncir...

SEBZELER:

Ispanak, Pırasa, Lahana, Domates, Salatalık, Biber, Kabak, Turp, Pancar, Soğan, Sarımsak, Marul, Maydanoz, Bezelye, Bamya, Karnabahar, Kereviz, Patlıcan, kuru sebzeler...

DİĞER:

İşlem görmemiş kaya tuzu, Ev yapımı katkısız salça, Ev yapımı turşular...

Tablo 6: Hangi Mevsimde Hangi Sebze Yenmeli?

Mevsim	Ay	Sofrada
İlkbahar	Mart	Bakla, Brokoli, Pancar, Turp, Kuşkonmaz, Marul,
İlkbahar	Nisan	Bezelye, Havuç, Kuşkonmaz, Marul, Yeşil Soğan, Yemlik, Yarpuz, Güveylik,
İlkbahar	Mayıs	Taze Barbunya, Havuç, Marul, Bezelye, Yeşil Soğan, Yemlik, Yarpuz, Güveylik,
Yaz	Haziran	Biber, Domates, Enginar, Bezelye, Börülce, Yemlik, Yarpuz, Güveylik, Asma yaprağı
Yaz	Temmuz	Taze Fasulye, Taze Sarımsak, Biber, Domates, Enginar, Patlıcan, Nane, Maydanoz, Kabak, Asma yaprağı
Yaz	Ağustos	Bamya, Taze Fasulye, Taze Sarımsak, Biber, Domates, Salatalık, Enginar, Patlıcan, Kabak,
Sonbahar	Eylül	Bamya, Biber, Domates, Enginar, Patlıcan, Taze Fasulye, Roka, Kabak,
Sonbahar	Ekim	Karnı Bahar, Pırasa, Roka, Taze Fasulye,
Sonbahar	Kasım	Lahana, Roka, Nane, Maydanoz,
Kış	Aralık	Lahana, Pırasa, Kereviz, Maydanoz,
Kış	Ocak	Karnabahar, Lahana, Pırasa, Kereviz, Marul,
Kış	Şubat	Pazı, Turp, Ispanak, Brokoli, Kereviz, Marul,

Tablo 7: Hangi Mevsimde Hangi Meyve Yenmeli?

Mevsim	Ay	Sofrada
İlkbahar	Mart	Havuç, Muz,
İlkbahar	Nisan	Çağla, Havuç,
İlkbahar	Mayıs	Çilek, Yeşil Erik, Havuç, Çağla,
Yaz	Haziran	Salatalık, Çilek, Yeşil Erik,
Yaz	Temmuz	Dut, Karpuz, Kavun, Kayısı, Kiraz, Vişne, Şeftali, İncir, Böğürtlen, Salatalık,
Yaz	Ağustos	Üzüm, İncir, Kiraz, Vişne, Şeftali, Karpuz, Salatalık, Dut, Erik, Kayısı,
Sonbahar	Eylül	Taze Ceviz, Taze Fındık, Üzüm, İncir, Karpuz, Kavun, Kayısı, Dut,
Sonbahar	Ekim	Armut, Nar, Elma, Üzüm,
Sonbahar	Kasım	Ayva, Mandalina, Portakal, Armut, Nar, Elma, Üzüm,
Kış	Aralık	Balkabağı, Kestane, Mandalina, Portakal, Ayva, Armut, Nar, Elma,
Kış	Ocak	Mandalina, Portakal, Kestane,
Kış	Şubat	Muz, Mandalina, Portakal, Kestane,

Tablo 8: Hangi Mevsimde Hangi Bakliyat Yenmeli?

Mevsim	Ay	Sofrada
İlkbahar	Mart	Kuru Fasulye, Nohut, Mercimek, Bulgur, Kabuklu Pirinç, Sebze kuruları
İlkbahar	Nisan	Bulgur, KabukluPirinç
İlkbahar	Mayıs	Bulgur, KabukluPirinç
Yaz	Haziran	Bulgur, KabukluPirinç
Yaz	Temmuz	Bulgur, KabukluPirinç
Yaz	Ağustos	Bulgur, KabukluPirinç
Sonbahar	Eylül	Bulgur, KabukluPirinç
Sonbahar	Ekim	Bulgur, KabukluPirinç
Sonbahar	Kasım	Bulgur, KabukluPirinç
Kış	Aralık	Kuru Fasulye, Nohut, Mercimek, Bulgur, Kabuklu Pirinç, Sebze kuruları
Kış	Ocak	Kuru Fasulye, Nohut, Mercimek, Bulgur, Kabuklu Pirinç, Sebze kuruları
Kış	Şubat	Kuru Fasulye, Nohut, Mercimek, Bulgur, Kabuklu Pirinç, Sebze kuruları

Tablo 9: Hangi Mevsimde Hangi Kuru Gıdalar Yenmeli?

Mevsim	Ay	Sofrada
İlkbahar	Mart	Hurma, Kuru meyveler (üzüm, kayısı, erik, armut, dut vb), Kuruyemiş türleri
İlkbahar	Nisan	Hurma, Kuru meyveler (üzüm, kayısı, erik, armut, dut vb), Kuruyemiş türleri
İlkbahar	Mayıs	Hurma, Kuruyemiş türleri
Yaz	Haziran	Hurma, Kuruyemiş türleri
Yaz	Temmuz	Hurma, Kuruyemiş türleri
Yaz	Ağustos	Hurma, Kuruyemiş türleri
Sonbahar	Eylül	Hurma, Kuruyemiş türleri
Sonbahar	Ekim	Hurma, Kuruyemiş türleri
Sonbahar	Kasım	Hurma, Kuruyemiş türleri
Kış	Aralık	Hurma, Kuru meyveler (üzüm, kayısı, erik, armut, dut vb), Kuruyemiş türleri
Kış	Ocak	Hurma, Kuru meyveler (üzüm, kayısı, erik, armut, dut vb), Kuruyemiş türleri
Kış	Şubat	Hurma, Kuru meyveler (üzüm, kayısı, erik, armut, dut vb), Kuruyemiş türleri

** Her mevsim sofrada olması gerekenler ise: Limon, soğan, sarımsak, maydanoz, nane, bulgur, kabuklu pirinç, çörekotu, hurma.*

Gıdaları pişirme ve hazırlama ilkeleri

Beyaz un elde etmek için buğdayın kepek ve rüşeyminin ayrılması nasıl unun besin değerini düşürüyorsa, bir gıdanın pişirilmesi sırasında uygulanan yanlış ve gereksiz işlemler de yemeğin besin değerini düşürecektir.

Süte maya eklenip peynir yapmak yerine çeşitli amaçlarla katkılar eklenmesi, peynirden beklenen yararı ortadan kaldıracaktır. Unlu mamullerde ekşi maya kullanmak elde edilecek ürünün besin değerini artırırken, endüstriyel maya ve kimyevî kabartıcılar kullanmak ters etki oluşturacaktır. Eklenen kimyevî maddeler lezzeti artırsa dâhi besin değerini düşürecektir.

Süt hayvanın memesinden çıktığı an vücut ısısındadır ve memedeki koruyucular hâlâ aktiftir. Uzak işleme tesislerine götürülmek için bekletilmesi, bu sırada çeşitli kimyevî maddelerle korunmaya çalışılması, işleme tesislerinde farklı gerekçeler ileri sürülerek pastörize edilmesi, UHT işleminden geçirilmesi besin değerini düşürmekle kalmaz, birçok derde deva olan sütü zararlı hale bile getirir.

Sağlık Bakanlığı, sitesinde[279] şu uyarıları yapıyor:

- Ekmek, çörek, kurabiye yapmak için hamurun mayalandırılması besleyici değerini artırır. Kimyevî kabartıcılar ise azaltır. Mayalandırılmadan yapılan ekmeğin besleyici değeri, mayalı ekmekten daha yüksektir.
- Beyaz ekmek yapmak için buğday tanesinin, kepek ve özünün iyice ayrılması, besleyici değerini azaltır. En besleyici ekmek, dış kepeği biraz ayrılmış, fakat özü ve iç kepeği ayrılmamış undan iyice mayalandırılarak yapılan ekmektir.
- Ekmek ince dilimlenip kızartılırsa besleyici değeri azalır.
- Tarhana, yoğurt ve unun karışımıyla mayalandırılarak yapıldığından, besleyici değeri yüksektir. Pişirirken içine pişmiş nohut, mercimek, havuç eklenmesi değerini daha da artırır.
- Tarhana güneşte kurutulursa, süt ve yoğurt aydınlık yerde bekletilirse, vitamin B2, vitamin B6 ve folik asit değerleri azalır.
- Yumurta, süt, yoğurt, peynir ve tahinle yapılan tatlıların besleyici değerleri, sadece un, yağ, şeker kullanılarak yapılanlardan üstündür. Şeker yerine pekmez kullanılması, besleyici değerini daha da artırır.
- Kuru fasulye, nohut, mercimek gibi besinler iyi pişirildiğinde sindirimi kolaylaşır ve böylelikle protein değeri artar.
- Yumurta çiğ yenirse ya da sarısının etrafı yeşillenecek kadar hızlı ateşte, uzun süre pişirilirse, besleyici değeri azalır.
- Yeşil ve sarı sebzelerden yapılan salatalara limon veya sirke eklenir, -hemen yenilmeyip- bekletilirse A ve C vitamini değeri azalır.
- Sebzeler doğrandıktan sonra bekletilirse ve haşlama, pişme suları atılırsa, vitamin ve mineralleri azalır.
- Meyveler kesildikten ya da suyu sıkıldıktan sonra bekletilirse C vitamini değeri azalır. Hatta sıkılmış meyve suları buzdolabında bekletilirse vitamin değeri azalır. (Bu şartlarda fabrikalarda uzun süreli işlem yapılan meyve suları hiçbir katkı içermese bile besin değerinin yok olması engellenemeyecektir)
- Süt yarım saat gibi uzun süre kaynatılırsa vitaminleri azalır. Süt kabarınca ateşten alınırsa, mikropları ölmez. Süt kabardıktan sonra karıştırılarak 4-5 dakika kaynatılıp hemen soğutulur. Cam kavanozda buzdolabında 1-2 gün saklanır.
- Yağ yakıldıktan sonra yemeğe konursa, sağlığa zararlı duruma gelir.

279 www.beslenme.saglik.gov.tr/index.php?lang=tr&page=116

- Yoğurdun yeşilimsi/sarı suyu atılırsa vitamin değeri azalır. Ayrıca yoğurt torbaya konup süzülür ve süzülen suyu atılırsa vitamin kaybı olur.
- Kapakları –hafif de olsa– içe veya dışa doğru bombaj yapmış konserveler sağlık için son derece zararlıdır.

Yeterli ve dengeli beslenmeyi sağlamak için her gün çeşitli besinlerden yeteri kadar alınmalıdır. Taze besinler hasat edilmelerinden itibaren mikroorganizma ve enzimlerin etkisine maruz kalırlar. Besini mikroorganizmaların etkisinden koruyabilmek ve enzim faaliyetlerini durdurabilecek bir ortam oluşturmak zorunluluğu vardır. Mikroorganizma ve enzimler belirli bir sıcaklık derecesinde faaliyet gösterdiklerine göre besinler soğuk yerde saklanırsa, tazeliklerini koruyabilirler.

Tablo 10: Taze Besinler Buzdolabında Ne Kadar Saklanabilir?

Besin	Saklama Süresi
Portakal, limon, elma, armut	1-2 hafta
Üzüm, şeftali, kayısı	4-5 gün
Kiraz	1-2 gün
Ispanak, marul, domates	2-3 gün
Lahana, havuç, kereviz	6-7 gün
Taze fasulye, bakla ve bezelye	3-4 gün
Kıyma ve küçük parça et	1 gün (eğer et taze ise)
Büyük parça et*	2-4 gün (eğer et taze ise)
Süt, taze lor veya çökelek	1-2 gün
Peynir, yoğurt, kaymak	5-7 gün
Yumurta	1-2 hafta
Pişmiş et yemekleri	1-2 gün
Zeytinyağlı yemekler	2-3 gün

* *Kasaptan alınan eti bir günden fazla bekletmeyiniz.*

Patates, karanlık, serin, kuru ve hava akımı olmayan yerlerde saklanır. Işık, patatesin renginin yeşile dönmesine neden olabilir. Soğan için en iyi saklama ortamı kuru, hava akımı olan serin yerdir. Kuru besinler serin, karanlık, kuru ve havalandırılabilen yerlerde saklanır. Kuru besinlerin saklandığı yerin nemli olması küflerin çoğalmasına neden olur. Besinler mümkünse raflarda, yerden yukarıda, ağzı kapalı kaplarda, birbirlerine benzeyenler bir araya konmak suretiyle saklanmalıdır.

Bakanlığın bu bilgileri ile fiili gerçekler ne kadar örtüşüyor sizce?

Hasat sonrasında hâl, manav, pazar yerleri, şarküteri, market, bakkal gibi satış noktalarında günler geçiren; yaz mevsiminde hasat edildiği halde kışın daha pahalı satılmak için kimyasallar eklenerek bekletilen gıdalar sahi ne kadar besleyici olabilir?

Müslüman'ın Ramazan diyeti

Ramazan'ın yaklaşmasıyla kimilerini Ramazan hürmetine hatırlanacak olmanın, kimilerini de arınma mevsiminin yeniden gelmesinin heyecanı sarar. Ne yazık ki, kimi nasipsizler için Ramazan, manevi duyguları sömürme ayına dönüşürken, kimileri içinse cömertlik ve yardımlaşmanın ayıdır. Kimimiz ruhunu ve duygularını Ramazan'a hazırlarken ne yazık ki, kimimizin hazırlığı mutfakla sınırlı kalır!

Sahurları, iftarları, teravihleri, Ramazan sohbetleri, Kadir gecesi ve sonundaki bayramıyla 11 ayın sultanıdır Ramazan. Oruç/Savm, baharda ağaçların filizlenmesi gibi iyilik filizlerini artırır. Ama ne yazık ki, günümüz insanı duygu filizlerini değil, gösteriş ve tüketim alışkanlıklarını yeşertebiliyor Ramazan'da.

Unutmamalıyız ki, Ramazan ayının asıl amacı; şatafatlı sofralar, gösteriş, riya, israf, kilolarımıza kilo katmak, ürünleri fahiş fiyata satarak fırsatçılık yapmak, mutfakları daha fazla gıda ile donatmak değildir. Ramazan; tefekkür etmek, muhasebe yapmak, arınmak, daha az yiyerek beden temizliği yapmak, daha fazla yardımlaşmak, daha yoğun ibadet, zekât, sadaka, iyilik, yetimleri daha fazla hatırlamak, fukarayı daha fazla gozetmek, teravih, sahur, iftar, sohbet, muhabbet demektir. Bu sayede de ruhu ve bedeni dinlendirmektir.

Üç aylar ve Ramazan

Her Müslüman ay takvimine göre her yılın bir ayını oruçlu geçirmekle mükelleftir. Recep ayı ile başlayıp Şaban ayı ile devam eden ve Ramazan ayı ile son bulan aylar '*üç aylar*' olarak bilinir.

Allah Rasülü (ﷺ) üç ayların ilk iki ayında şöyle dua ederlerdi: ***"Allah'ım bize Recep ve Şaban ayını mübarek kıl ve bizi Ramazan-ı Şerif'e ulaştır."***[280]

280 Hz. Enes r.a. rivâyeti: Ramuz El-Ehadis 532/10

Müslümanlar açısından son derece önemli olan Regâip, Miraç, Ber'at ve Kadir[281] geceleri bu aylardadır. Allah-ü Teâlâ (ﷻ) Bakara Suresi'nin 183. Âyet-i Kerimesi'nde *"Ey iman edenler! Allah'a karşı gelmekten sakınmanız için oruç sizden öncekilere farz kılındığı gibi, size de farz kılındı"* buyurarak, orucu[282] kesin bir dille emreder.

Hz. Peygamber (ﷺ) Ramazan'ın önemini Ebu Hureyre (r.a.)' den gelen rivâyetlerde şöyle anlatıyor: ***"Ramazan ayı geldiğinde Cennet'in kapıları açılır, Cehennem kapıları kapanır ve şeytanlar zincire vurulur."***[283]

Ramazan'da Âdemoğlunun her ameli katlanır. ***"Hayırlı ameller en az on misliyle yazılır."***[284] ***"Bu, yedi yüz misline kadar çıkar."*** [285]

Nasıl ki, namaz için alınan abdest gün boyu bedeni temiz tutuyorsa, oruç da hem arınma sağlar, hem de bedenin fiziksel aktivitesini güçlendirir. On bir ay, gün boyu tüketilenleri sindirmekle mükellef olan ağız, mide, karaciğer, böbrek, bağırsak, pankreas gibi sindirim organları, Ramazan ayı boyunca çok daha düşük bir hızda çalışarak adeta istirahat ettirilir. Bu sayede varsa sıkıntılarını gidererek zindeleşirler. Oruç sayesinde beden yıl boyu biriktirdiği kirlerden ve yağlardan arınır. Diğer ibadetlerde olduğu gibi kulun sağlığı açısından konulmuş bir ibadettir ve bu farziyetteki hikmetleri modern tıp henüz yeni yeni fark etmektedir.

Bütün insanlar bilir ki, Ramazan ayında hem toplum huzuru artar, hem hastalıklar önemli ölçüde azalır. Müslümanların çoğunlukta olduğu beldelerde iftar saatinde bütün hayat durur ve inananı inanmayanı, oruç tutanı tutmayanı evlere koşturur, sofra başında ezanı bekler.

Savm imsak vaktiyle başlayan ve iftar vaktiyle sona eren bir ibadettir. Ancak günümüzde insanlar hem iftar, hem de sahurda diğer günlerden daha fazla yiyerek orucun sıhhatine zarar verebiliyor. Ramazan'a 75 kilo giren bir kimse ilave kilo alarak tamamlıyorsa veya bayrama hâlâ 75 kilo olarak ulaşıyorsa, o kişi orucun kendisine sağlayacağı yararlardan bedenini mahrum etmiş demektir. Bilakis bedenin istirahat ve arınma hakkını engellemiş ve kendine zul-

281 Bakınız Kadir Suresi
282 Arapçası "savm" olan oruç, Türkçenin Azerî lehçesinden bize geçmiş bir kelimedir.
283 Buhârî, Oruç 5; Müslim, Oruç, 1, İbn Mâce, Oruç 2
284 Bakınız En'am Suresi 160.
285 Bakınız Bakara Suresi 261.

metmiştir. Şâyet Ramazan ayı ile diğer aylar arasında hem fizyolojik, hem de ruhî bir değişim olmayacaksa oruç tutmanın bir anlamı olabilir mi? Kullarının aç kalmasından Allah(ﷻ)'ın hâşâ bir menfaati olmadığına göre, oruç tutarak aç kalmamız maddî ve manevî bir arınma sağlamayacak ise niye kendimizi bazı nimetlerden mahrûm edelim ki?

O halde orucu nasıl tutmalı? Orucun maddi ve manevi arınmasından nasıl yararlanmalı? Normal günlerde çoğu kimse için iki öğün yeterken, oruçlu iken dört beş öğün yemekten nasıl korunabiliriz? Bu soruların cevabını Ramazan sofralarımız ile tüketme biçimimizi gözden geçirerek verebiliriz.

Ramazan'da nelere dikkat etmeli?

Ramazan yemek ayı değildir, çok yemek ayı hiç değildir. İşte dikkat edilecekler listesi:

- Ramazan'da yiyeceğiniz gıdalar her zamanki gibi 'tayyib' olmalı!
- Beyaz ekmek, reçel ve baklava gibi tatlılar, şekerli çay, çeltiği olmayan beyaz pirinç pilavı, patates kızartması gibi ürünler sağlıksızdır, daha da önemlisi oruçlu kimseyi çok çabuk acıktırır. Katkısız tam tahıldan üretilmiş soğuk ekmekler tercih edilmelidir.
- Çay, maden suyu, meyve suyu, gazlı içecekler, kola vs vücudun su ihtiyacını gidermezler. Bu nedenle, iftar ve sahur arasında en az 2-2,5 litre –çok terleyenler ve kilolular için daha fazla– su tüketilmelidir.
- Sucuk, salam, sosis, hazır çorba gibi ürünler, Çin tuzu olarak bilinen MSG içereceğinden bağımlılık yaparlar, daha da önemlisi susuzluğunuzu artırırlar.
- Şeker, tatlandırıcı ve bunları içeren gıdalar, acıkmayı ve susamayı hızlandırırlar.
- Gazlı içecekler, hazır meyve suları, kolalar ve dondurmalar özellikle Ramazan'da tüketilmemeliler. Bunların yerine pekmezle yapılmış hoşaf ve diğer şerbetler tiçilmelidir.
- Az yemek değil, bilakis çok yemek daha fazla acıktırır.
- Soya ve mısırla beslenen tavuğun etinden uzak durulmalı, iyi pişmiş kuzu ve keçi eti tercih edilmelidir.
- Hazır yoğurtlar jelâtin, nişasta, margarin gibi katkılar içerme ihtimali çok yüksek olan ürünlerdir, yemeyiniz. Ev yapımı yoğurtlar tercih edilmelidir.
- Gece yatarken bir şeyler atıştırıp uyumak yerine sahura kalkılmalıdır.
- Bol lif içeren meyveler başta olmak üzere meyve-sebze yenilmelidir. Yaz ise taze, kış ise kuru meyveler ıslatılıp yumuşatılarak veya hoşaf yapılarak yenmeli, kan ve kan şekeri dengelenmelidir.

- Tuzlu ürünlerden, özellikle sahurda salamura zeytin, turşu gibi aşırı tuzlu ürünlerden (su ihtiyacını artıracaklarından) mutlaka uzak durulmalıdır. Zeytin gibi tuzlu gıdalar iftarda yenilebilir.
- Sahurda aşırı soğuk ve sıcak gıdalar tüketmek gaz ve mide sorunlarına yol açacağından uzak durulmalıdır.
- Bir iki yemek kaşığı sızma zeytinyağı eklenmiş salatalardan bol miktarda tüketilmesi bağırsak sağlığı için son derece önemlidir.
- Yemeklerden sonra maden suyu içerek rahatlamaya çalışanlar, orucun manasından oldukça uzak demektir!

Sahurda nasıl ve ne yemeli, ne yememeli?

Enes b. Mâlik'ten (r.a) gelen rivâyette Rasülullah (ﷺ) şöyle buyurur: "***Sahurda yemek yiyin. Çünkü sahurda yemek yemede bereket vardır.***"[286] Efendimiz sahurda yemek yememizi istiyorsa, ihtiyacımız olmasa bile sadece O (ﷻ) (ﷺ)'nun arzusu ve hatırı için kalkıp sahur yemeği yemek, hiç olmasa bir bardak su içmek gerekir.

Kaldı ki, bir başka Hadis-i Şeriflerinde Allah (ﷻ)'ın elçisi (ﷺ) şöyle buyurur: "***Sahur berekettir. Bir yudum su ile de olsa onu terk etmeyiniz. Şüphesiz sahur yiyenleri Allah bağışlar, melekler onun için dua ederler.***"[287]

Seher vaktinde uyanıp sahur yemeği yemek hem orucun sağlıklı bir şekilde tutulmasını sağlayacak, hem de bedenin en azından su ihtiyacı karşılanmış olacaktır. Ancak günümüzde insanların çoğu hem sahurda, hem de iftarda tüketilmemesi gereken ne varsa yiyorlar. Belirtmeliyiz ki, sahur yemeği için en az yarım saatlik bir zaman ayrılmalıdır. Bunun için imsak vaktinden 45 dakika önce uyanıp, abdest aldıktan sonra iki rekât da olsa namaz kılmak bedeni uyku mahmurluğundan kurtarır. Böylece vücut yemek yemeye hazır hâle getirilmiş olur.

Nasıl bir sahur sofrası?

Bol miktarda mineral, vitamin, protein, karbonhidrat, lif ve yağ barındıran hurma, iftarda olduğu gibi sahurun da vazgeçilmezi olmalıdır. A, B1, B2, B3, B6 vitaminleri, sodyum, potasyum, kalsiyum, magnezyum, demir, kükürt, fos-

286 Buhârî, *Oruç* 20; Tirmizî, *Oruç* 17/708; Nesâî, *Oruç* 18; Ahmed b. Hanbel, Müsned, 3/99, 258-281.
287 Ahmed b. Hanbel, 3/44 - 4/370.

for, klor, betakaroten, folik asit içeren hurmanın Ramazan'da yenilmesi, bedenin daha zinde olmasını sağlar. Ayrıca tatlı olmasına karşın ölçülü olmak kaydıyla hurma ve üzüm, kan şekerini yükseltmediği gibi susuzluğu da artırmaz. Şâyet mevsim yaz ise hurmanın salatalık, kavun ve karpuzla birlikte yenilmesi beden ısısının artmasını engeller. Mevsim kış ise semizotu ve marul gibi kışlık yeşillikler ve yeşil zeytinle birlikte yenilmelidir.Sahur sofrasına en az iki bardak su içerek başlanmalıdır.

- Ardından hurma veya şekersiz hafif tatlılar yenilmelidir.
- Üç beş dakika ara verip, mevsimine uygun zeytinyağı eklenmiş salata ile devam edilmelidir.
- Salatadan sonra da yine birkaç dakika ara vermek sağlıklı bir beslenme için oldukça önemlidir.
- Doyulmamış ise ev yapımı çorba, ev yapımı yoğurt, ev yapımı az tuzlu veya tuzsuz ayran, mevsimine göre yaş veya kuru sebze veya bakliyat yemeği, pilav, şekersiz komposto/hoşaf ve soğuk tam tahıl ekmeği sahur için ideal bir öğündür.
- 15-20 dakika ara verilerek tercihen sıcak olmayan şekersiz yeşil çay veya oldukça açık siyah çay ve oda sıcaklığında su içilmelidir.

Sahurda yenilebilecek diğer gıdalar: Zeytinyağlı hafif yemekler, pastörize ve UHT edilmemiş normal süt, kavrulmamış tuzsuz badem ve çiğ fındık...

Mü'min için iftar zifaf gibidir!

Ramazan'da iftar heyecanını sadece hak edenler hissederler. İftar anında bütün insanları sofralarda toplamayı, Allah (ﷻ)'tan başka hangi güç başarabilir? Hangi otorite buna güç yetirebilir? Oruç tutan-tutmayan herkesi iftar anında cem eden güç hiç kuşkusuz Allah'tır!

Çünkü o an, oruçlu için zifaf anıdır. Çünkü o an, oruçlu kimseler için cennetin tadına varma anıdır. Hiç kuşkusuz o anın tadını, hazzını ve huzurunu bir güne yakın bir süreyi yalnızca Allah (ﷻ)'ın rızasını kazanmak için aç susuz geçiren, hatta eline, diline ve beline sadece Allah (ﷻ) için sahip olan kullar bilir.

Bazı anlar vardır ki, Allah (ﷻ) kulunun o andaki yakarışını/duasını reddetmez. İftar anının da bu anlardan biri olduğunu Rasülullah (ﷺ) şöyle anlatıyor: ***"Şüphesiz her oruçlu için iftarını açtığında reddedilmeyen bir dua vardır."***[288]

288 Abdullah İbn-i Amr İbni'l As r.a. rivâyeti: İbn-i Mâce, *Oruç* 5/15-17

İftara nasıl başlamalı?

Günde 16-17 saat hatta bazı beldelerde daha uzun süre aç susuz bekleyen Müslümanlar acaba neyle ve nasıl iftar etmeliler? Hangi iftar şekli hem sünnete uygun, hem de sağlıklıdır? Peşinen şunu söyleyelim: İster zemzemin bol olduğu Mescid-i Haram ya da Mescid-i Nebi'de olsun, isterse diğer iftar sofralarında kola ile iftar etmek caiz değildir!

Nasıl iftar edilmesi gerektiğini de Rasülullah (ﷺ)'dan öğreniyoruz: ***"Sizden biriniz orucunu açacağında hurma ile açsın. Çünkü o hurma bereketlidir. Hurma bulamayan su ile iftar etsin, çünkü su temizdir."***[289] Konuyla ilgili Enes'ten (r.a.) gelen diğer rivâyette ise şöyle buyruluyor: ***"Rasülullah akşam namazını kılmadan önce, birkaç yaş hurma ile iftar ederdi. Eğer yaş hurma bulamazsa, birkaç kuru hurma ile orucunu açardı. Şâyet kuru hurma da bulamazsa birkaç yudum su içerdi."***[290]

Kâbe'-ı Muazzam'da ve Mescid-i Nebi'de her yer, eşi ve benzeri olmayan hurma ve zemzemle doluyken, kola gibi bir zehirle iftar eden ya da sofralarında hurma[291] yerine kola ya da sentetik tatlılar bulunduran Müslümanlar için biz söyleyecek söz bulamıyoruz. Ya siz?

Nasıl iftar etmeli?

Mervan İbn-i Salim (r.a.) ve İbn-i Ömer (r.a.), iftar edilince Efendimizin (ﷺ) şöyle buyurduğunu rivâyet ediyorlar: ***"Susuzluk gitti, damarlar ıslandı, İnşallah-ü Teâlâ sevap kesinleşti."***[292]

Şâyet akşam namazı için camiye gidilmemiş ise sofranın başında ezanı dua ile beklemelidir. Ezan okunduğunda önce Rasülullah (ﷺ) gibi yaş veya kuru hurma ile 'besmele' çekerek iftar etmeli, ardından da Efendimiz (ﷺ) gibi ***"Allahümme leke sumtü ve alâ rızguke eftartü / Ey Allah'ım! Senin rızan için oruç tuttum ve senin rızkınla orucumu açıyorum"***[293]şeklinde dua edip ardından birkaç bardak su içilmelidir.

289 Selman b. Âmir ed Dabbî ve İbn Uyeyne r.a. rivâyetleri: Ebu Davud, *Oruç*, 21; İbn Mâce, *Oruç* 25
290 Ebu Davud, Oruç 2356; Tirmizi, *Oruç* 694, Riyaz'üs-Sâlihîn 4/467
291 İftarda yalnızca bir adet hurma değil, tatlı yerine beş veya mümkünse daha fazla hurma yenilmesi sağlık açısından son derece önemli ve yararlıdır.
292 Ebu Davud 9/201-202; Dârekutnî, Sünen, II/185; Beyhakî, IV/239.
293 Mu'âz İbnu Zühre rivâyeti: Ebu Davud, Oruç 9/202; Beyhakî, es-Sünenü'1-kübra IV/239

Mevsimine göre kavun, karpuz veya başka bir meyve ya da salata yedikten sonra mutlaka sofradan kalkmalı ve akşam namazı eda edilmelidir. Ayrıca unutulmamalıdır ki, akşam namazının vakti son derece sınırlıdır. Bazen teravihe katılımın artırılması için yatsı geç okunur. Ezanın beklenmesi durumunda akşamın vakti çoktan geçmiş olabilir.[294]

Burada unutulmaması gereken en önemli noktalardan biri de iftar sofralarının fakirlerle zenginleştirilmesidir. Bu konuda Rasülullah (ﷺ) şöyle buyurdular: ***"Kim bir oruçluya iftar ettirirse, kendisine onun sevabı kadar sevap yazılır. Üstelik bu sebeple oruçlunun sevabından hiçbir eksiltme olmaz."***[295]

Nasıl bir iftar sofrası?

Şâyet iftar soframız diğer günlerdeki sofralardan daha farklı olmayacaksa başta da ifade edildiği üzere, oruç mânâsını yitirecek ve maddî-manevî yararı yok olabilecektir. Bu nedenle Ramazan gelince mutfaklardaki ve sofralardaki gıda çeşitliliğini artırmak bir yana bilakis azaltılmalıdır. Hâkeza sofralardaki yemeklerin miktarı da azalmalıdır. Aksi halde ne beklenen yarar oluşur, ne de yeterli gıdaya erişemeyen canlıların hâlleri anlaşılabilir.

Aç bir mideye aralıksız yemek doldurmak, mide başta olmak üzere sindirim sisteminde tarifsiz bir ifsat meydana getirir. Üstüne ne kadar çok maden suyu içilirse içilsin mesele çözülemeyecektir! Burada da ölçünün kaçırılmaması gerekir. Akşam namazı sonrasında da 25-30 dakika süresince aheste aheste yenilmelidir. Bazı kimselerin bir yudum su üstüne sigara yakmaları ise hiçbir izahı olmayan davranıştır ve kendi bedenlerine uyguladıkları en büyük zulümdür. Namaz sonrasındaki ikinci safhaya ev yapımı ılık bir çorba ile başlayıp, sulu yemek, pilav, hoşaf, yoğurt ve/veya ayranla devam etmek gerekir. Üstüne en fazla bir bardak su içip teravihe hazırlanılmalıdır.

Bir güne yakın bir süre aç kalmış mideye çeşit çeşit gıdaları, üstelik farklı ısılarda göndermek, insanın kendine kötülük yapmasından başka bir şey değildir. Bu tavsiyelerin, alışkanlıklara ters olduğunu biliyoruz elbette. Ama eski alışkanlıkların doğru olmadığı da gün gibi ortada! Önceki bölümlerde de ifade edildiği üzere, insanın az yemesi çok yemesinden her zaman hayırlıdır. Akşam

294 Kaldı ki başta Prof Dr Abdülaziz Bayındır hoca olmak üzere bazı kimseler bu tür ezanın geç okunması ile imsak vaktinin erken başlatılarak sabah namazının vaktinden önce kılındığı gibi önemli eleştiriler yöneltmektedirler.
295 Ebu Hureyre r.a. rivâyeti: Tirmizi, Oruç, 82-3/171 İbn Mâce, Oruç, 45-1/555; Ebu Davud, Oruç, 14-2/302; Darimi, Oruç, 4/24-25

yemeğinde verilen namaz arası, ciddi bir tüketim kontrolü sağlayacaktır. Bu hem mûtedil, hem de sünnete uygun bir davranıştır.

Teravihe gidilmeyecekse çay yemekten en az bir saat sonra içilmelidir. Gidilecekse çayın teravih sonrasına bırakılması iyi olur. Teravih sonrasında şekersiz çay ve bol miktarda su içilebilir. Aralarında bir saatten az bir zaman dilimi olmamak şartıyla meyve tüketilebilir. Özellikle yaz için karpuz gibi bol sulu meyvelerin tüketimi oldukça yararlı olacaktır.

İftar ve sahur sonrasında ağız temizliği de ihmal edilmemesi gereken zorunluluklardandır. Efendimiz (ﷺ)'in iftarda, sahurda ve oruçlu iken misvak kullandığını da aşağıdaki rivâyetlerden anlıyoruz. Hz. Âişe (r.a.) annemiz, Rasülullah (ﷺ)'ın "***Oruçlunun hayırlı hasletlerinden birisi, misvak kullanmasıdır***"[296] buyurduğunu nakdediyor. Büyük fakih Abdullah İbn-i Ömer (r.a.) ise Efendimiz (ﷺ)'in oruçluyken, günün başında (sahurda) ve sonunda (iftarda) misvak kullandığını bildiriyor. Âmir İbn-i Rebia (r.a.) ise "***Ben Rasülullah aleyhissalatu vesselâmın, oruçlu iken misvak kullandığını sayamayacağım kadar çok gördüm***" buyuruyor.

Ramazan, gerçek Ramazan olsun isteyenler, Ramazan'ı Somali'de, Filistin'de hatta Haiti'de imiş gibi geçirebilir ve bunun için hiç olmazsa sofranın yarısını kardeş payı yapabilirler. İşte o zaman Ramazan, arzulanan Ramazan olur.

Geldiyse Ramazan ve razıysa bizden, işte o zaman, gerçekten Ramazan!
Yoksa gel zaman git zaman, sonra bir gün biter bu zaman.
İşte o zaman, sonsuz açlık ve susuzluk...
Ramazan, ya gerçek, ya da hayal!

Ramazanlarımızın hakkıyla ihya edilmiş gerçek Ramazanlar olmasını dileriz. Allah'ım! Ramazanlarımızı bize mübarek ve şefaatçi kıl! (Âmin!)

296 İbni Mace, *Oruç*, 4/579-580

Hayat kurtaran 20 tavsiye

Kaliteli bir hayat, sağlıklı beslenme ve temiz bir çevre ile mümkündür. İnsanlar yediklerinin niteliğine değil de sadece hazza odaklandıkça sahte açlığın ağına düşüyorlar. Ortalık hazzının kölesi olan şişman ve obez insanlarla dolu. Halbûki değiştirmek ve değişmek sanıldığı kadar zor değil. Allah (ﷻ), İnşirah Suresi'nde[297] ***her zorluktan sonra bir kolaylık*** vaat ediyor. ***"Muhakkak ki Allah vaadinden dönmez!"***[298] ama bizim de kendimize yardımcı olmamız gerekir.

1. Şekerden kurtulun!

Günümüz gıdalarının en vazgeçilmezi rafine şekerdir. Şeker sadece tatlı gıdaların değil, içeceklerden ekmeğe kadar sayısız işlenmiş gıdanın içinde vardır. Sağlıklı bir beslenme için ilk yapılması gereken, en kötü kalorilerden biri olan şekerden kurtulmaktır. Şekerden kurtulmanın birinci yolu çayı şekersiz içmek,[299] ikinci yolu ise tabiî maden suyu hariç tüm hazır içecekleri terk etmektir.

Şekerden kaçınırken tatlandırıcıların ağına düşmeyiniz. Tatlandırıcı kimyasalların hiçbirinin güvensiz olduğu sayısız kez ispatlanmıştır. Arka arkaya yayınlanan birçok çalışma, tatlandırıcıların kilo vermeye yardımcı olmak bir yana, kilo almaya yol açabileceklerini gösterdi.[300] Vücudun şeker ihtiyacını, endüstriyel şeker veya tatlandırıcılar yerine, tabiî gıdalar ile (sözgelimi hurma, meyve ve meyve kuruları ile) karşılayınız. Rafine şeker ve kimyasal tüm tatlandırıcılar alkol gibi bağımlılık yapar. Miktar azaltılarak, bağımlılıktan kurtulmak mümkün değildir. Şekeri tamamen kesmek gerekir. Biraz sabır, bu derdin en iyi ilacıdır.

297 İnşirah Suresi 5-6: *"Muhakkak güçlükle beraber bir kolaylık vardır. Gerçekten güçlükle beraber bir kolaylık (daha) vardır."*
298 Ra'd Suresi 31
299 Şekersiz çaya geçmenin ilk adımı, demli çayı bırakıp açık çaya geçmektir. 5 ila 21 gün şekersiz çaya sabredilmelidir. Göreceksiniz 21. günden sonra şekerli çay isteği sona erecektir. Yeşil çay içemeyenler ise siyah çayla yeşili karıştırabilirler.
300 Prof. Dr. Osman Müftüoğlu, *Şeker mi Tatlandırıcı mı?* 27.4.2012 *Hürriyet*

2. Ununuzu/ekmeğinizi değiştirin!

Sağlığınızın altını oyan beyaz ve katkılı unlar ve bunlardan mamul ürünler yerine, tam tahıllar tercih edilmelidir. Bazı üreticiler, unlarına C vitamini adı altında askorbik asit (E300)[301] ekler. Gerek unlara, gerekse diğer ürünlere eklenen kısırlaştırıcı etkisi olan bu maddeden şiddetli kaçınılmalıdır. Kabuklu pirinç, kimyasal eklenmemiş bulgur tüketin.

3. Tuzunuzu değiştirin!

Medyanın düşman ilan ettiğine aldırmayın. Tuzsuz bir hayat mümkün değildir. Yanlış olan tuz değil, rafine tuz ve MSG'li ürün tüketmektir. Rafine edilmiş beyaz tuzdan mutlaka kurtulun. Çankırı, Kırşehir, Kemah gibi bölgelerden usulüne uygun çıkarılan öğütülmüş kaya tuzu kullanın. İşlenmiş endüstriyel gıdaların çok büyük bir kısmında Çin tuzu olarak da bilinen MSG bulunmaktadır. MSG'li ürünleri hiçbir şartta tüketmeyin.

4. Sızma zeytinyağı yiyin!

Hz. Peygamber (ﷺ)'in buyurduğu gibi zeytinin hem meyvesi, hem de yağı şifadır. Sağlıklı bir hayat sürmek isteyen ve hayatının kıymetini bilen kişi dünyanın en iktisatlı ve en sağlıklı yağı olan 'sızma zeytinyağını' tüketir. Yağ denilmeyi en çok hak eden yağ, sızma zeytinyağıdır. Soya, kanola/kolza ve pamuk yağları mutlaka uzak durulması gereken sözde yağlardır. Özellikle soya ve kanolanın yüzde yüzü GDO'ludur.[302] Zeytinyağı dışındaki sofralık yağları üretmek (zeytin dışındaki gıdaların yağını çıkarmak) için **kloroetilen gibi çözücüler** kullanılır. Endüstriyel işlem esnasında gıda güvenliğinden zorunlu olarak taviz verilir. Bitkinin işlenmesi sırasında yemeklik olmayan yağların yemeklik yağa karışmasına neden olur. İşleme sırasında çok sayıda kimyevî madde kullanılır. Netice de doymuş yağ oluşur.[303] Tüketiciler yağ tükettiklerini sanırken, aslında kimyevî madde yerler.

5. Meyve suyu değil meyve yiyin!

Meyvenin suyunu çıkarıp içmek yerine, meyvenin kendisini yemeyi tercih edin. Meyve lif içerdiğinden hazmı kolaylaştıracak, yüksek besin sağlayacak, iştahı dengeleyecek, kilo kontrolü sağlayacak ve bağırsak hareketlerini hızlandıracaktır. Posasız/**lifsiz işlenmiş ürünler tüketildiğinde beynin iştah şalteri**

301 Gıdalarda antioksidan olarak eklenen askorbik asit (E300), ticari olarak, glukozun bakteriyel fermentasyonuyla sentezlenir. Üretim sürecinde çoğu kez GDO'lu bakteriler kullanılır. Askorbik asitin ishal ve böbrek taşına neden olduğu görülmüştür.
302 Mehdi Eker: "Dünyada üretilen soyanın tamamı genetiği değiştirilmiştir." (14 Nisan 2012, AHaber, Deşifre)
303 Vandana Shiva, *Çalınmış Hasat*, s. 41, bgst Yay.

hep açık kalacaktır. Çoğu kimyasal olan sözde meyve sularını asla tüketmeyin. Meyve suyu olarak pazarlanan ürünlerde (diğer dertler bir yana) şeker ve tatlandırıcı türleri yer alır.

6. Su tüketiminizi yeterli hâle getirin!

Vücudun en çok ihtiyaç duyduğu besin sudur. Gıdaları hazmetmek için dahi suya ihtiyaç duyulur. Az su içmek telafi güç sıhhatsizliğe neden olur. Su tüketimi günlük iki litrenin altında ise mutlaka artırınız. Suyun dışında hiçbir içecek vücudun su ihtiyacını karşılamaz. Kötü içeceklerin reklâmlarına aldanmayın, **'susadıkça' gazlı içecekler değil yalnızca su için.** Su eksikliği giderilmediğinde açlık hissi artar. Bu nedenle çoğu kez susuzluk ve açlık sinyalleri birbirine karışır. Su eksikliği nedeniyle bağırsaklar çalışamazsa metabolizma yavaşlar ve bu da kilo alımına neden olur. Hissin açlık mı, susuzluk mu olduğunu anlamanın en iyi yolu, bir iki bardak su içip bir süre beklemektir.

7. Doğru çay, doğru kahve için!

Çayın aslı yeşildir ve fermente edilerek siyahlaştırılır. Bu süreçte önemli bir besin kaybına uğrar. Bu nedenle siyah çay yerine yeşil çay içilmelidir. Türk çayı dünyanın en sağlıklı çayı olmakla birlikte kimyasal gübre içerir. Bu nedenle *geleneksel sertifikalı,* hiç olmazsa organik sertifikalı çaylar tercih edilmelidir. Ambalajlanmış bazı bitki çaylarına aromalar eklenmiş olabilir, dikkat edilmelidir. Üçü bir arada, ikisi bir arada gibi batı kültürünün çok sayıda sağlıksız katkı içeren sözde hazır kahvelerini hiçbir şekilde tüketmemelidir. Bunlar yerine şekersiz **Türk Kahvesi** içilebilir. Türkiye'de yaygın olarak kullanılan bir ürünün etiketinde, 'şeker, kahve beyazlatıcısı (glikoz şurubu[304], hindistancevizi yağı, sodyum kazeinat[305]), stabilizör (potasyum fosfat[306], polifosfat[307]) emilgatör (yağ asitlerinin mono ve digliseritleri[308], sitrik asit esteri), slikon dioksin[309], gingseng eksraktı, guarana eksraktı, çözünebilir kahve' içerdiği yazıyor. Adı kahve olan üründe kahve kendine en son sırada yer bulabilmiş. Bu sözde kahvelerin bırakınız 40 yılı 40 saniyelik bile hatırları olmaz!

304 Mısırdan elde edilmekte olup GDO'lu olabilir.

305 E469, şişkinlik, kabızlık, ishal gibi bağırsak problemlerine yol açar. Kanserojen olduğu tespit edildiği için yasaklanması yönünde çağrılar yapılır.

306 E340, hiperaktiviteye, bağırsak sorunlarına, vücüttaki kalsiyum-fosfor dengesinin bozulmasına neden olabilir.

307 E452: Fosfatlar genel metabolizmada önemli rol oynadıklarından, fosfatların yüksek konsantrasyonları birçok metabolik işleme zarar verebilir. Hiperaktiviteye, minerallerin emiliminin azalmasına ve bağırsak sorunlarına neden olabilir.

308 Bitkisel, hayvansal kaynaklı olabildiği gibi GDO'lu olma ihtimali de oldukça yüksektir. Hayvansal deneylerde büyümenin engellenmesine, esantiyel yağların emiliminin azalmasına, karaciğer ve böbreklerin büyümesine, testislerin küçülmesine ve rahmin zedelenmesine neden olabilir. FDA diglisitlerin kanserojen olma olasılığını ve cinsel organlardaki etkisini belirtmek için araştırma yapmayı planlıyor. Müslümanlara, Yahudilere ve vejetaryenlere bu ürünlerden uzak durmaları tavsiye ediliyor.

309 FoodWatch sözcüsü Christiane Gross, "Dioksinin etkisi uzun sürede belli olur. Alındıktan sonra vücut içinde miktarı ve etkinliği giderek artar, kanser gibi ciddi hastalıklara yol açabilir" diye uyarıyor.

8. Gazlı içecekleri hayatınızdan çıkarın!

Kolada, sade veya aromalı[310] her türlü gazlı içecekte boya maddeleri, sodyum benzoat (E211), sülfat tozu (E220-E228 aralığı), karamel (E150)[311], kafein, alkol, sakkaroz, glikoz, fruktoz, invert şeker (veya bunların şurupları), tatlandırıcılar[312], aromalar, laktik asit (E270), uçucu asitler, satüre edilmiş karbondioksit gazı ve diğer katkı maddeleri bulunur. Bu tür içeceklerin obezite, diyabet, diş çürümesi, kemik erimesi, mide sorunları, kalp ve damar hastalıkları, baş ağrısı, astım, alerji, böbrek taşı, nöropsikiatrik bozukluk ve beslenme sorunları gibi çok sayıda probleme neden olduğunu artık sağır sultan bile duydu.

Miami Miller ve Colombia Üniversiteleri 2.564 kişi üzerinde on yıl süren bir çalışma yaptı. Bu ürünlerden her gün az miktarda alanlarda bile kalp krizi riskinin yüzde 43 oranında arttığı görüldü. Bağımlılık yapıcı birçok madde içermesi nedeniyle uyuşturucu etkisi yapan bu ürünleri hayatınızdan çıkarınız. Bu gazlı içecekler obezite ve şişmanlığın en önemli kaynaklarıdır. İçerdiği maddeler besinlerin sindirilmesini engeller. Su alımını engellediği gibi aşırı idrar çıkışına da neden olduğundan vücudun yüksek oranda su kaybetmesine yol açarlar.

9. Bisküvi, çikolata ve keklerden kurtulun!

Acıktığınızda bisküvi, kek, çikolata gibi kimyevî zehirler yerine gerçek yemekler yiyin, açlığınızı sentetik atıştırmalıklarla değil doğru gıdalarla sona erdirin. Mesela acıktığınızda bir paket bisküvi yerine hurma, fındık, ceviz veya badem yiyin. Bisküviler içerdikleri lezzet artırıcı yapay katkılar nedeniyle tüketenlere mutluluk verirler. Sonrasında ise hemen açlık ve yorgunluk hissedilir. Oysa fındık, ceviz veya badem hem besler, hem de enerji verir. Çikolata olarak pazarlanan ürünler gerçek çikolata değildir. Bu ürünler açlığı azaltmaz bilakis artırırlar. Şişmanlık ve obeziteye neden olurlar. Çikolata hakkında çıkan olumlu haberler, tümüyle endüstri tarafından uydurulan yalanlardır. Çikolata yerine hurma, siyah kuru üzüm, keten tohumu, yulaf, erik, dut, kayısı gibi meyve kuruları veya mevsiminde ise meyvenin kendisini yiyin. Bu ürünler kan şekerini dengeleyerek iştahınızı kontrol edecektir. Böylece hem sağlıklı beslenir, hem de kilo almazsınız. İştahınızı hızlı atıştırmalıklar yerine çubuk tarçın, karanfil, demlenmiş yeşil çay içerek kontrol edin ve sakinleşin.

310 Aroma, taklit ettiği ürünün kokusunu veren kimyasal bir maddedir. Besin değeri olmadığı gibi sağlığımızı da tehdit eder.
311 E150'nin a,b,c,d olmak üzere dört ayrı türevi vardır. ABD Gıda ve İlaç Dairesi'ne (FDA) içeceklere renk vermek için kullanılan karamelin riskleriyle (fareler üzerinde yapılan deneylerde karaciğer, akciğer ve tiroid kanserlerine yol açtığı görüldü) ilgili birçok şikâyet geliyor. Karamel, kola, çikolata ve ekmek gibi birçok üründe kullanılmaktadır.
312 Obezitenin ana nedenlerinden biri olan ve bir bölümü GDO'lu bitki ve bakterilerden elde edilen E950-E967 aralığındaki tatlandırıcılar.

10. Sirkeyle tanışın ya da sirkenizi değiştirin!

Hayatınızda sirke yoksa mutlaka sirkeyle tanışın. Rafta satılan sirkelerin çoğu asit vb katkı maddeleri içerir. Gülden elmaya, vişneden ahududuna kadar onlarca tür bitkiden yapılan ev yapımı geleneksek sirkeleri kullanın. Bunların bir bölümü meyve suyu gibi de tüketilebilirler. Sirke gıdaların temizliği başta olmak üzere birçok alanda temizlik maddesi olarak da kullanılabilir.

11. Spor yapın, spora başlayın!

Şâyet spor yapıyorsanız mutlaka devam edin. Yapmıyorsanız spora başlayın. Mesefayi kademe kademe artırarak günde en az 1 km yürüyün. Yürüyerek gidilebilecek yerlere, araç kullanmadan yürüyerek gidin. Yürüme temponuzu yükseltin. Günlük yürümenizi 1 saatten aşağı düşürmeyin. Bu tür aktiviteler kan şekerini ve iştahı düzenleyerek tatlılara olan düşkünlüğü azaltır.

12. Alkol ve türevlerinden uzak durun!

Günümüzde alkol yalnızca alkollü içeceklerde yer almaz. Alkolsüz bira, alkolsüz içecekler, meyve suları, meyve salataları gibi ürünlere de alkol eklenir. Alkol dışında, maltozdan üretilen sentetik şeker alkolü gibi tatlandırıcılardan da sakınmak gerekir.

13. Katkı maddeleriyle aranıza mesafe koyun!

Endüstri, ürünün hacim ve lezzetini artırmak, raf ömrünü uzatmak, küfü engellemek, homojenleştirmek gibi amaçlarla binlerce katkı maddesi kullanıyor. Bu maddelerin bir bölümü bitkisel, bir bölümü hayvansal, bir bölümü ise sentetiktir. Katkı maddelerinin önemli bir kısmı, artık bakterilerin genetik yapısı değiştirilerek elde ediliyor. Sağlığı bozduğu kesinleşen katkı maddelerini içeren ürünlerden kesinlikle uzak durulmalıdır. Özellikle soya ve mısır ile bunların türevlerini içeren hiçbir gıdayı tüketmeyiniz.

14. Her şeyi mevsiminde yiyin!

Hiçbir gıdayı gerekmedikçe mevsimi dışında yemeyiniz. Yaşadığınız coğrafyanın ürünlerini satın almaya gayret ediniz. Günümüzde yörelerin adları kullanılarak endüstriyel katkılı sahte gıdalar satılmaktadır. '***Yöresel***' adlara kanmayınız, gerçekten endüstriyel işlem görmemiş yörenizde yetişmiş gıdaları yiyiniz.

15. Endüstriyel gıdalardan uzak durun!

Yoğurt, sütün yoğurtla mayalanmasıyla oluşur, yapımı kolaydır ve çok yararlıdır. Endüstriyel yoğurtta işler çetrefilli ve çetrefilli olduğu kadar da sağlıksızdır. Bozulmayı geciktirmek gibi amaçlarla kullanılan yapay mayalar, mısır nişastası, jelâtin, parafin, gerçek yoğurtta asla olmayan ve olmaması gereken katkılar, eklenen margarinler... Bir ürün gördüğü her işlemde besin değerini kaybeder. İşlem sayısı arttıkça kayıp da artar. Eklenen katkıların meydana getirdiği reaksiyonlar da başka sıkıntıların ortaya çıkmasına neden olur. Bu nedenle işlem görmemiş ürünler tüketilmelidir. Sağlıklı beslenmek için geleneksel tohumdan üretilmiş, kimyevi maddelere maruz kalmamalı, rafine ve pastörize edilmemiş, UHT gibi işlemlerden geçmemiş ve hiç katkı maddesi eklenmemiş ürünleri tercih etmeliyiz.

16. Az yiyin!

Allah (ﷻ)'ın Rasülü (ﷺ) "*Mide hastalıkların evidir. Tedavinin özü ise perhizdir*"[313] buyurmaktadır. Yaşamak için yemek gerekir, sağlıklı ve uzun yaşamak içinse az yemek şarttır. Ucuz ve kötü gıdalardan çok miktarda tüketmek yerine, nitelikli gıdalardan az miktarda yiyerek sağlıklı kalınız. Az yiyip çok şükredin ki, hem bereket artsın, hem de mes'uliyetiniz azalsın.

17. Temizliğe dikkat edin!

Günümüzde yüzde yüz hijyen takıntısı vardır. **Yüzde yüz hijyen yüzde yüz ölüm**dür. Bakteriler kötü varlıklar değildir, ancak zarar veren bakteriler vardır. Zararlılardan arınmak adı altında hayatı çekilmez kılmamak ve zehir etmemek gerek. Endüstri tarafından kullanılan hijyen ürünleri, gıdaları sağlıksızlaştıran bir başka belâdır. Temizliğe azami dikkat etmeli ancak bir takıntıya dönüştürmemeli. Unutulmamalı, çok yiyerek temiz kalınmaz. Yemeklerden önce ve sonra elleri ve ağzı yıkamalı. Bütün dünya bir olsa ve bütün teknolojisini birleştirse, çürümüş bir dişi ikâme edemez. Sağlıklı bir hayat için ağız ve dişler son derece önemlidir. Pahalı değil ama iyi fırçalarla, zararlı kimyevi maddeler barındırmayan macunlarla ve mutlaka misvakla (veya tozu) ağız temizliği yapılmalıdır.

18. Uykunuzu yeniden düzenleyin!

Bebekler ve yaşlılar günün yarısını uyuyarak geçirebilirler ancak erişkinler için 5 ila 7 saatlik uyku yeterlidir. İyi bir uyku için yün yatak ve yorgan tercih edilmelidir. Yazın yatsı namazını müteakip, kışınsa en geç 23'te yatın, sabah namazından sonra uyumayın. Öğle saatinde ise fırsat buldukça 15-30 dakika kestirin (kaylule uykusu). Unutmayın ki kaylule uykusu, teheccüde kalkmayı kolaylaştırır.

---

313 Ebu Davud, *Tıp*, 13/3856; Adunî, Keşfü'l-Hafâ, II, 214.

19. Toprakla temas edin!

İnsan topraktan yaratılmıştır. Toprakta bulunan tüm elementler insan bedeninde de aynı nispette bulunur. Azaltılmaları da, artırılmaları da derttir. Unutmayınız kaç çeşit toprak varsa, o kadar çeşit de insan var. Toprak hangi nispette bozulmuşsa, insan da o nispette bozulmuştur. Sağlıklı kalmak için öncelikle toprağı korumak gerek. Şehir ve iş hayatında biriktirdiğiniz olumsuz enerjinizi toprağa temas ederek boşaltabilirsiniz. Ruh halinizde sıkıntı varsa doktora değil toprağa koşun. Toprakla dertleşin, kucaklaşın. Üzerinde yatın, ellerinizle toprağı eşeleyin ancak solucanlara dokunmayın! Çünkü solucanalrın toprağın can dostudur!

20. Ziraî zehirlere uzak durun!

Toprağı koruyun ki, sizi beslesin! Toprağı kirletmeyin ki, o da size zehir kusmasın. Ne yazık ki, Türkiye geçtiğimiz bir yılda 5 milyar dolarlık[314] kimyevi gübre ve ziraî zehirleri toprağa boşalttı. Bu sayede de suyumuzu, gıdamızı, toprağımızı ve dünyamızı kirletti/zehirledi. Hiçbir şey karşılıksız değil! Toprak öcünü, kanser olarak ödetiyor insana. Ziraî zehirlerin boca edildiği ürünleri gelecek nesillerin güveni, çocuklarınızın sağlığı için asla almayın. Suçlular sadece üretimde bu toksikleri kullananlar değil; buna izin verenler de, bu ürünleri tüketenler de suçlu!

Böcekler bütün meyve sebzenizi yok bile etse başvurmayın zehre!
Modernizmin oyununa gelmeyin!
Dünya emanettir insana!
Emanete ihanet etmeyin!
Emanetin sahibi bu ihanetin hesabını mutlak bir gün sorar!
Emanetlere sahip çıkarak iyilerden olduğumuzu ispat edelim.
Var mısınız?

314 TUİK'in 2011 yılı verilerine göre

Beslenme, kısırlık ve neslin devamı

İnsanoğlu da diğer canlılar gibi yiyip içmeden ve evlenip çoğalmadan yapamaz. Bunlar onun fıtratı[315] gereğidir. Doğurganlık ve kısırlık gibi neslin devamını sağlayan tabiî haller de yiyip içtiklerimizle yakından ilişkilidir.

Ebu Hureyre (r.a.)'den gelen rivâyete göre Rasülullah (ﷺ) ***"Doğurgan bir kadınla evleniniz. Çünkü ben -kıyamet günü- sizin çokluğunuzla iftihar edeceğim"***[316] buyurur.

Yine Hz. Âişe (r.a.) annemizden gelen bir rivâyette ise ***"Nikâh benim sünnetimdendir. Kim benim sünnetimle amel etmezse benden değildir. Evleniniz! Zira ben, diğer ümmetlere karşı sizin çokluğunuzla iftihar edeceğim. Kimin maddi imkânı varsa hemen evlensin. Kim maddi imkân bulamazsa oruç tutsun. Çünkü oruç, onun için şehveti kırıcıdır"***[317] buyururlar.

Günümüzde dünya nüfusu artıyor gözükmekle birlikte, insanlık ciddi bir üreme krizi ile karşı karşıya. *'Deccal Tabakta'* adlı kitabımda detaylarına yer verdiğimiz üzere bazı odaklar, özellikle son elli yılda nüfus planlaması adı altında küresel bir kısırlık inşa etmektedir. Bütün bunları -yani bitkilerden, hayvanlara ve insanlara uzanan kısırlık sürecini-, hem hayatı patent altına almak, hem de dünyayı kontrol edebilecekleri insan sayısıyla sınırlamak uğruna yapmaktadırlar.

Bu sürecin temellerini İngiliz papazı Thomas Robert Malthus 1798'de, *Nüfus İlkesi Üzerine Bir Deneme (An Essay on the Principle of Population)* adlı çalışmasıyla atmış, dünya nüfusunun azaltılmasını teklif etmişti. Sonrasında ise

315 Yaratılışının gereğidir.
316 İbn-i Mâce, *Nikâh* 1863
317 İbn-i Mâce, *Nikâh* 1826. Ayrıca bakınız Ebu Davud, *Nikâh* 4

kirli hamleler birbirini izler. '*Demokrasi, sıradanlığı arttırıp, mükemmel insan türlerini azaltmakta*' fikrinin sahibi Prof Frank Fetter,1915'de '*Amerikan Soy Arıtım Derneği*'ni kurar. 20 Mart 2017'de 101 yaşında ölen David Rockefeller, 18 yaşında olmasına rağmen babası tarafından 1928'de Sosyal Hijyen ve Doğum Kontrol Bürosu'nun başına getirilir. 1952'de ise 1,4 milyon dolarlık bir kaynakla **Nüfus Konseyi**'ni kurar Hannas David.

Türkiye ise sürece 1 Nisan 1965 yılında çıkardığı 557 Sayılı Nüfus Plânlaması Hakkında Kanun[318]'la katılır. BM'e bağlı İLO ile Türkiye İşverenler Sendikaları Konfederasyonu 28-29 Haziran 1973'de İstanbul Tarabya Otel'inde '*Türkiye'de Aile Planlaması Çalışmaları ve Aile Planlaması Usulleri*' konulu bir etkinlik düzenleyerek hikâyenin yepyeni bir şekil almasını sağlar. 24 Mayıs 1983'de ise eski kanun lağvedilip, 2827 Sayılı Nüfus Planlaması Hakkında Kanun[319] çıkarılır.

Mevta Vehbi Koç bu durumu ve sonrasını hatıralarında şöyle anlatıyor: *"Amiral Bristol Hastanesi Başhekimi Dr Warren H. Winkler'den Türkiye'nin aile planlamasıyla ilgili bir rapor rica etmiştim. Winkler, 11 Haziran 1974 tarihli raporunda, 'Konu hükümet programında ele alınmış bulunmasına rağmen, maalesef çalışmalar çok yavaş ve yeterli sonuçların alınması çok güç' gibi bir tespit yapıyor ve özel sektörün önderliğine ihtiyaç bulunduğunu vurguluyordu."*[320]

Koç devamında, konuyu, Tuğrul Kutadgobilik, Nejat Eczacıbaşı[321], TÜSİAD Başkanı Al Koçman, Sağlık Bakanı Necmi Ayanoğlu, Erkut Yücaoğlu, Dr. Türkiz Gökgöl Kline gibi isimlerle farklı zamanlarda müzakere ettiğini belirtip, pilot olarak grubun Bozkurt Fabrikası'nı seçtiklerini, bu çalışmalar için ***Pathfinder Fonu***'ndan[322] yardım aldıklarını anlatıyor. Nüfus artışını yüzde 1,5'e[323] indirmenin hayli zaman alacağını belirten Koç, konuyla ilgili Amerika'ya gittiğini ve Uluslararası Kalkınma Teşkilatı (ADI), ABD Dışişleri Bakanlığı, Dünya Bankası ve Pathfinder Vakfı'ndan destek aldığını itiraf ediyor. Amerika dönüşünde, Feyyaz Berker, Muzaffer Gazioğlu, Türkiz Gökgöl Kline, Ayduk Koray, Aydın Bolak, Mehmet Barlas, Kamil Yazıcı, Üzeyir Garih, Tevfik Ercan ve kendisinin, ***Türkiye Aile Sağlığı ve Planlaması Vakfı***'nı kurduklarını belirtiyor. Koç, amacını nüfusu

318 Resmi Gazete, 10 Nisan 1965, Sayı 11976
319 Resmi Gazete, 27 Mayıs 1983, Sayı 18059
320 Vehbi Koç, *Hatıralarım, Görüşlerim, Öğütlerim*, s. 11, Vehbi Koç Vakfı, 1987, 2. baskı
321 Türkiye'nin ünlü prezervatif üreticisi.
322 Bu fonun desteklediği ve İnsan Kaynağını Geliştirme Vakfı isimli kuruluş 1988'de köy köy, kasaba kasaba dolaşıp, insanların çoğalmalarını engelleyerek güya insan kaynağını geliştirirler! Ayrıntı için bakınız www.ikgv.org
323 Bir ülkede aile başına çocuk sayısı 2,1 olursa ülkede nüfus artışı sıfırdır. Nüfusun stabil tutulması için minimum 2,2 olması gerekir. Oysa 1,5'a indirilmesi, orta vadede Türkiye toplumunun yok edilmesi anlamına gelir.

dondurmak değil, daha az artmasını sağlamak olarak belirtse de, iki kişiye 1,5 çocuk öngörülen bir senaryoda bir asra varmadan o topraklarda yaşayacak insan kalmayacağı ortada!

Vehbi Koç 27 Eylül 1985'de kurdukları vakfı, kurucuların dışında şu kişilerin desteklediğini naklediyor: Eli Acıman, Necati Akçağlılar, Erol Akçal, Semahat Arsel, Feyyaz Berker, Prof. Yüksel Bozer, Fred Burla, Namık Çevik, Prof. İhsan Doğramacı, Tevfik Ercan, Kemal Ilıcak, Prof. Kemal Kafalı, Nazmi Kal, Erol Kınık, Asım Kocabıyık, Enver Kocaoğlu, Nuh Kuşçulu, Emin Kul, Yunus Müftü, Halit Narin, Güler Sabancı, Şevket Yılmaz, Warren Winkler, Erkut Yücaoğlu, Tandoğan Toköz, Fuat Bezmen, İbrahim Bodur, Osman Boyner, Nejat Eczacıbaşı, Şinasi Ertan, Zekai Gedik, Can Kıraç, İnan Kıraç, Mehmet Mermerci, Can Pulak.

19 Mart 1992 tarihli Resmi Gazete, Koç'un ve diğer nüfus azaltım projelerini destekleyen Pathfinder Fonu'nun kapısını, dönemin Demirel[324] Hükümeti'nin de benzer amaçlarla çaldığını ve buradan sağlanan fonlarla, göçer işçilerin nüfus kontrolü eğitimine tabi tutulduğunu belgeliyor.

Türkiye İstatistik Kurumu'nun verileri, bu çevrelerin özel gayretlerinin sonucu yarım asırda gelinen noktayı yani Türkiye'de artan nüfuz azalması ve kısırlığı açık seçik ortaya koymaktadır.

Grafik: Türkiye'nin Ortalama Hane Büyüklüğü

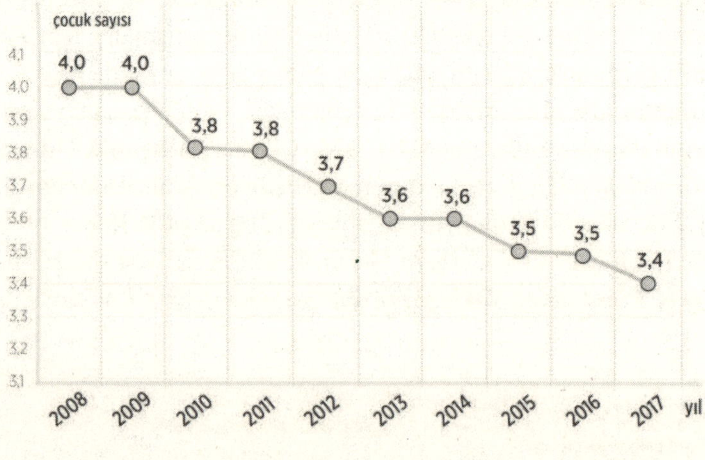

324 Başbakan Erdoğan'ın 3 çocuk fikrine Demirel'in itiraz etmesi hiç şaşırtıcı değil.

Tablo 11: Yıllar İtibariyle Çift Başına Çocuk Sayısı

Yıllar	Çift başına çocuk sayısı
1920	5,60
1925	6,60
1930	7,10
1935	6,60
1940	6,55
1945	6,85
1950	6,62
1955	6,26
1960	6,10
1965	5,70
1970	5,59
1975	5,05
1978	4,33
1980	3,41
1988	3,02
1993	2,63
1998	2,61
2000	2,53
2001	2,37
2002	2,17
2003	2,09
2004	2,11
2005	2,12
2006	2,12
2007	2,15
2008	2,15
2009	2,07
2010	2,03
2011	1,94
2012	2.09
2013	2.10
2014	2.17
2015	2,15
2016	2,11
2017	2,07

Savaş şartlarına rağmen 5,6 olan çocuk sayısı, savaş sonrasında 7,1'lere kadar yükselirken, 1925-1960 aralığından 6,5 gibi istikrarlı bir durum gözlenir. Türkiye gibi Müslüman bir ülkenin artan nüfusu belirli çevreleri oldukça tedirgin etmiştir. Tüm giderleri Rockefeller Vakfı'nın Nüfus Konseyi'nce karşılanan 'eğitim seferberliği!' ile önce bürokratik ve akademik çevreler ikna edilir, sonra da uygulama süreci başlar. 1965'de başlayan gebelik önleyici ilaç, aşı devreye girer. Asıl amacı kısırlık oluşturmak olan Marshall yardımıları tâ 1948'de başlamıştı. Çocuklara yardım maskesiyle dağıtılan süt tozu, beyaz un, yağ gibi ürünler kısırlık endüstrisinin bir oyunuydu. 1965 Kanunu'nda yasak olan kürtaj ise 1983'te bir doğum kontrol yani nüfus azaltım aracına dönüştürülmekteydi.

2827 Sayılı Nüfus Planlaması Hakkında Kanun çıkarılırken, Adalet Komisyonu Başkanı Deniz Hâkimî Yüzbaşı Tevfik Omdan, acı gerçeği şu cümlelerle ifade eder: ***"Nüfus planlamasının devlet politikası olduğunu ve nüfus planlamasının devletin gözetim ve denetimi altında yapılacağını daha açık bir şekilde maddeye monte ettik. Doğum kontrolü sözünü kullandığımız zaman halk gerçekten rahatsız oldu.*** *Sanki her hamile kalan kadının doğurması önlenecek, engellenecekmiş gibi. Nüfus planlaması tabiri uzun yıllar 'Türkiye'nin nüfusunu planlıyorsunuz, nasıl olur?' gibi münakaşalara maruz kalmıştır. Fakat daha sonra halkın reaksiyonu kayboldu. Bugün nüfus planlaması deyince sadece istenmeyen gebelik yahut da hamile kalınmasını önlemek değil, eğitimi de bu madde içinde ele alıyoruz. Zaten bunun eğitimsiz uygulanması imkânsızdır."*

Komisyon tutanakları Kenan Evren'in ***"Bir kız çocuğu gayrimeşru bir çocuk sahibi olmuşsa, onun rızası ve velinin izniyle on hafta içerisinde yine çocuğu aldırabilecek değil mi"*** sorusuyla devam ediyor. Omdan, ***"Evet Sayın Cumhurbaşkanım!"*** diye cevaplıyor. Evren yine soruyor: ***"Yani illa bir tıbbi zaruret olması şart değil?"*** Sözü İçişleri Komisyonu Üyesi Hâkim Albay Edip Gültekin alıyor: ***"Burada amaçlanan, 18 yaşından küçük ve evlenmediği için de reşit olmamış olanlara da kendisinin ve velisinin rızası ile müdahale edilebilmesidir. Buyurduğunuz husus bu haliyle gerçekleşmiş oluyor."*** Yani ülkenin geleceğinin her alanına müdahil olan asker, nüfusun geleceğini de tayin etmeye çalışıyor.

Şimdi de erkeklerin sperm verimlilik tablosuna bir göz atalım.

Tablo 12: Yıllar İtibariyle Sperm Verimliliği

Yıllar	1 milimetre küp menideki sperm sayısı
1950 öncesi	150 milyon
1970'li yıllar	120 milyon
1990'lı yıllar	50 milyon
2000'li yıllar	40 milyon
2005 yılı	20 milyon
2010 sonrası	15 milyon

Yukarıdaki tablo gösteriyor ki, 60 yılda erkeklerdeki sperm miktarı onda bire kadar gerilemiştir. Hekimlerin 10-15 milyon aralığını kısırlık için yeterli gördüğünü hatırlatalım.

Başbakan Recep Tayyip Erdoğan 2010'da yaptığı bir açıklamada içine düşülen dramatik durumu şu cümlelerle izah ediyor: *"Türkiye'nin şu anda nüfus artış hızına baktığımız zaman bir rivâyete göre 1,5, bir rivâyete göre 1,8. Bu demektir ki, bu milletin nüfusu yaşlanıyor. En azından 2,5 olmalı ki mevcut durum korunsun.* ***Dünyada geçmişte 'doğum kontrolü' diyenler, 'nüfus planlaması' diyenler, şu anda 'yandık' diyorlar ve üste para veriyorlar.*** *Ama nüfus artmıyor. Artık kötü alışkanlıklar başladı. Biz de şimdiden diyoruz ki,* ***eğer böyle giderse 2038'de durumumuz kötü.*** *Bu durumu düzeltmemiz lazım."*[325]

ABD'de New England Araştırma Enstitüsü'nün 2006'da yaptığı araştırma, 1980'lerden bu yana erkeklerin testosteron seviyesinin önemli oranda düştüğünü gösteriyor. Zaten tablodaki sperm nispetleri de bu bilgiyi açıkça doğruluyor. Eskiden hemen her yaştaki erkeğin sperm verimliliği hamilelik gerçekleştirebilecek seviyede iken, bugün 20'li yaşlardaki gençler için kısırlık oranları yüzde 30'ları çoktan aşmış durumda.

Türk Jinekoloji Derneği İkinci Başkanı Prof Bülent Tıraş, TRT'ye yaptığı açıklamada ***"Hem dünyada, hem de ülkemizde çocuk sahibi olmak her geçen gün zorlaşıyor. Avrupa Birliği'nin yaptığı bir araştırmaya göre, 2050 yılında insanların ancak yüzde 5'i doğal yollarla çocuk sahibi olabilecek"***[326] diyor.

325 http://www.hurriyet.com.tr/gundem/14675983.asp
326 www.gidahareketi.org/--1450-haberi.aspx

Sağlıklı bir neslin devamı için, erkeklerin menilerinin milimetre küpünde 100 milyondan fazla sperm olması gerekiyor. Çünkü dert sadece hamileliğin gerçekleşmesinde değil. Aynı zamanda doğan çocuğun da kısır olmaması gerek. Gelinen noktanın ürkütücü, yaklaşan durumun kıyamet olduğunu göremeyenler, Başkan Recep Tayyip Erdoğan'ın üç çocuk talebine karşı ya mütebessim, ya da alaycı yaklaşıyor. Nüfus Konseyi'ni kurup, dünya nüfusunu azaltmak için on milyarlarca dolar harcayan David Rockefeller'in sırasıyla David, Abby, Neva, Peggy, Richard ve Eileen adlarında 6 çocuğu olduğunu da unutmayalım!

Milimetre küpteki sperm sayısının yanı sıra, bu spermlerin ne kadarının verimli olduğu da önemli. Sperm; baş, kuyruğun sallanmasını sağlayan ve enerji bölümünü oluşturan boyun ve kuyruk olmak üzere üç bölümden oluşuyor. Bu yapıdan herhangi biri bozuksa bu spermin sahibinin çocuk sahibi olması imkânsızlaşıyor. Yüksek hareket kabiliyeti olan sperm sayısının en az 8-10 milyon olması lazım. Veriler bunu sağlayabilecek erkek sayısının çok kısa bir süre içerisinde yarıya ineceğini gösteriyor. Bu da iki kişiden birinin kısır olması demek. İşte dünyayı ya da insanlığı bekleyen en büyük tehlike bu. Yani **insan eliyle kıyamet!**

Peki, neden kısırlaşıyoruz?

Günümüzde insanların doktora yaptığı müracaatlarda ilk sırayı kısırlık[327] şikâyeti almaya başladı. Tüp bebek[328] merkezleri neredeyse kasabalara kadar yayılmış durumda. Ama bu da çözüm değil. Çünkü basitmiş gibi gösterilse de uygulanan tedavi, kadınları fizyolojik açıdan sarsıyor. En büyük bilinmez ise tüp bebek yöntemi ile doğan çocukları gelecekte hangi hastalıkların beklediği. Acaba onların üreme yetileri nasıl bir seyir izleyecek?

Kimi çevreler bu meseleye cevaz verse de merhum Mevdudi şöyle diyor: ***"Aletler aracılığıyla hamilelik*** *(spermin rahme konulması)* ***şurada dursun, kadının 'bir dişi at' seviyesine düşürülmesi manasına gelen bu fiilin tasavvuru dahi, benim için dayanılmazdır.*** *Allah-ü Teâlâ'nın üreme için belirlemiş olduğu yol; ancak dişi ile erkeğin birleşmesi şeklindedir.* ***Asıl amacı unutarak, kadını sırf bir üreme organı haline getirmek, Kur'an-ı Kerim'de şeytanca bir***

327 Evli çiftlerin hiçbir korunma yapmadıkları halde ilk 1 yılda hamileliğin gerçekleşmemesi haline kısırlık deniliyor.
328 Dünyada ilk tüp bebek yöntemiyle ilk doğum 1978'de İngiltere'de yaşanmıştır. Tüp bebek yöntemiyle ilk doğan çocuğun adı Louise Brown'dur. Louise 2004 yılında evlenmiş ve 2 yıl önce normal yolla bir çocuk dünyaya getirmiştir. Ancak tüp bebekle doğan çocukların üremelerine yönelik gerçek verilerin ortaya çıkması için en az 50 yıllık bir zaman dilimine ihtiyaç duyuluyor.

fiil olarak belirtilen 'Allah'ın yaratmış olduğu fıtratı değiştirmek'[329] ***Âyetinin doğrulayıcısı olmak demektir. Şâyet alet aracılığıyla çocuk doğruluyorsa buna meşru denilemez.''***[330]

Sıkıntının iki ana nedeni var. Birincisi, post modern dünyanın ya da Ivan Illich'in tabiriyle '*endüstiralizm*'in ortaya çıkardığı sosyal dertler. İkincisi ise küresel güç odaklarının insanlığa karşı kurduğu siyasi tezgâhlar ya da kimyevî kapanlar. Fare ile insan arasında temel fark, fizyolojik şekil ve hacim değildir. Aradaki en önemli fark, akıl! Farenin akıl edemediği şey, peynirin neden bolca uluorta bırakıldığıdır. Kur'an-ı Kerim birçok Âyetin sonunda 'Akletmez misiniz, düşünmez misiniz' der. Buna rağmen insan düşünmemekte ısrar eder.

Türkiye'de 1980'de yılda 750 kişi intihar ederken, 2011'de bu rakam 2.933'e[331] yükselmiştir. Yine Türkiye'de 1980'de 15.901 çift boşanırken, 2010'da tam 118.568 çift boşanmış. Bu rakam 2017'de 128 bin 411'e yükselmiş. Yani her yıl ortalama 5 çiftten biri boşanıyor.

Bunun yanı sıra 2004'te 67 milyon nüfusa rağmen 615.357 kişi evlenirken, 2017'de nüfus 80 milyona çıktı evlenme sayısı ise 569.459'a geriledi. Bu evlenmenin güçleştiği, ailenin zayıfladığını göstermez mi?

İnsanların çocuk yapmama nedenleri çok çeşitli: Kentleşme, yüksek öğrenimdeki artış, kadınların kariyer yapma arzusundaki aşırı arzu,[332] yüksek refah isteğinin artması, gelir seviyesinin yükselmesi, zorunlu ihtiyaç kabul edilen tüketim gereçlerinin çoğalması, çok çocuk sahibi olmanın kınanır bir hâl alması, sağlığın bozulması, ataerkil yapının talıı ip olması, feministleşme, Allah'ın rızık vaadine güvenmeme ve teslim olamama, Müslümnanların İslam'dan uzaklaşayarak dünyevişleşmeleri, batıya gıbta, dilomalı cehaletin artması, nüfusun nüfuz olduğu şuuruna vararamak...

Sezaryen doğuma zorlanan kadınların daha sonraki hamileliklerinin riskli olduğu şeklindeki yaygın kirli bilgi, şuuraltı iknası ve kürtaj da temel mües-

329 Nisa Suresi 119. Ayrıca bakınız Bakara 205.
330 Mevdudi, Fetvalar, cilt 1, sayfa 265, Nehir Yay. 1992, 1. Baskı. Mevdudi merhumun bu konudaki görüşleri için Sebil Yayınları'ndan çıkan İslam Nazarında Doğum Kontrolü adlı eserine bakınız. Konu hakkında ayrıntılı değerlendirmeler içinse Nazife Şişman'ın Kader ve Tasarım Arasında Yeni İnsan ile Sabri Akdeniz'in Çağımızda Nüfusun Önemi ve Türkiye'nin Nüfusu adlı eserleri incelenebilir.
331 İntihar nedenleri hastalık, aile geçimsizliği, geçim zorluğu ve ticari başarısızlık, hissi ilişkiler ve istediği ile evlenememe, öğrenimde başarısızlık ve bilinmeyen nedenler olarak sıralanmış.
332 Selehattin Duman bu durumu şu cümleyle özetliyor: "Kız çocuğunu üniversiteye bir sokuyorsun, bir daha çıkaramıyorsun. Belki bu işin hikmetini çözemiyorsun..."

sirlerden bazıları. Tabi işin en önemli boyutu sağlık: Hızla azalan ve bozulan sperm ile üretilemeyen yumurta istense de çocuk yapmayı imkânsız kılıyor.

Kısırlık artışındaki nedenleri şöyle sıralamak mümkün: İlaçlar, aşılar, gıda katkı maddeleri, kimyevî maddeler, pestisitler, hibrit ve diğer yöntemlerle tohumların kısırlaştırılması, fast-food ürünleri, ziraat ve veteriner hekimliğinde hormonların kullanımı, gıdaların işlenmesinde kullanılan yeni işlemler, genetiği değiştirilmiş organizmalar, obezite, şişmanlık, kortizon kullanımı, kozmetik ürünleri, kadın petleri[333], çocuk bezleri, şampuanlar, doğum kontrol ilaçları, elektronik aletler, cep telefonları, taşınabilir bilgisayarlar, radyasyon, uzun süre masada oturmak, dar pantolonlar ve slip iç çamaşırlar giymek[334], yüksek ısılı mekânlarda çalışmak, çevre kirliliği, sigara[335], alkol, uyuşturucular, modern hayat biçiminden kaynaklanan bunalım.

Beslenme-kısırlık ilişkisine en güzel vurguyu belki de Bolimya Devlet Başkanı Eva Morales yaptı. 20 Nisan 2010'da gerçekleşen Alternatif İklim Zirvesi'nde konuşan Morales şunları söylüyor: *"**Tavuklara gelince... Tavukları kadın hormonuyla dolduruyorlar. Tavuk yiyen erkekler sorun yaşıyorlar. Erkekler, tavuk yemeyin! Hem erkekliğinizi, hem saçlarını kaybedersiniz...**"*[336]

Gıdaların etkileri ile ilgili en ilginç itiraflardan biri de, Amerikalı *Epicyte* adlı şirketin müdürünün Eylül 2001'de yaptığı basın toplantısında söylediği cümledir: *"**Gebeliği engelleyen mısır ürettik. Mısırlarımız sperm öldürücülü antikorlarla dolu.**"* Bugün dünyada tüm marketlerde yer alan endüstriyel gıdaların en az yüzde 90'ında mısır yağı, mısır unu, mısır şekeri, mısır nişastası veya mısırdan elde edilen yüzlerce katkı maddesi yer alıyor. Üstelik dünyadaki mısırların yüzde 80'den fazlası genetiği değiştirilmiş yani GDO'lu mısırlar. Geriye kalanlar ise gen azaltımı yapılarak kısırlaştırılmış yani hibrit. Ve hemen hepsi, herbisit ve pestisit içeriyor.

---

333 Kadın Doğum Uzmanı Prof. Dr. Bülent Tıraş, genital bölgeye deodorant sıkılması ve kokulu pedler kullanılmasının kısırlık riski doğurduğunu söylüyor. Tıraş, "Ayrıca bu ürünleri kullanan kadınlardan erkeklere bulaşan vajinal enfeksiyonlar, sperm canlılığını etkileyerek kısırlığa yol açabilir" diyor.

334 Sperm üretimi 35,5-36°C sıcaklıkta işlevsel olur. Bu sıcaklığın devamlılığını ve sabit düzeyde tutulmasını testislerin yerleştiği torbalarda yer alan toplardamarlar sağlar. Bu toplardamarlar ileri derecede genişlerse testis çevresindeki sıcaklık kontrolü bozulur, bu da sperm üretimini kötü yönde etkiler.

335 ABD'nin California Eyaleti'ndeki Lawrence Berkley Ulusal Laboratuarı'nda yapılan araştırmada pasif içiciliğin bir zararı daha ortaya çıktı. Yapılan araştırmaya göre pasif içicilik spermlerin DNA'sına zarar veriyor. Bunun sonucunda virüslü hücreler kalıtsal yolla çocuklara geçiyor. Elde edilen bulgular sigara içmediği halde sigara dumanına maruz kalan çocuklarda kanser ve kısırlık riskinin arttığını gösteriyor.

336 NTV - 21 Nisan 2010

Hangi yiyecekler sperm kalitesini arttırır?

İbn-i Sina hayatın devamından ve ırkın bekasından sorumlu olan sperm ve yumurta verimine '***üreme kuvveti***' der. Üreme verimi, kalite ve kuvvetinin beslenme kalitesine bağlı olduğunu belirtir.

Kara kovan balı, pekmez, hurma, muz, incir, üzüm, armut, çilek, karpuz, şeftali, ahududu, böğürtlen, mango, elma, portakal, havuç, avokado, küçük yapraklı taze maydanoz, nane, tarçın, fesleğen, kekik, vanilya, roka, şalgam, zencefil, kuşkonmaz, kenevir tohumu, kereviz, domates, salatalık, sivri biber, enginar, bezelye, badem, kabak çekirdeği, ceviz, fındık, Antep fıstığı, Hindistan cevizi, susam, soğan, hardal, hindi gibi yiyecekler sperm kalitesini artırır.

Günlük gıdasının yüzde 50'sini ekmekten sağlayan Anadolu insanının sperminin azalmasının önemli nedenlerinden biri de hiç kuşkusuz yediği ekmeklerin kalitesizliğidir. Elbette buğday yemek kısırlaştırıcı değil. Mesele buğdayın üreme organı olan rüşeyminin alınmasıdır. Rüşeymsiz ekmek tüketmek insanların sperm ve yumurta üretimini olumsuz yönde etkileyecektir.

Zikredilen besinleri yiyor olmak elbette sperm ve yumurta üretim derdini tek başına çözmeyecektir. Yenilen her ürünün besin değerinin yüksek olması gerekir. Bunun için de besinlerin, geleneksel tabiî tohumdan üretilmiş olduğundan, ziraî toksik kimyevî maddelerin kullanılmadığından, katkı maddesi içermediğinden ve endüstriyel işlem görmediğinden emin olmak gerekiyor. Bir gıda maddesi ne kadar çok işlem görüyorsa ve başka katkı maddesiyle karışım yapılarak üretiliyorsa, o gıdada besin değeri hızla yok olur.

İbn-i Sina'nın formülü

İbn-i Sina, bin yıldır adı dillerden düşmeyen, büyük filozof, ilim adamı, eşsiz bir hekimdir. Benzeri az görülür bu büyük hekimin '***El-Kanun Fi't Tıbb***' adlı muhteşem bir eseri var. İşte bu Tıbb'ın Kanun'u kitabında '***Cüvârişenü'l-Mülûk***' adını verdiği bir terkibi var. Biz bu terkibi, Müslüman'ın Diyeti'nin önceki (yani 12. baskı ve öncesi) baskılarına almıştık.

İbn-i Sina'ya ait '***El-Kanun Fi't Tıbb***' adlı bu eserin tercümesi, Atatürk Kültür Merkezi'nce yayınlanmıştı. Mütercimi ise Prof. Esin Kahya idi. Ancak gelin görün ki, eser tercüme edilmemiş, tahrif edilmiş çıktı. Yaptığımız incelemelerde bu tercümenin cinayet düzeyinde hatalar içerdiğininin ortaya çıkması üzerine bir gazeteci olarak üzerimize düşeni yaptık.[337] Devletin, eseri tekraren basmasını engelledik.

Ardından güzel bir gelişme oldu ve Yazma Eserler Genel Müdürlüğü'nce yeni bir *El Kanun Fi't Tıbb* baskısı yapıldı. Biz de ertelenen bu baskının daha hızlı çıkmasına katkı sunmuş olduk. Yeni eser, Osmanlı dönemi saray hekimi *Tokadî Mustafa Efendi (ö. 1782)* tarafından şerh edilerek '***Tahbîzu'l-Mathûn***' ismiyle neşredilen nüsha.

Tokadî bu çalışmasında, Şark tıbbının en hacimli vokabülerini içeren Kânûn'un kelime varlığını ve bilhassa tıp terimlerini, gerek Kânûn şerhleri, gerek ana tıp referansları, gerekse lügatlerle izâha çalışmış, 16. asırda basılmış Roma matbu nüshası da dahil olmak üzere Arapça Kânûn nüshalarını karşılaştırarak en sahih ibareyi bulmak için yoğun bir tahkik icra etmiş. Ayrıca Şîrâzî, İbn Cümeyyi, Mesîhî, Sâmirî, Karşî gibi Kânûn şârihlerinin metinlerini ve bu metinlerdeki tashih ve değerlendirmeleri daima göz önünde bulundurmuş. Bu gibi özeliklerinden dolayı bu çalışma sade tercüme olmaktan çok, şerh vasfını da taşıyan bir eserdir.

İşte bu eser, Prof Dr Mustafa Koç tarafından latinize edildi. Peşinen belirtelim ki, metnin Türkçesi ağır ve herkes tarafından anlaşılması güç. Böyle yapılmasının nedeni, günümüz Türkçesine böyle bir tıp eserinin tercümesinin imkansızlığı. Zira günümüz Türkçesi son derece sığ ve uydurulmuş saçma sapan ve insanın kelime demeye dilinin varmadığı, uyduranların da 'sözcük' dediği sözde kelimelerden oluşan, tabiri caizse birazda gavurcalaştırılmış bir lisan.

Yeni eserin en güzel yönü ise, son cilde 13 bin kelimeli bir ***İbn Sina El Kanun*** lügati eklenmesi. Bu ek, işleri biraz kolaylaştıran takdire şayan bir çalışma. Bu izahtan sonra, AKM'nin ve Esin Kahya'nın yapmadığını biz yapalım ve geçmiş baskılarımızdaki bu iktibastan dolayı özür ve helâllik dileyelim.

Bu özür ve helâllikten sonra şimdi doğru terkibi verelim. İbn Sina'ya göre bu terkip yıl boyu düzenli alınırsa her türlü hastalığı kökünden kazıyor ve iyi bir cinsî hayat sunuyor. İşte meşhur hekimin '***Cüvârişenü'l-Mülûk***' yani '***Kralların ilacı***' dediği terkip şöyle:

337 Yenisöz Gazetesi'nin 23-24 Ekim 2017 ve 10 Kasim 2017 tarihli nüshalarına bakılabilir. Ayrıca akkalemler.com/devlet-parasiyla-korkunc-katliam-1-makale-25381 - 25410 ve 25767 nolu makalelere bakılabilir.

El-Kanun Fi't Tıbb'ın, Osmanlı Türkçesi'ne tercümesini şerhini yapan Tokadī, Arapça aslındaki terkibi şöyle tercüme eder: Onun Ahlāṭı budur: Helīlec-i esved, belīlec, emlec meyvesi her birinden altışar miskāl, şūnīz yirmi dört miskāl, fülfül-i esved, dâr-ı fülfül, zencebīl, fülfül-mūne kökü her birinden yirmi ikişer miskāl, nār-müşk, kākule, su'd her birinden ikişer miskāl, kebābe, belāzur her birinden ikişer miskāl.

Bugünün Türkçesine çevirdiğimizde ise: Kara helile 6 miskal (30 gr), Belile otu 6 miskal (30 gr), Emlec meyvesi 6 miskal (30 gr), Çörek otu 24 miskal (120 gr), Karabiber 22 miskal (110 gr), Fülfül ağacı meyvesi 22 miskal (110 gr), Zencefil 22 miskal (110 gr), Fülfül ağacı kökü 22 miskal (110 gr), Hint narı 2 miskal (10 gr), Kakule 2 miskal (10 gr), Kara topalak 2 miskal (10 gr), Hint biberi 2 miskal (10 gr), Kaju 2 miskal (10 gr)

Günümüz Türkçesine çevirirsek:

Türkçe	Arapça	Latince	Miskal	Gr
Çörek otu	Şûnîz	Nigella sativa	24	120
Karabiber	Fülfül-i Esved	Piper nigrum	22	110
Zencefil	Zencebîl	Zingiber officinale	22	110
Kakule	Âkule	Elettaria cardamomum	2	10
Kara Helile	Helîlec-i esved	Terminalia Chebula	6	30
Emleç meyvesi[338]	Alma	Phyllanthus emblica	6	30
Fülfül ağacı kökü	Fülfül-mûne	Piper longum	22	110
Belile otu	Belilec	Terminalia Bellerica[339]	6	30
Uzun biber[340]	Dâr-ı fülfül	Fructus piperis longi	22	110
Uzunbiberkökü[341]	Fülfül-mûne	Piper longum[342]	22	110
Hint narı	Nâr-müşk	Mesua ferrea	2	10
Kara topalak	Su¡d	Cyperus rotundus	2	10
Hint biberi[343]	Kebâbe	Cubeba officinalis[344]	2	10
Beladur otu[345]	Belâdur	Semecarpus anacardium	2	10
Şeker kamışı şekeri	Ba'dehu faniz-i Sicziyadan	-	600	3000

338 diğer adı: Bektaşi Üzümü
339 diğer adı: Bellerica Myrobalan
340 diğer adı: Tiflis biberi yahut Fülfül ağacı meyvesi
341 diğer adı: Tiflis biberi kökü yahut Fülfül ağacı kökü
342 diğer adı: Pippali Mool Piper Longum
343 diğer adı: Kebabiye-Kuyruklu biber
344 diğer adı: Piper cubeba
345 diğer adı: Kaju

Hazırlanışı:

Bunların her birisi toz haline getirilip, elekten geçirilir. Eleme, elekte hiç bir nesne kalmayana dek sürdürülür. Şeker kamışı suyu tencere yahut temiz kazan içine konulur. Biraz su ilavesiyle ağır ateşte kaynatılarak şerbet elde edilir. (Bu şerbet, şeker kamışı pekmezi olarak hazır da satın alınabilir)

Hazırlanan bitki karışımı tozu, şeker kamışı şerbetine eklenir. Kıvamı katılaşana dek karıştırılarak kaynatılır. Sonra soğutulur. İki misgal yani 10 gr şeklinde haplar yapılabilir veya o miktara tekâbül edecek kadarı her gün aç karna yenilir.

Sezaryen, kürtaj ve kısırlık arasında ilişki var mı?

Kadın ce/veya erkek ısırlığının hızla büyüyen sosyal bir mesele haline geldiğini göz ardı etmemek gerekiyor. Rockefeller Vakfı'nın Nüfus Konseyi, amacını '*insanların yaşam kalitesini artırmak ve bireylerin her yerde kendi potansiyellerini geliştirmek için yardımcı olmak*' şeklinde açıklıyor. Kendisi 6 çocuk yaptığı halde bütün bir dünyayı kısırlaştırmaya çalışan birinin bu cümleleri her türlü inandırıcılıktan yoksundur.

Merhum Prof. Dr. Sabahaddin Zaim hoca, "***Nüfus, kalkınmada en birinci unsurdur***" derken, ünlü iktisatçı Keynes de onu destekliyor sanki: "***Nüfus artışı her açıdan sağlıklılık belirtisi ve sağlam bir iktisadın da temelidir. Nüfus artarken buluşlar ve icatlar da artar, yatırımlar güldür güldür akar. Netice olarak artan nüfus istihdama fiilen elverişlidir. Gerçekten, hesap ne derse desin, artan nüfusa iş bulmak, azalan nüfusa iş bulmaktan daha kolaydır.***"

Batılı güçler ise insanların şuuruna tam aksini enjekte ediyorlar. Aile planlaması adlı süslü bir kavram üzerinden, toplumları sağlıksız araç ve ürünleri satın almaya ikna ediyorlar. Sezaryen, kürtaj, kadın petleri, çocuğun cinsel gelişimini bozan çocuk petleri, doğum kontrol hapları, diyaframlar, prezervatifler[346], katkı maddeleri ve aşılar, bunlardan sadece birkaçı. Bu çirkin manipülasyon; rüşvetler, gerçek dışı rapor ve bilgiler, hamilelere normal doğum konusunda uygulanan korkutma taktikleriyle de destekleniyor.

346 Prezervatifler dünyada ve Türkiye'de yaygınlaşsın diye uzun bir süre ücretsiz dağıtıldı. Büyük kampanyalar yapıldı. Batıda hemen her umumi tuvaletin –ve bazı okulların– girişinde sembolik fiyata ya da ücretsiz edinilebiliyor. Reklâmlarda 'her kadın ve erkek yanında prezervatif taşırsa risklerden korunur' mesajı işleniyor. Amaç hem doğurganlığı azaltmak, hem de fuhşu yaygınlaştırmak.

Toplum mühendisleri '*doğum, medeniyetle ters orantılıdır*' tezini işlemeye devam ediyor. Yani bizi inandırmaya çalışıyorlar ki, bir toplum ya da kişi medenileştikçe dünyaya daha az çocuk getirmelidir, medeniyet çocuk sayısıyla ters orantılıdır. Hepsi yalan! Az çocuk doğurma medenileşmenin değil, toplumun materyalist ve bencilleşmesinin sonucudur. Bencil kişi zaman ve emeğini çocuğu için değil kendisi için harcar.

Burada özellikle dindarlara, Allah Rasülü (ﷺ)'nün ***"Ben kıyamet günü sizin çokluğunuzla iftihar edeceğim"*** Hadis-i Şerifini hatırlatmak isteriz. Efendimiz (ﷺ)'in bu arzusunu gerçekleştirmek için arkamızdan hayır duası edecek yani amel defterimizi açık tutacak nesiller bırakmamız gerekmez mi? Efendimiz (ﷺ)'in böyle istediğini düşünmek bile Hz. Peygamber (ﷺ)'in şefaatine nail olmaya vesile olmaz mı? Yani çocuk cennete girmenin bir vesilesi değil mi?

Dünya bu kadar insanı besleyebilir mi?

Bugün dünyanın derdi beslenme değil, israf ve biyolojik açlıktır. Yani besin kalitesi kötü ve insanların sağlığını bozucu kimyevî maddeler içeren gıdalar üretilmesidir. Ünlü iktisatçı Dr. Collin Clark şöyle diyor: ***"Eğer insanlar, topraklarını bir Hollandalı çiftçinin maharetinde işlerse, dünyamızın halen ekilmekte olan topraklarından elde edilen hasat en az 28 milyar kişiyi besler. Günümüzde gıdada temel sıkıntı, üretim miktarında değil, âdil paylaşılamamasındadır. Ayrıca günümüzde üretilen besinlerin en az yarısı gelişmiş veya gelişmekte ülkeler tarafından israf edilmektedir."***

Bazı Müslümanlar da rızık endişesiyle ya çocuk yapmıyor, ya da hamileliği düşük veya kürtaj yöntemiyle bitiriyor. Halbûki Allah-ü Teâlâ (ﷻ) birçok Âyet-i Kerimede bu durumu açıkça yasaklamaktadır.

İşte konuyla ilgili bazı Ayet-i Kerimeler:

"Fakirlik korkusuyla çocuklarınızı -çeşitli usullerle- öldürmeyin. Onlara da, size de biz rızık veriyoruz. Doğrusu onları öldürmek büyük bir günahtır."[347]

"Fakir düşmek korkusundan çocuklarınızı -herhangi bir şekilde- öldürmeyin. Biz, sizin de onların da rızkını veririz. Zinanın ve her türlü kötülüğün açığına da, gizlisine de yaklaşmayın. Allah'ın haram ettiği canı, geçerli sayılan bir hak olmadıkça öldürmeyin."[348]

---

347 İsra Suresi 31.
348 En'am Suresi 151.

"Bilgisizlik yüzünden beyinsizce çocuklarını öldürenler ve Allah'ın kendilerine rızık verdiği şeyleri Allah'a iftira ederek haram yapanlar, muhakkak ki -dünya ve ahirette- ziyana uğradılar. Onlar gerçekten saptılar ve doğru yolu da bulacak değillerdir."[349]

Prof Hayrettin Karaman hoca, spermin rahme ulaşması, tutunması ve anne kanıyla beslenmeye başlamasıyla birlikte hayatın başladığını belirtiyor ve o andan itibaren meselenin tıbbın konusu olmaktan çıkıp, fıkhın konusu haline geldiğini söylüyor. Karaman hoca şöyle diyor: *"Tüp bebek yöntemiyle ana rahmine kaç bebek yerleştirdiyseniz hepsi doğacak. Sonradan bakıp bu bebeklerin birini, ikisini öldüremezsiniz. İkizse ikiz doğsun. Riskse de risktir"*[350]

Çin'deki kürtaj vahşeti ve alınması gereken dersler

Çin'in çocuk ve kürtaj politikaları ile kör cehaleti kız çocuk edinmeyi engelliyor. Birçok anne adayı hamile iken bebeğin cinsiyeti kız ise hemen aldırıyor. Bu nedenle bugün ülkede 121 erkeğe 100 kadın düşüyor. Nüfus Konseyi ve BM gibi örgütler 'nüfus azaltılsın' diye, Çin de dâhil çok sayıda ülkeye hâlâ fon tahsis ediyor. Hastaneye yolu düşen birçok hamile kadına, izni ve bilgisi olmadan kürtaj yapılıyor. Ceninler ya yeniliyor, ya da kozmetik endüstrisine hammadde oluyor.

1970'li yıllara kadar dünyada kadınlar erkeklerden fazlaydı. Kürtajın yaygınlaştırılması neticesinde -Çin örneğinde olduğu gibi genellikle kız çocukları alındığından- dünyada kadın-erkek dengesi kadınlar aleyhine bozuldu. Bu durum, Kur'an-ı Kerim'in lanetlediği gayri insanî cahiliye çağı âdetinin yeniden ortaya çıktığı anlamına geliyor. Mesela Hindistan'da 100 kadına 112 erkek düşerken, Çin'in Lianyungang şehrinde 100 kadına düşen erkek sayısı tam 163.

Benzer bir tehlike Türkiye için de geçerli. TÜİK'in son verileri göstermektedir ki; Türkiye'de de kadın nüfusu azalmakta, erkek nüfusu artmaktadır. Oysa erkeklerden daha çok yaşayan kadınların sayısı erkeklere nispetle yüzde 2 ila 5 fazla olması gerekirken, Türkiye'de erkek nüfusu kadınlardan yüzde 3 kadar daha fazladır. Yani 2017'de Türkiye'de doğan bebeklerin yüzde 51,3'ü erkek, yüzde 48,7'si ise kızdır. Bu oldukça tehlikelidir. Güney Kore, Çin ve Vietnam cinsiyete dayalı kürtajın arttığını kabul ediyor. Birçok uzman, tedbir alınmaz-

349 En'am Suresi 140.
350 Prof. Dr. Hayrettin Karaman, *Müslüman'ın Hayat Bilgisi*, s. 46, Hayykitap

sa cinsiyete dayalı kürtajın büyük felaketlere yol açabileceği konusunda BM'yi sürekli ikaz ediyor.

Nüfus nasıl korunur ve nasıl artırılır?

Her evli çift, iki çocuk dünyaya getirirse ancak kendi yerlerini doldurmuş olur. Oysa ülkede aynı zamanda ölümler de yaşanmakta. Türkiye'nin gerçek rakamlarından hareket edelim. Türkiye'de 2011 yılında evli çiftlerin çocuk sayısı ortalaması 1,94'e düşmüş durumda. Şükür ki müteakip yıllarda az artış gösterse de 2017'de 2,07'ye gerilemiştir. Unutmayın bunların içinde ölümler yok. Yüzde 0,5 civarındaki ölümleri de düşmek gerekir. Bir ülkenin nüfusunun orta vadede kendini koruması için, aile başına çocuk sayısının 2,5 olması şarttır. Bu rakam Tayyip Erdoğan'ın arzu ettiği gibi 3'e ulaştığında Türkiye'nin nüfus meselesi olmayacaktır.

Görülüyor ki, bazı çevreler Türkiye de dâhil Müslüman ülkelerin nüfusunun artmasından çok rahatsızlar. Allah Rasülü (ﷺ) Müslümanların sayısının çokluğu ile övüneceğini unutmamalıyız! Müslüman kitle için iki seçenek kalıyor, ya batıl odakların, ya da çok sevdiği Peygamberinin arzusunu yerine getirmek. Elbette kim kimi mutlu etmek istiyorsa o yolu tercih edecektir.

Nüfusun artışı şüphesiz sperm ve yumurta sağlıklılığı ve toplumun çocuk yapmaktan imtina etmemesi ile mümkündür. Artan diyabet ve obezite gibi hastalıklar buna genellikle izin vermeyecektir. Bu durumda sağlıklı bir hayat kişinin sadece kendisine karşı değil, gelecek nesillere, ülkeye, insanlığa ve dinine karşı da sorumluluğudur.

Netice itibariyle acıkınca, oturarak, mevsiminde, tayyip olanlardan azar azar yiyip içerek hem sağlıklı kalacağız, hem de kaliteli bir hayat yaşayacağız. Bu bizim mesuliyetişmizdir ve başka çıkış yolumuz da yoktur.

Sağlık, afiyet, Allah (ﷻ)'ı Rasülü (ﷺ)'nü memnun edecek hâller niyazı ile. Âmin!

Özetle Müslüman'ın diyeti

- Erken yatmalı, erken kalkmalı.
- En az 5, en çok 7 saat uyumalı.
- Güne sabah namazı ve iki bardak su içerek başlamalı.
- Yemeklerden önce ve sonra el ve ağız yıkanmalı
- Yemeklerden sonra ve namazlardan önce dişleri misvaklamalı veya diş fırçasına misvak tozu dökerek fırçalamalı.
- Tayyib besinlerle sabah kahvaltısı yapılmalı.
- Her işten evvel ve hassaten yiyip içmeye başlamadan besmele çekilmeli ve sağ elle yenilip içilmeli.
- Yemeklerden sonra bimetleri Yaratan Allah (ﷻ)'a şükür, hazırlayana teşekkür edilmeli.
- Et her gün değil ama haftada bir kaç yenimeli.
- Her sebze ve meyve sadece mevsiminde taze olarak yenilmeli.
- Beyaz veya kahverengi rafine şeker, beyaz ve katkılı rafine un, rafine beyaz tuz, beyazlaştılmış pirinç mutlaka terk edilmeli.
- Hakiki karakovan balı, pekmez, geleneksel tabiî tam buğday unu, işlenmemiş kaya tuzu, kabuklu pirinç yenmeli.
- Her öğün bir iki adet yaş ve/veya kuru hurma yenilmeli.
- Günde ortalama 7-8 bardak su içilmeli.
- Kadim tam buğday unundan mayasız (veya ekşi mayalı) ve katkısız ekmekler yenmeli.
- Ayakta değil oturarak yiyip içmeli.
- Taharette sadece sol el kullanılmalı.
- Öğünler ikiye ve hatta bire düşürülmeli, en fazla sabah ve akşam yenmeli. Bazen de açlık oruçları yapılmalı.
- Ramazan-ı Şerif dışında Pazartesi ve Perşembe günleri veya her hicri ayın 13, 14 ve 15'nci günlerinde oruç tutulmalı. Hicri ayların 13, 14 ve 15'nci günlerinde tohum ekilmemeli, düğün yapılmamalı. Bugünlerde hiç bir dişinin gebe kalmadığı, tohumların yeşermediği bilinmeli.

- Yatmadan en geç iki-üç saat önce yeme içme bitirlmeli.
- Tıka basa yenmemeli ve midede üçte biri su, üçte biri yemek olmalı. Üçte biri ise boş bırakılmalı.
- Önce su içilmeli, sonra meyve veya tatlı, ardından sulu yemek en sonunda da kuru yemek yenilmeli
- Çay veya türevleri içilecekse yemeklerden birkaç saat sonra şekersiz içilmeli.
- Genetik değişimi veya azaltımı yani hibrit ve/veya genetiği değiştirilmiş (GDO'lu) tohumlardan üretilmiş ürünlerden kesinlikle uzak durulmalı.
- Fıtratıyla oynanmamış geleneksel tabiî tohumlardan üretilen ve ziraî zehirleri kullanılmamış gıdalar yenmeli. Bunların kan kanseri başta olmak üzere kanser ve organ yetmezliği yaptığı unutulmamalı.
- Katkı maddesi eklenmemiş, radyasyon verilmemiş yani ışıl işlem görmemiş, rafine ve pastörize edilmemiş, nano ve UHT uygulamasına tabi tutulmamış ürünler tercih edilmeli.
- Hastalıklara karşı koruyucu tedbir olarak hacamat yaptırılmalı. Sülük uygulatılmalı.
- Tohumlar/çekirdekler yenilmeli ya da çöpe değil toprağa bırakılmalı ki yeni ağaçlar meydana gelsin, sadak-ı cariye olsun.
- Alkol içerdiği halde 'alkolsüz' adıyla satılan kola, gazoz, meyve suyu, enerji ve aromalı içeceklerden uzak durulmalı. Gerçek ayran, kaynatılmış süt, pekmez, bal ve şekersiz tabiî şerbetler/hoşaflar içilmeli.
- Sızma soğuk sıkım zeytinyağı ve hakiki tereyağı, ev yapımı yoğurt, çörek otu, zerdeçal, kenevir tohumu mutfağın baş tacı yapılmalı.
- Hararet yapan gıdalarla serinleten gıdalar birlikte alınmalı.
- Sürekli atıştırmamalı, fast-food ve kızartmalar terk edilmeli.
- Çeşit çeşit yenmeli ancak aynı sofrada/öğünde çok çeşitten sakınılmalı.
- Çok acıkınca hemen yemek yemeyip su içmeli, açlık devam ederse yemeğe başlamalı.
- Lokma çok çiğnenmeli, öğündeki yemek yeme süresi 21 dakikaya kadar uzatılmalı.
- Hayvanî ve kimyevî katkılar içeren deterjan, şampuan ve diş macunları kullanılmamalı. Tabiî ve katkısız olduğundan emin olduğunuz zeytinyağı sabunu kullanılmalı.
- İzin verilen hayvanların sadece helâl kesim olmasına değil, tayyib gıdalarla özgür mera ortamlarında beslenip beslenmediklerine de bakılmalı.
- Sünnet saymamak şartıyla yemeğe bir tutamcık tuzla başlanabilir. Ancak oruç sadece hurma veya su ile açılmalı.
- Mümkünse öğleyin 15-30 dakika kaylule uykusu uyunmalı.

- Sohbet ve muhabbete vesile olacak sofralar kurulmalı, sofrada misafir özellikle de fakirler bulunmalı.
- Aile fertleri ile günlük bir saat sohbet ve muhabbet yapılmalı. Açlar, komşular unutulmamalı.
- İsraftan uzak durulmalı.
- Çok katlı apartmanlarda değil, mümkünse bahçeli evlerde yaşamalı, her gün toprağa temas etmeli ki, bedende biriken kötü enerji toprağa aktarılabilsin.
- Namazların dışında her gün mümküse düzenli bedenî hareket yapılmalı.
- Yiyip içerken ve muhabbet ederken telefon, radyo ve televizyon kapatılmalı.
- Evken yaşta evlenilmeli.
- Her çocuk okutulmamalı, sadece istidadı olanlar, ilgi duydukları alanlarda okutulmalı. Diploma sahibi olmanın iyi insan olmak yeterli olmadığı akıldan çıkarılmamalı.
- Sağlıklı yeni nesiller için fitrî/tayyib gıdalar üretmeli ve tenilmeli. En az 3-5 çocuk yapılmalı. Nüfusun nüfuz olduğu unutulmamalı.
- Haram ve şüphelilerden uzaklaşıp, İslam'ın tayyip ve dolayısıyla helâl mutfağından Hz. Peygamber (ﷺ) gibi beslenmeli.
- Son olarak muftağımız İslam'ın arzu ettiği mutfak, sofranız, evinize misafir olan Hz. Peygamber (ﷺ)'in de yiyebileceği bir sofra olmalı.
- Her şeyden hesaba çekileceğimiz asla ve asla unutulmamalı.
- Çaresizlik ve ümitsizlik Müslüman'ın şiarından olmadığı akıldan çıkarılmamalı ve gayretten bir an bile olsa geri durulmamalı.

İbret almak için...

İnsanoğlu eskiden avretini/çıplaklığını örtmek, kendisini soğuk veya sıcaktan korumak için giyinirdi. İlk insandan itibaren dini bir kimliği olan giyim kuşam, ilerleyen çağlarda siyasi bir hüviyet kazandı. Günümüzde ise insanları tek tipleştirmeye çalışan modernizm akımının, giyim kuşamın dini ve siyasi kimliğini tahrip ederek 'streç kot' ve 'tişört'e indirgediğini görüyoruz. İnsanı tek tipleştirmenin arkasında ise teşhircilik, beden pazarlaması ve insanları cinsel birer objeye dönüştürme gayretinin yattığı görülmektedir.

Tıpkı giyim kuşamda olduğu gibi gıdanın ve sağlığın da dini bir arka planı vardır. Üstelik her şeyin paraya tahvil edildiği günümüzde, gıda endüstrisi dinî, kültürel ve sağlık boyutunun yanında siyasi bir kimlik de kazanmıştır. Nasıl ki, giyimde kot ve tişört hâkimiyeti söz konusu ise gıda alanında da fast-food/hamburgerleşme yani 'Mc Donaldlaşmanın' yaşandığı görülmektedir.

Abdulvahap El Mesiri, '*Hamburger Medeniyeti*' adlı eserinde, inşa edilen sürecin kişiyi tüketici, ya da üretici kimliğine büründürerek kendi kimliğinden uzaklaştırmakta olduğunu, ayrıca insan üzerinde 'şeyleştirme operasyonu'nun yapıldığını belirtiyor. Mesiri, aynı durumun evler için de geçerli olduğu görüşünde. Bu da insanın ilk bakışta zannettiği ya da kendisine göründüğü gibi tarafsız ya da masum bir şey değildir. Ev, aynı zamanda insanın evrene bakışını göstermekte, istesin ya da istemesin içinde yaşayan kişinin hayat biçimini yansıtmaktadır! Giyimden gıdaya, evden mutfağa uzanan süreç, özel bir varlık olan insanı sadece üreten ve tüketen bir şahsiyete indirgeyerek, onu var olma nedenlerinden uzaklaştırmaktadır.

Sadeliğin ve doğallığın yok edildiği günümüz dünyasında her şey bir değere indirgenmekte, doğallık geçici kimyasal güzelliğe tercih edilmektedir. Sadeliğin yerine 'kompleks güzellik', mütevazı ve doğal mutfakların yerine 'kompleks ve dekoratif mutfaklar' ikame edilmiştir. Yiyecekleri bekleyen akıbet ise karmaşık formüllü kimyevî katkılardır.

Yüzü ve midesi kimyevîleşen insanın yüreğinin kimyevîleşmemesi beklenemez elbet. Kuşkusuz korkulan olmuş, ne yazık ki insanlar maddi ve manevi varlığıyla, kimi çevreler için yüksek tekniklerle üretilen ev, araba, mobilya, ilaç, gıda vb ürünleri tüketmeye memur edilmiş mekanizmalara, kimi çevreler içinse yedek parça olarak alınan ve satılan birer araca dönüştürülmüştür.

Elbette yaşanan süreç dinî, kültürel ve vicdanî bir olgudur. Egemen batıl kültür, ablukaya aldığı yerel kültürleri kendi materyalist değerleri içinde yok etmekle kalmamış, aynı zamanda onu bir otomobil gibi tükenen bir araca dönüştürmüştür. Bir otomobil gibi hızlı bir hayat süren insanın yaşama hızı ile araçların hızının aynı dönemde gelişmesi tesadüf değil elbet! Hızlanan hayat, hızlanan tüketim ve bu hıza dayalı yemek yeme tarzı aynı zamanda insanın insanî değerlerden sıyrılmasına yol açmıştır. Bütün bunlar bize laikliğin dinî bir kavram olmaktan öte değer yüklenmiş olduğunu da gösterir. Laikliği, Türkiye'deki tartışmaların dışında değerlendirdiğimizde, aslında insan hayatının tüm alanlarını kuşatan bir hayat biçimi olduğunu görürüz.

Bu bölümde sunacağımız yazılar ve gerçek hikâyeler, örselenen değerlerin yeniden inşasına katkı amacıyla kaleme alınmıştır. O gözle okunmasında yarar vardır.

FAZİLET EHLİNDEN HİKMETLİ NASİHATLER

Lokman Hekim, oğluna şu nasihatte bulunur: Ey oğul! Mideyi doldurduğun zaman fikir uyur, hikmet dilsizleşir. Azalarsa ibadetten bıkıp otururlar!

Hz. Ömer (r.a.) şöyle buyurur: Tıka basa yemekten sakınınız. Çünkü çok yemek, hayatta ağırlık, ölümden sonra ise kokuşmaktır.

Beyhakî: Hz. Peygamber (ﷺ), kendi arzusuyla ve zaruret olmaksızın aç kalır, açlığı tokluğa tercih ederdi.

Fudayl b. Iyaz nefsine şöyle derdi: Neden korkuyorsun, aç kalacağından mı? Sakın korkma! Çünkü sen Allah Teâlâ (ﷻ) nezdinde bu dereceye erişecek kadar değerli değilsin. Bu dereceye ancak ve ancak Hz. Peygamber (ﷺ) ile arkadaşları erişebilmiştir.

Eflatun: Karınlar acıktığı zaman bedenler ruhlaşır. Karın doyduğu zaman ruhlar bedenleşir

Calinos (Galen): Kanı demir ile safrayı sikencübîn ile balgamı, eyâric (müshil) ile sevdayı aftimûn (cin saçı) ile iyileştirin. (Sikencübîn: Balla sirkenin karışımı olan, harâreti kesen, safrayı söndüren ekşi şerbet.)

Bokrat derki: Kim on şeyi uygularsa ecel dışında bedenine hastalık girmez:
- Midede yemek varken üzerine yememek.
- Dişleri zayıflatan bir şeyi çiğnememek. Çünkü onu çiğnemek mideni zayıflatır.
- Haftada iki kere hamama gitmek. Çünkü o bedenden hastalıkları atar.
- Kan alınmasına sebep yokken kanın çoğunu çıkarmamak.
- Haftada bir kere kusmak.
- Eyer (at) üstünde bile olunsa geldiği zaman idrarını tutmamak.
- Uykudan önce tuvalete çıkmak.
- İhtiyaç yokken ilaç kullanmamak.
- Çok cimadan uzak kalmak; çünkü o hayatın nurunu söndürür.
- Yaşlı kadınla cima yapmamak, zira ölüm getirir.

Bütün bunları uygulamak güzel ve mükemmel yaşamayı sağlar.

Ebu Süleyman ed-Dârânî: Akşam yemeğinden bir lokmayı terk etmek benim için bütün bir geceyi sabaha kadar ibadetle ihya etmekten daha sevimlidir. Açlık Allah nezdinde onun hazinesindendir. Onu ancak sevgili kuluna verir.

Sehl b. Abdullah et-Tüsterî: Kıyamet gününde -Hz. Peygamber'e uyma bakımından- çok yemeyi terk etmekten üstün sevap yoktur. Akıllılar, gerek din ve gerekse de dünya için açlıktan daha faydalı bir şey görmemişlerdir. Ahireti isteyenler için çok yemekten daha zararlı bir şey bilmiyorum. Hikmet ve ilim açlıkta, mâsiyet ve cehalet ise tokluktadır. Helâli terk etme hususunda Allah'a, nefsin isteklerine muhalefet etmekten daha üstün bir şey ile kulluk yapılmış değildir.

Eflâtun: Bedenin rahatı az yemekte, dilin rahatı az konuşmakta, kalbin rahatı kin ve öfke azlığında, ruhun rahatı halkın arasına az karışmaktadır. Açlık ilim ve fesahat yağdıran bir buluttur. Tokluk cehalet ve gaflet yağdırır.

Sehl'e, fazlasının alâmeti ve ne olduğu sorulduğu zaman şöyle cevap vermiştir: Kişinin nezdinde yemeği bırakmak, yemekten daha sevimli olduğu ve bir gece aç kaldığında Allah Teâlâ'dan bu geceyi iki geceye çıkarmasını istediği zaman fazlasını bulmuş demektir.

Bokrat: Vücut beş şeyden fayda bulur. Baş için gargaradan, mide kusmaktan, beden ve mafsallar ishalden, cilt terlemekten ve damarlar kan akıtmaktan. Anla ve bil!

Yahya b. Muaz: Râğıbların (Allah'ı isteyenlerin) açlığı uyarıcıdır. Tövbe edenlerin açlığı deneme, müctehidlerin açlığı da keramet, sabredenlerin açlığı siyaset, zâhidlerin açlığı ise hikmettir.

Yine bu zât şöyle demiştir: Abdallar bu makamı ancak karınlarını aç, gözlerini uykusuz ve dillerini konuşmasız bırakmak ve halvete çekilmekle elde etmişlerdir. Gökten yere inen her sevabın başı açlıktır. Gök ile yer arasındaki her fısku fücurun başı da tokluktur. Nefsini aç bırakan kimse vesveselerden kurtulur. Allah Teâlâ kullarına açlık, hastalık ve belâ ile yönelir. Ancak kullarından diledikleri, bunlarla müptelâ olmadıkları halde Allah'ın yönelişine mazhar olabilir. Biliniz ki şu zamanda nefsini açlık, uykusuzluk ve mücahede ile öldürmeyen kimse kurtuluşa eremez. Yeryüzünde hiçbir kimse geçmemiştir ki şu sudan kana kana içip de içirmesine karşılık Allah'a şükretse bile günahlardan kurtulabilmiş olsun. Suyun durumu bu olursa, tıkabasa yemenin durumunu varın siz düşünün.

Ebu Tâlib el-Mekkî: Mide Muzhir'e benzer. Muzhir içi boş ve üzerinde teller bulunan ud (saz) demektir. Bunun sesi, hafif ve ince olduğundan ve içi de tıkabasa dolu olmayıp boş bulunduğundan dolayı güzel çıkar. Mide de böyledir. Boş olduğu zaman okuma, ibâdet ve uyku için daha istekli olur.

Şiblî: 'Ne zaman nefsimi Allah için aç bırakmışsam mutlaka kalbimde, daha önce olmayan bir hikmet ve ibret kapısı açılmıştır'.

Ebu Yezid el-Bistâmî: Açlık buluttur. Kul ne zaman aç kalırsa kalp hikmet yağmuru yağdırır.

Ebu Süleyman Dârânî: Kişi acıktığı ve susadığı zaman kalbi saflaşır.

İbrahim b. Edhem, arkadaşlarına yiyecek maddelerinin günlük fiyatını sorar; 'Gayet pahalıdır' dedikleri zaman da şöyle derdi: 'O halde terk etmek (almamak) suretiyle onları ucuzlatınız.'

Hasan Basrî: Müslüman, koyun ve keçi gibidir; bir avuç basit hurma, bir parça kavut ve bir yudum su ona kâfi gelir. Münâfık ise yırtıcı hayvan gibidir. Çok yer ve midesini tıkabasa doldurur. Karnını komşusu için aç bırakmaz ve zarurî ihtiyacından fazla olan malları hususunda müslüman kardeşini nefsine tercih etmez. Ey iman edenler! Zarurî ihtiyacınızdan fazla olanı, azık olarak önden gönderiniz.

Sehl et-Tüsterî, elinde ekmekle hurma bulunan İbn Sâlim'e şöyle demiştir: Önce hurmayı ye! Eğer bu, ihtiyacına kâfi gelirse ne âlâ! Aksi takdirde ondan sonra ihtiyacın kadar ekmek yersin!

Utbet'ul-Gulam'ın canı tam yedi sene et yemeyi arzuladı. Yedi seneden sonra kendi kendisine 'Yedi seneden beri her sene nefsimi bir sonraki seneye havale etmeye utanır oldum' diyerek bir parça et satın aldı. Bunu kızartıp bir ekmeğin içerisine koydu. Tam o sırada bir çocuğa rastladı. Ona 'Sen ölen falan adamın oğlu değil misin' diye sordu. Çocuğun 'Evet! Ben onun oğluyum' demesi üzerine de eti ona verdi. Bu olayı anlatan Utbet'ul-Gulâm sonunda hüngür hüngür ağlamaya başlayarak İnsan Sursi'nin 8 Ayet-i Celîlesini okumuştur: 'Yoksula, yetime, esire sevdikleri yemekleri yedirirler'. Bu hadiseden sonra, Utbet'ul-Gulâm bir daha et yememiştir.

Lokman (a.s.)'ın oğluna yaptığı nasihatlerden bazıları şöyledir:

Yavrucuğum! Sabırlı ol ve nefsinle her daim mücadele et. Bilesin ki sabırda şevk, şefkat, zühd ve gelecekten hayır beklemek (terakkub) vardır. Allah'ın haramlarına yaklaşmamak konusunda kendini tutar, dünyaya ilgi göstermez ve musibetleri önemsemezsen, ölümü beklerken sana ölümden daha sevimli hiçbir şey olmaz.

Yavrucuğum! Hayra tutun, şerden uzak dur; çünkü hayır, şerri söndürür.

Yavrucuğum! 'Şerri ancak şer söndürür' diyen kişi yalan söylemiştir. Şayet böyle diyen kişi doğru söylediğini düşünüyorsa, bir ateşin yanına bir ateş daha yaksın ve söndürüyor mu bir baksın. Doğrusu şu ki, ateşi suyun söndürdüğü gibi şerri de ancak hayır söndürür.

İyiliği emret ve kötülüğü yasakla. Başına gelen musibete sabret ve musibetleri önemseme. Hesaba çekilmeden önce kendini hesaba çek. Başkalarıyla geçinmeyi bil; çünkü bunu yaparsan hiçbir işin eksik kalmaz.

Yavrucuğum! Her daim Allah'ı çokça an; çünkü Allah (ﷻ), kendisini ananları anar.

Yavrucuğum! Günahların gözünün önünde, amelin ise arkanda olsun. Günahlarından kaçıp Allah (ﷻ)'a sığın ve amelini gözünde büyütme.

Yavrucuğum! Günah işleyen birini görürsen hemen onu ayıplamaya kalkışma ve kendi günahlarını hatırla. Unutma ki, sen kendi amelinden sorguya çekileceksin.

Yavrucuğum! Allah (ﷻ)'a itaat et. Hiç kuşkusuz, kim Allah (ﷻ)'a itaat eders, Allah (ﷻ) onun her derdine kâfidir ve onu tüm yarattıklarından korur.

Yavrucuğum! Dünyaya meyletme, kalbini dünya sevgisi meşgul etmesin; çünkü sen onun için yaratılmadın. Allah (ﷻ) kendi katında dünyadan daha değersiz bir şey yaratmamıştır. Çünkü dünya nimetini kendisine itaat edenler için bir mükâfat, musibetleri de kendisine isyan edenler için bir ceza kılmamıştır.

Yavrucuğum! 'Uzun süre sıhhat ve afiyet içinde oldum' diye sevinme ve başına gelen musibeti saklı tut. Çünkü o, iyiliğin hazinelerindendir. Musibetlere karşı metanet göster. Çünkü musibetler öte dünyada senin için büyük bir birikimdir.

Yavrucuğum! Aza razı ol, sana verilen rızka kanaat et, başkasına verilen rızıklara göz dikme. Çünkü bu sana sıkıntı verir.

Yavrucuğum! Yemeği azalt ve hikmetle donan.

Yavrucuğum! Bilgelerin meclisinde bulun ve onların söylediklerine rıza göster ki bilgeliğin artsın.

Yavrucuğum! Hikmet hakkında sadece ehil olanlarla konuş.

Yavrucuğum! Zikir ehlinin meclisinde bulun. Çünkü bu, ilmin hayat kaynağıdır ve kalplere huşu verir.

Yavrucuğum! Kendi ihtiyacınla ilgilen, seni ilgilendirmeyen şeyler hakkında konuşma, şaşırmayı gerektiren bir durum olmadıkça her önüne gelene gülme ve edepsizce yürüme.

Yavrucuğum! Merhametli, iyiliksever, çok düşünen, az konuşan ve yalnızca hakkı söyleyen, çok ağlayan, az sevinen biri ol. Başkalarıyla şakalaşma, bağırıp çağırma ve tartışma. Sustuğunda tefekkür et, konuştuğunda hikmetli konuş.

Yavrucuğum! Söz gümüşse, sükût altındır. Sustuğun için asla pişman olmazsın, ama söylediğin bir şey yüzünden pişman olabilirsin.

Yavrucuğum! Horoz senden daha akıllı olmasın. Horoz, gece sona erince kanat çırpar ve Allah (ﷻ)'ı teşbih etmek için öter. Gafil olma. Allah (ﷻ)'tan kork ve bunu insanlara bildirme. İnsanlar, senin kendi hakkında bilmediğin şeyleri söyleyerek seni aldatmasın. Sen elinde deve pisliği tuttuğunu biliyorsan cahilin tekinin "elinde inci tanesi var" demesine aldanma...

KADININ TAHTI MUTFAKTIR

Ülkemizde gıda emperyalizmine karşı ilk savaş açan kişi olarak tanınan Doç. Dr. Osman Nuri Koçtürk'ün (1918-1994) 1967'de kaleme aldığı *Çağımızın Beslenme Sorunları* adlı eserindeki 'yiyecek ve giyecek' başlıklı yazısını - aradan geçen yarım asırda ülkemiz kaç arpa boyu yol aldı sorusunun cevabını okura bırakarak!- aynen iktibas ediyoruz.

"Geri kalmış ülkelerde giyecek, yiyeceğe nazaran çok daha önemli bir ihtiyaç maddesi olarak kabul edilir. Batılılaşmayı sadece kılık değiştirmekle mümkün bir gelişme ve aşama zannedenler, kadınsalar bellerine uyan bir tayyör, erkek iseler pahalı bir kravat ile naylon bir gömlek alır ve karınlarını bir sandviç ve tostla doyurarak ortada dolaşmaya başlarlar. Böyle davrananların sırtlarındaki giysi ile sağlıkları arasındaki ilişkiyi tanımaları ekseriya çok zaman alacağından, dış görünüşleri yakışıklı ve sağlıklı olan bu insanlar içlerinden çürümeye ve erimeye başlarlar.

Batıda ise insan, yiyeceğin çok daha önemli olduğunu anlamış ve bundan dolayı evinin misafir odasından çok mutfağını donatmaya çalışmıştır. Evin en önemli köşesi haline gelmiş olan mutfakta kadının işlerini kolaylaştıracak, yiyeceklerin besleyici değerlerinin muhafazasına yardımcı olacak bütün araçlar vardır. Ekonomiye riayet edilerek hazırlanan yemekler israftan kaçınılarak yenir ve Allah'a şükredilir.

Gelişmekte olan ülkeler ise önce misafir odaları ile gardıroplarını donatırlar. Şık kadınlar mükellef salonlarda ziyafetler verir ve büfelerini hiç bir zaman kullanmayacakları gümüş takımlar ve kristal eşya ile donatarak komşuları çatlatırlar, işte batıyı batı, doğuyu da doğu yapan budur.

Doğulu insanlar günlük kazançlarının yüzde 80 kadarını yiyecek için harcasalar bile karınlarını doyuramadıkları halde, batılı bir insan kazancının yüzde 25'i ile hem kendini ve hem de ailesini gül gibi besleyebiliyor.

Doğulu kadın tayyörlük kumaş almaya mahallenin bütün kadınlarını toplayarak birlikte gittiği halde, etini ve kıymasını kapıcısına ve uşağına satın aldırır. Bu ülkelerin beyleri ellerinde yiyecek taşımadıkları halde plâstik bir çanta taşır ve bu çantalarda ekzantirik sanatçıların şiir kitapları bulundururlar. Evine yiyecek satın almak ayıp ve fakat itinalı sarılmış bir pakette karısına çiçek taşımak ise bir centilmenliktir.

Çiçeğin karın doyurmayacağı ve beli oturan tayyörün kadının karnındaki çocuğun sağlığını etkilemeyeceği henüz öğrenilmemiştir geri kalmış toplumda.

Gerçekte ise kadının tahtı mutfaktır. Mutfağını düzenleyememiş bir kadın etekleri kısaltsa da toplumda etkili olamayacak ve sağlıklı çocuklar yetiştiremeyecektir. Baklayı ağzımızdan çıkararak konuşmak gerekirse, bugünkü gidişatı hiç beğenmiyoruz. Geri kalmış bir toplumun bütün kısır davranışlarını benimsemiş olan Türk kadını mutfağındaki yerini alamamıştır.

Alman ev kadınları hükümetleri zorlayarak yeni besin kanunları çıkartırlarken, biz ne yediğimizin farkında bile değiliz, yiyeceklerin çoğu hileli, karışık ve hatta pistir. İstanbul'da eşekler kesilerek sucuklara karıştırılır. Yağların içinde ne olduğunu bilmeyiz. Lokantalarda bardakların kenarında bir önceki müşterinin dudak boyasını görürsünüz. Fakat kuru temizleyiciler geliştikçe gelişirler.

Büyükşehir insanı sandviçle doyup, tayyörünü iki günde bir temizleyiciye götürmekte, ama ne bulursa onu yemektedir. Çocuklarımız da bu yolda terbiye edildikleri için örnek kolejlerde çocukların boyunlarına kravat bağlıyor ve mavi ceketler giydiriyoruz amma mutfak o mutfak, aşçı o aşçıdır.

Bu gerçekleri bakalım ne zaman görecek ve ne zaman düzen vereceğiz."

KIZILDERİLİ'DEN BEYAZ 'ADAM'A...

Kızılderili[351] Duwamish ve Suquamish kabilelerin reisi Si'ahl'ın (Seattle), Başkan Franklin'e 1853 yılında yazdığı mektup, sanki bugün yazılmış kadar canlı ve etkileyicidir.

Sömürgecilerin yerli halkı topraklarından atma çabalarına ve bu vahşi işgalleri sırasında insanları ve tabiatı olanca hoyratlıkla tahrip etmelerine karşı yazılan hikmet dolu sözler, günümüzde yaşanan felaketlerin de adeta habercisi gibi... Ayrıca bu mektup, yok edilen yerel kültürün tüm insanlığa getirdiği maliyeti tasvir etmesi bakımından daha da önem kazanıyor. İşte o mektuptan çarpıcı kesitler:

"...Gökyüzünün parlaklığının, toprağın sıcaklığının, doğanın cömertliğinin, nasıl satılıp alınacağını anlamıyorum.

Bize ait olmayan suların berraklığını, rüzgârın tazeliğini, size nasıl satabiliriz? Biz bu toprağın bir parçasıyız, toprak da bizim parçamız.

Hoş kokulu çiçekler, bizim kız kardeşlerimiz; ren geyiği, at, yüce kartal ise bizim erkek kardeşlerimizdir. Irmağın köpüren dalgaları, çayırdaki çiçeklerin özsuyu, tayın teri, insanın teri ve bunların her biri tek bir soya, bizim soyumuza ait! Bu yüzdendir ki; beyaz adam toprağımızı isterken çok şey istiyor.

Beyaz adam'ın bizim yaşam tarzımızı anlamadığını biliyoruz. O'nun için bütün topraklar birbirine benzer. Çünkü beyaz adam, tabiata gecenin karanlığında gelip, eline geçirdiği her şeyi alıp götüren hırsızlar gibi davranıyor.

Beyaz adam, toprakla kardeş değil, düşman! O, kendisinin de tabiata ait olduğunu bilmiyor. Bilakis tabiatı kendi malı sanıyor. Babasının mezarını bırakıp, çocuklarının nerede doğacağını düşünmeden ufak çıkarlarının peşinde koşup duruyor.

Hayvanlar olmazsa insan nedir ki?

351 Batılı bilgi kaynakları veya bu kaynaklardan beslenenler, Amerika'nın keşfinden söz ederler. Oysa burada bir 'keşif' değil, 'işgal' söz konusudur. Çünkü Kristof Kolomb 1492'de Amerika kıtasına gittiğinde, kıtada adına 'Kızılderililer' denilen insan toplulukları ve başka kavimler yaşamakta ve çok sayıda lisan konuşulmakta idi. Tarihi kaynaklar toplumun bir bölümünün de Müslüman olduğu ve Arapça konuştuklarını ispatlamaktadır. Söz konusu seyahat, batı açısından keşif sayılsa bile bulunan tarihi haritalar, Doğu Medeniyetleri'nin Amerika kıtasını bildiklerini (haritalarında yer verdiklerini) göstermektedir. Bu nedenle, Kristof Kolomb'un seyahati, 'Amerika kıtasının vahşi batılı tarafından işgali' olarak nitelendirilmelidir.

Bütün hayvanlar ölürse insanlar da ruhlarının yalnızlığından ölür. Çünkü hayvanlara ne olursa insanlara da o olur. Çocuklarınıza, bizim kendi çocuklarımıza öğrettiğimiz şeyleri öğretin: Toprağın başına ne gelirse, toprağın çocuklarının başına da o gelir. İnsan toprağa tükürürse, kendisine tükürmüş olur. Toprak insana ait değil, insan toprağa aittir. Yaşam ağını insanlar örmedi, onlar yalnızca bu ağın birer ipliği... Ağa ne yaparsa, bunu asıl kendine yapmış olur.

Yağmur sonrası ışıltılı her çam yaprağı, denizi kucaklayan kumsallar, karanlık ormanların koynundaki sis, şakıyan böcekler.

Beyaz adam neyi satın almak istiyor?

Açlığın dünyayı saracak beyaz adam ve ardında koskoca bir çöl bırakacaksın. Demir at (tren), öldürüp çürümeye bıraktığın binlerce bufalodan nasıl daha kıymetli olabilir?

Yataklarınızı zehirlemeye devam ederseniz, bir gece kendi çöplüğünüzde boğulacaksınız.

Bütün bufalolar öldürüldükten, yabani atlar evcilleştirildikten, ormanlar kesildikten ve gizli köşelere kadar dünya insan kokusu ile dolduktan sonra, bir bakacaksınız ki; göklerdeki kartallar yok olmuş.

Beyaz adam annesi toprağa ve kardeşi olan gökyüzüne, alıp satılacak, yağmalanacak bir şey gözüyle bakar.

Onun bu ihtirasıdır ki, toprakları çölleştirecek ve her şeyi yiyip bitirecektir.

Beyaz adamın kurduğu kentlerde huzur ve barış yoktur.

Bu kentlerde bir çiçeğin taç yapraklarını açarken çıkardığı tatlı sesler ve bir kelebeğin kanat çırpınışları duyulamaz.

Beyaz adam paranın yenmeyen bir şey olduğunu, son ırmak kuruduğunda, son ağaç yok olduğunda, son balık öldüğünde anlayacak...

Bu ne demektir?

Bu yaşamın sonu ve hayatta kalma mücadelesinin başlangıcı demektir.

Beyaz adam, kendi anası olan tabiatı, alınıp satılan bir meta zannediyor. Beyaz adamın şehirleri, bizim gözlerimizi tırmalıyor.

Bu belki de bizlerin 'vahşi', beyaz adamların ise 'uygar' olmasındandır.

Aldığı nefes, beyaz adamın dikkatini çekmiyor gibi. Beyaz adam, öleli uzun günler olmuş ve kötü kokuyla uyuşmuş gibidir. Unutmamalısınız ki, hava sağladığı tüm yaşamla aynı ruhu taşır.

Beyazlar da bir gün tıpkı denizin dalgaları gibi geçip gidecekler. Unutulmamalıdır ki yatağına pislik yığmaya devam eden, bir gece kendi pisliğinde boğulur.

Sizin getirdiğiniz gibi bir sonu biz anlayamıyoruz. Dipdiri tepelerin konuşan tellerle lekelendiğini, ormanın gizli köşelerini neden pek çok beyaz adamın kokusunun doldurduğunu, vahşi atların neden tutsak edildiğini, bufaloların neden katledildiğini biz anlamıyoruz. Böyle bir son bize bir şey anlatmıyor. Çalılıklar nereye gitmiş? Kartal nereye kaybolmuş? Hızlı koşan bir ata ve av avlamaya neden veda etmek gerekecekmiş?

Bütün bunlar ne demektir?

Yaşamın sonu...

Ve herhalde yeniden yaşamaya çalışmanın başlangıcı..."

HZ. PEYGAMBER'E UYMANIN ÖNEMİ VE BEREKETİ

Hz. Peygamber (ﷺ) Rabbi'ne iltica etmeden önce Mescid'e giderek son konuşmasını yapar ve bu hutbesinin bir yerinde şöyle buyurur: ***"Usame'nin ordusu Bizans'a karşı cihada gitsin. Usame'yi yaşından dolayı[352] 'komutanlığa layık değildir diye eleştirmeyin! Babası nasıl bu göreve layık olduğu hâlde azatlı köle olmasından dolayı eleştirildiyse ve o bu göreve en layık insan idiyse, onun oğlu Usame de bu göreve en lâyık olandır!"***

Hz. Peygamber (ﷺ) bu emriyle hem Müslümanlar arasındaki otoriteyi sağlamak, hem de işi ehline vermek istemişti.

Evet, Usame (r.a.) gençti, fakat yiğitti, kahramandı. Zeyd gibi şehit bir komutanın oğluydu ve babasından harp sanatını çok iyi öğrenmişti. Çünkü babası Zeyd b. Harise, Rasülullah (ﷺ)'ın kâfirlere karşı göndermiş olduğu seriyyelerde yani askeri harekâtların çoğunda komutandı.

Usame'nin komutasındaki İslam ordusu El-Curf denen yere varınca, Rasülullah (ﷺ) vefat etti. Medine dışında kamp kurmuş olan Usame, halife olarak seçilmiş olan Hz. Ebubekir'e (r.a.) gelip ne yapması gerektiğini sorunca, Hz. Ebubekir şöyle dedi: *"Bir kartalın beni kapıp götürmesi, Rasülullah'ın emrettiğinden başka bir iş yapmamdan daha hayırlıdır!"*

Usame'yi ordusunun başına geri gönderen Hz. Ebubekir (r.a.), daha sonra Müslümanlara hitap ederek Usame'nin ordusunda olup da Medine'ye gelen varsa tekrar silâh altına dönmelerini emretti. İslam ordusu tekrar El-Curf denen yerde toplanınca, Usame ordu içinde bulunan Hz. Ömer'i (r.a.) Hz. Ebubekir (r.a.)'e göndererek orduyu Medine'ye geri getirmek istediğini, zira ordu içinde kendisini komutan olarak tanımak istemeyenlerin bulunduğunu haber verdi. Bu sırada Ensar'dan bazıları da Hz. Ömer'e şöyle dediler: *"Ya Ömer! Rasülullah'ın Halifesine söyle, başımıza Usame'den daha yaşlı olan birisini tayin etsin."* Hz. Ömer, Usame'nin emrini Hz. Ebubekir'e getirdiğinde o şöyle dedi: *"Kurtlar, köpekler beni parça parça etseler dâhi, ben Rasülullah'ın emrinden dışarı çıkmam. Bu davada yalnız başıma kalsam bile Rasülullah'ın emrini yerine getireceğim!"*

---

352 Rivayetlere göre o zaman Usame 19 yaşındadır.

Hz. Ömer şöyle dedi: *"Ensar, Usame'den daha yaşlı birini komutan tayin etmeni istiyor."* O sırada oturmakta olan Hz. Ebubekir, Hz. Ömer'in üstüne atılarak, sakalından tuttu ve şöyle dedi: *"Ey Ömer! Usame'yi Hz. Peygamber (ﷺ) tayin etti, sen kalkmış benden onu azletmemi istiyorsun!"*

Bunu müteakip, Hz. Ebubkir ordugâha doğru yürümeye başladı. Bu sırada onu karşılayan Usame (r.a.) deveye binmiş vaziyette, Hz. Ebubekir de yaya olarak asker karargâhına yaklaşıyorlardı. Usame şöyle dedi: *"Ey Rasülullah'ın Halifesi! Ya ben ineyim sen bin veya ben de yürürüm."*

Hz. Ebubekir şöyle dedi: *"Vallahi sen inmeyeceksin, ben de binmeyeceğim. Ayaklarımı, Allah yoluna gitmekten bir an için dâhi geri bırakmam. Çünkü cihada giden gazinin attığı her adımda, kendisine yedi yüz sevap yazılır, yedi yüz kadar derecesi yükseltilir ve yedi yüz günahı silinir!"*

Hz. Ebubekir bunları söyledikten sonra, nasıl hareket etmesi gerektiğini Usame'ye bir daha hatırlattı ve Rasülullah'ın emrini yerine getirmesini emretti. Ayrıca Hz. Ebubekir, Usame'ye şöyle dedi: *"Ey Usame! Şayet izin verirsen, Ömer benimle kalsın, bazı konularda kendisine danışayım!"* Usame de, Hz. Ömer'in kalmasına izin verdi.

Nihayet Hz. Ebubekir'in kararlı tutumu sayesinde ordu içerisindeki kargaşaya son verildi ve Usame ordusunun başına geçti. Usame komutasındaki İslam ordusu Bizans üzerine hareket ederek, hem mürtet Arap kabilelerine hem de Bizans'a güçlü olduğunu gösterdi.[353] Hz. Peygamber (ﷺ)'in bu stratejik hareketinde çok sayıda hikmetin olduğu görülmektedir.

Hz. Peygamber'in bu görevlendirmesi ile vefatı sürecinde düşmanların Müslümanlara saldırısı engellenmiş, irtidâd hadiselerinin önüne geçilmiştir. Sonrasında Hz. Ebubekir'in davranışları ise Rasülullah (ﷺ)'ın emrine uymanın önemini ve bereketini güçlü bir şekilde göstermektedir. Bu örnek hadise bize, Efendimizin (ﷺ) tüketim biçimine ve tavsiyelerine uymanın sağlığımız, gelecek nesillerimiz ve çevremiz açısından büyük önem arz ettiğini gösterir.

353 Prof. Dr. İhsan Süreyya Sırma, *Örnek Halifeler Dönemi*, Beyan Yayınları, 15. Baskı, s. 25, 45-48.

HZ. ÖMER'İN SOFRASI

Ordu, Seleme bin Kays (r.a.) komutasında sefere çıkmış, bir süre sonra ise savaş kazanılmıştır. Seleme, elde edilen ganimeti gaziler ve şehitlerin aileleri arasında taksim etmiştir.

Elde edilen ganimetler arasında muhteşem bir kaftan da vardır. Ordunun ileri gelenleriyle istişare eden komutan Seleme, kaftan ile hayli yüklü bir mücevheratı Emîrü'l-Mü'minin Ömer'ül Faruk hazretlerine göndermeye karar verir.

Komutanın elçisi savaş müjdesini içeren mektupla birlikte yola çıkar ve Medine'ye ulaşır. Mü'minlerin Emir'i Ömer (r.a.) fakirler için kurduğu aşevinde kendi elleriyle fakirlere yemek dağıtmaktadır. Elçi derhal yanına gider, ancak Hz. Ömer meşguldür. Yorgun ve bitkin düşen halife, işi bitince yemek yemeden evinin yolunu tutar. Rahatsız etmek istemeyen elçi, bir müddet sonra Hz. Ömer'in evine gider.

Evine gelince Emîrü'l-Mü'minin'den izin isteyip kendini takdim eder. Sonrasını Taberi ve İbn-i Haldun'un nakillerinden dinleyelim:

"Emiral Mü'minin Ömer'den izin alıp evine girdim. Arpa saplarından yapılmış bir minder üzerinde oturmuş, içine ot doldurulmuş iki yastığa dayanıyordu. Bunlardan birini bana uzattı, bende üzerine oturdum. Evin bir kısmı küçük bir sofa ile ayrılmıştı.

Eşine, *'Ya Ümmü Gülsum, bize yiyecek getirir misin?'* diye seslendi. Az sonra perde arasından bir parça arpa ekmeği, zeytinyağı ve tuz olan bir sofra uzatıldı. Mü'minlerin emiri kalkıp sofrayı aldı. Ömer (r.a.) *'Ya Ümmü Gülsüm! Gelip bizimle yemez misin?'* diye seslenince, hanımı, *'Yanında, yabancı bir erkek yok mu'* diye sordu? Hz. Ömer'de *'Var'* dedi.

Bunun üzerine Ümmü Gülsüm, *'Eğer erkeklerin yanına çıkmamı isteseydin, İbn-i Cafer'in, İbn-i Zübeyr'in, Talha'nın hanımlarını giydirdikleri gibi sen de beni giydirirdin'* diye seslendi.

Ömer (r.a.) ona şu cevabı verdi: *'Senin için Ümmü Gülsüm, Ali bin Ebu Talip'in kızı ve Emîrü'l-Mü'minin Ömer'in hanımıdır denilmesi yetmez mi?'*

Ümmü Gülsüm çıkmadı, yanımıza gelmedi. Ben de azığımı açtım, biz Mü'minlerin Emiri ile birlikte yemeğimizi yedik. Benim çantamdaki yemek onun yemeğinden daha güzeldi. Bu yüzden Mü'minlerin Emiri'nin benim azığımdan da yemesini arzu ettim. Ama o, ekmekle zeytinyağını öyle güzel yedi ki, yeryüzünde bu kadar güzel ve temiz yemek yiyeni görmemiştim.

'Elhamdülillah' dedikten sonra, ziyaret sebebimi sordu. Ben de, Seleme bin Kays'ın elçisi olduğumu söyledim. Bunun üzerine, Seleme'ye, askerlerin durumunu ve savaşın sonucunu sordu. Ben de önce Seleme'nin mektubunu takdim ettim ardından da uzun uzun anlattım. Son olarak da, *'Ya Emiral Mü'minin! Ganimet arasında güzel bir kaftan vardı. Komutan bütün askerlerle istişare etti ve bu kaftan ile şu kutudaki mücevherleri sana vermem için beni görevlendirdi'* dedim.

Halife, süslemeli kaftanı görünce, üzerime atıldı ve elini böğrüme sokarak, *'Demek ki, Ömer'in karnı doymamış ha!'* diye bağırdı. İçeride bulunan kadınlar, benim ona bir şey yaptığımı sanarak bizi onlardan ayıran örtüye kadar geldiler.

Halife bana, *'Derhal bu getirdiğini kaldır ve getirdiğin yere götürüp, savaşanlar arasında taksim edin! Bir daha senin ve komutanının böyle hareketler yaptığınızı görürsem, ikinizin de dünyasını başınıza yıkarım'* deyip, görevliye seslendi: *'Ya Yerfa! Bu adamı boynundan tut ve dışarı çıkar!'*

Ben de halifenin yanından ayrılıp ordu komutanı Seleme'ye geldim ve başımdan geçenleri bir bir anlattım. Seleme de, derhâl bu ganimeti mücahitler arasında pay etti."

MİSVAKSIZ ORDUNUN BAŞINA GELENLER

Hz. Ömer (r.a.) zamanında bir kale muhasara edilir. Aylarca süren muhasaraya rağmen kale bir türlü düşmez. Ordu komutanı, Halife Hz. Ömer'e mektup yazarak durumdan haberdar eder. Hz. Ömer komutana yazdığı cevap mektubunda orduda şümullü bir denetim yaparak Rasülullah'ın (ﷺ) sünnetine muhalif bir durumun olup olmadığının araştırılmasını emreder.

Yapılan şümullü denetimde her şeyin yerinde olduğu, ancak orduda yalnızca misvakın eksik olduğunun tespit edildiği ve derhal misvak temin edilerek ordudaki ağız temizliği eksikliğinin giderildiği ve geciken fethin geldiği rivayet edilir. Bu rivayet hem ağız temizliği, hem Rasülullah'ın misvak konusunda emirlerinin önemini vurgulaması açısından son derece önemli bir hadisedir.

Hz. Peygamber (ﷺ) her abdest alışında misvak kullanmakla yetinmez, bu vakitler dışında da sık sık misvak kullanırdı. *"Ben dişlerimi o kadar misvaklarım ki bazen ön dişlerim sökülecek diye korkarım"* diyen Hz. Peygamber'in namaz için evden her çıkışında misvak kullandığı, eve her girişinde ilk yaptığı şeyin de dişlerini misvaklamak olduğu, keza herhangi bir sebeple gece uyandığı zaman da dişlerini misvakladığı belirtilir.

Hz. Peygamber (ﷺ) misvakın ehemmiyetini belirtmek için şöyle buyurmuştur: *"Ümmetime zahmet vermeyecek olsam, her namazda misvak kullanmalarını emrederdim."*[354] *"Misvak kullanın! Zira o, ağız için temizlik vesilesi, Allah'ın (c.c.) rıza ve hoşnutluk sebebidir. Cebrail her gelişinde bana misvak tavsiye etti. O kadar ki bana ve ümmetime farz kılınacak diye korktum."*[355]

Âlimler, ağız temizliğinin dolayısıyla misvak kullanımının önemini, Allah'ın rızasını kazanmanın yanı sıra Rasülullah'ın önemli sünnetlerinden birini yerine getirme olarak açıklar ve misvakın dünyevi yararlarını şöyle sıralarlar:

- Ağız temizliğini sağlar
- Dişleri parlatır
- Diş etlerini kırmızı kılar
- Ağız sağlığını sağlar
- Ağız kokusunu giderir

354 Tirmizî, *Taharet* 18/23; Ebu Davud, taharet 25/47
355 Buharî, Cuma 8, temenni 9; Müslim, taharet 42/252; Ebu Davud, taharet 115/46; Tirmizî, taharet 18/22; Nesâî, taharet 7/1-12; Muvatta, taharet 115/1-66

- Dişlerin çürümesini engeller ve sağlamlığını artırır
- Diş taşlarını önler
- Diş etlerini kuvvetlendirir
- Zekâyı artırır
- Sesi güzelleştirir
- Konuşmayı kolaylaştırır
- Göze kuvvet verir
- İhtiyarlığı geciktirir
- Mideyi takviye edip, mide hastalıklarını önler, hazmın kolaylaşmasını sağlar
- Bedenin rutubetini keser
- Sevabı artırır.

HARAM'IN ŞAKASINA BU CEZA VERİLİRSE...

Hz. Ebubekir (r.a.), *"Ka'ka'nın bulunduğu bir ordu mağlûp olmaz"* demişti.

Kadisiye'de Kisra'nın komutanı Rüstem'in ordusu ile İslam ordusu savaşa tutuşmak üzeredir.

Kâ'kâ hemen başkumandanın elini öper ve *"Ya Sâd! Hepimiz İslam zaferi için çalışmaya, muvaffak olmaya ve bu uğurda ölmeye mecburuz. Allah bizimle beraberdir. Sen üzülme. Bu uğurda hepimize düşen vazifeyi birbirimizden farksız olarak yapmaktayız. Şekiller üzerinde fark, bir kıymet ifade etmez. Bazen muharebeyi dışarıdan idare etmek, ateşin içine girip dövüşmekten, hatta şehit düşmekten çok daha zordur. Allah seni başımızdan eksik etmesin. Müsaade buyur, biz hemen koşalım ve vazifemizi yapalım?"* der.

Sâd'ın gözleri yaşarmıştır ve şöyle der: *"Allah senden razı olsun ya Kâ'kâ. Beni biraz neşelendirdin, haydi koş kılıcın iş görsün, gazan mübarek olsun..."*

Kâ'kâ, kılıcını çekerek harp meydanına koşarken, o sırada Sâd'ın yanında bulunan Sekaf kabilesinin meşhur, cesur kahramanlarından şair Ebu Mihcen kendisini tutamaz ve şu kıtayı söyler:
"Çal kılıç düşmanlara sen, kafalar uçsun.
O güzel renkli şarap ile meydan dolsun."

İslam Başkumandanı Sâd (r.a.) kaşlarını çatıp şaire dik dik bakıyor ve soruyor *"Ya Ebu Mihcen, sen ne söylediğinin farkında mısın? Ben bir gazinin cihadını tebrik ederken, sen şarabı methediyorsun. 'O güzel renkli şarap' diyerek, şarabın güzelliğini misal getiriyorsun ha?"*

Ebu Mihcen: *"Evet, ama bundan ne çıkar?"*

Hz. Sâd: *"İslam dini, şarabı, Müslümanlara haram etmedi mi? Haram olan şeyin güzelliği kaldı mı? Onun güzelliği, Müslüman olmayanlar içindir."*

Ebu Mihcen: *"Ben, harama helâldir, demedim. Şarabı da, Müslüman olduktan sonra içmiyorum. Fakat bu da şairliğin heyecanıyla ve eski bir aşinalığın tesiriyle oldu."*

Hz. Sâd büsbütün asabileşmiştir ve şöyle der: *"Mugalâta yapma. Eğer şaraba helaldir deseydin kâfir olurdun ve neye uğrayacağını anlardın, şarabı içtiğini görseydim, sana dayak atardım. Fakat haram olduğu için güzelliğin zerresinden mahrum bulunan şarabı, bir Müslüman'ın methetmesi de, büyük günahtır. Çünkü haramı metheden bir kimse, onun tesirinden kendini kurtaramamış demektir. Bu tesir ve temayülle, bir gün, senin şarap içmen de mümkündür. Ve bu şekildeki temayülün ve methiyelerin ile haram olduğu için ondan nefret edenler üzerinde de, teşvik edici tesirler yapabilirsin. Haramda müsamaha yoktur. Haramın, kendisi gibi kokusu, rengi, boyu bosu da haramdır. 'Şarap içmek haramdır ama şarap güzeldir' diyen günahkârın cezası da şimdilik hapistir."*

Ardından Hz. Sâd muhafızlara dönerek, *"Ebu Mihcen'i tutunuz. Aşağıdaki odaya hapsediniz. O muharebeye iştirak etmeyecektir. Eğer muharebeden sonra sağ kalırsak, onun işlediği suçun cezasını Halifemiz Hazret-i Ömer tayin edecektir"* dedi.

Ebu Mihcen, şarabı methettiğine de edeceğine de bin kere pişman olmuştur ve yalvarmaktadır: *"Aman, yâ Sâd, beni affet. Hata ettim, şairliğime kurban oldum. Gözünü seveyim, beni hapsetme. Cihaddan mahrum etme. Beni bu büyük günün zevkinden ayırma..."*

Ama Sâd şairin feryadı figanlarına aldırış etmemektedir. Muhafızlar, Ebu Mihcen'i kollarından yakaladıkları gibi hapsederler. İslam ordusu ise Rüstem'in ordusuyla kıyasıya bir savaşa tutuşmuştur.

Ebu Mihcen, hapsedildiği penceresinden cephede olup bitenleri mahzun mahzun seyretmekte ve kahrolmaktadır.

Bu sırada Medine'den, Halife Hazret-i Ömer tarafından Kadisiye gazilerine verilmek üzere yeni kılıçlar ve kıymetli atlar gelmiştir! Ebu Mihcen, gözleri yaşarmış bir halde *"Allahım sen yardım et, beni mübarek cihattan mahrum bırakma"* diye dua eder.

O sırada komutan Sâd'ın (r.a.) zevcesi Selma (r.a.) oradan geçmektedir. Ebu Mihcen bağırır,
"Ya Selma! Bana, Allah için yardım et, buradan beni kurtar da şu mübarek gazada hazır bulunayım" der.

Selma çekinerek ve düşünerek cevap verir: *"Yapamam!"*

Ebu Mihcen: *"Yalvarırım sana, bunu yap ve beni salıver, Allah sağ bırakırsa akşam olup muharebe durunca, tekrar buraya gelirim ve ayaklarımı kendi ellerimle demire vururum."*

Selma: *"Olmaz, ben bunu yapamam."*
Ebu Mihcen: *"Bana inan, sözümde duracağıma Allah'ı şahit tutarım."*
Selma: *"Evet, ama Sâd'dan korkarım. Bir kadının kocasına, bir Müslüman'ın kumandanına muhalif hareketini, Allah da hoş görmez ve meneder."*

Ebu Mihcen sussa da gözyaşları susmaz. Selma da mahzun mahzun şaire bakar ve bırakıp gidemez. Bu kez büyük şair Ebu Mihcen şunları söyler: *"Böyle bir günde, bir genç insanın ayağında demir, gözünde yaş, kalbinde imanla bağlı kalması kadar büyük hüzün olur mu? Bana bu acı yeter. Lazım olduğum işe koşmak istiyorum. Ayağımdaki demirler, bırakmıyor beni. Sus, şair, artık konuşma. Bu acıyı, senden başka kimse anlayamaz."*

Bu kez Selma'nın gözlerinden sicim gibi boşanır yaşlar. Hemen odaya girip zincirlerini çözüp, *"Çık"* der. *"Git muharebeye iştirak et. Kocama ve Allah'a karşı mesuliyeti ben üzerime alıyorum. Senin gibi bir kahramanı, böyle mübarek bir cihada nail etmenin günahı ve cezası varsa, Allah onu bana versin!"*

Ebu Mihcen, sevincinden şaşkına dönmüş bir şekilde koşmaya başlar. Bu kez Selma bağırır: *"Dur, dur, acele etme biraz bekle."*

Şair durur. Selma, yan tarafa doğru yürür. Komutan Sâd'ın meşhur atı Belka'yı getirip şaire verir: *"Ya Ebâ Mihcen! Bu ata bin ve gazaya iştirak et. Allah yardımcın olsun. Fakat şu taraftan, arkadan dolaş ki Sâd seni penceresinden görmesin."*

Şair, Belka'ya atladığı gibi *"Bismillah, medet ya Rasülallah!"* der.

Ebu Mihcen, İslam ordusunun içine bir şimşek gibi çaka çaka girer, harp saflarını yarar, düşmanın sağ koluna dalar.

"Allah! Allah! Lâ havle velâ kuvvete illâ billâh!" Ebu Mihcen'in önünde kimse duramaz. Kellesini kurtarana ne mutlu... Düşmanın sağ kolu perişandır. Müslümanlar da hayret içindedirler. Birdenbire çıkagelen, bu kahraman kimdir?

Acaba, Ebu Mihcen olmasın?
Hayır olamaz. O mahpustur.
Peki, ama bu kim?
Hâşim'e benziyor.
Hayır, o da değil.
Fesübhânallah.
Düşmanın sağ cenahı da bozulmuştur.
Bütün İslam süvarileri de hücuma geçmişlerdir.
İslâm kılıçları mütemadiyen çalışıyor.
Ebâ Mihcen soluksuz düşmanın içine dalıp, çıkıyor.

İslam kumandanı Sâd İbn-i Ebi Vakkas, muharebeyi idare ettiği binanın penceresinden, bu şiddetli muharebeyi takip ederken hastalığının verdiği ızdırabı unutmuştur. Yanında bulunan zevcesi Selma'ya, *"Şu kahraman kim acaba'* diye sorar" Selma ise susar.

Sâd (r.a.) *"Ebu Mihcen mahpus olmasa, bu odur, bindiği adeta Belka'dır derdim"* der.

Hakiki Müslüman sözünde durmaz mı? Ebu Mihcen de imanın gereğini yapmıştır.
Vazifesini yapmış, muharebe durur durmaz, derhal kimseye görünmeden, hapsedilmiş olduğu yere gelmiş, Belka'yı ahıra koymuş, kendisi de odasına girmiş, ayağına kendi eliyle demir zinciri geçirmiş sabahı beklemiştir.

Ebu Mihcen'in bu halini gören Selma koşa koşa yukarıya, kocası Hazret-i Sâd'ın yanına gelir. *"Yâ Sâd! Sana bir şey söyleyeceğim, ama bana darılmayacağına söz ver!"*
Başkumandan, fedakâr, Müslüman kadının gönlünü hoş etmek için *"Peki, ama zaten sen benim darılacağım şeyi yapmazsın"* der.

Selma anlatıyor: *"Dünkü muharebede, herkesi ve seni hayrete düşüren kahraman Ebu Mihcen'di!"*

"Ya!"

"Evet, onu ben bıraktım. Çünkü çok yalvardı. Fakat sözünde durdu. Muharebe bitince, yine odasına gelmiş ve kendi eliyle ayağına zinciri takmış."

Sâd'ın gözleri dolmuştur: *"Şairi buraya getirin"* diye emir verir. Muhafızlar şairin zincirini söküp, kendisini Başkumandan'ın huzuruna getirirler.

Sâd sorar: *"Dün muharebenin büyük kahramanı sen miydin?"*

Şair önüne bakmakta, Başkumandan konuşmaktadır: *"Ya Ebu Mihcen, artık serbestsin."*

Şair sevinir: *"Ya Sâd! Bundan sonra ben de dilimi hapsediyorum. Haram olan şeyi ebediyen methetmeyecektir!"*

BAHÇEYE İÇİM YANIYOR[356]

İranlı şair Ferruhzad, 'Bahçeye İçim Yanıyor' isimli şiirinde, tabiat ve insan ilişkilerini ilginç bir dille şöyle anlatıyor:

Kimse çiçeklere aldırmıyor,
Kimse balıklara aldırmıyor,
Bahçenin artık can çekiştiğini,
Güneşin altında yüreğinin kabardığını,
Zihnindeki yeşil anıların boşaldığını,
Viran halde duygularının çürüdüğünü
Kabul etmeye kimsenin gönlü varmıyor.

Bahçemiz yalnız
Bahçemiz umutla bağrını açmış yeni bir buluta
Ve de avlumuzdaki havuz kuruyor.

Ağaçların tepesinden ufacık masum yıldızlar düşüyor
Ve de gece yarısı olduğunda
Öksürük sesleri rahatça duyuluyor
Balık haznelerinin soluk camlarından bahçemiz yapayalnız.

Babam diyor ki:
"Bitti benim için
Bitti benim için
Borcumu ödedim ben
Yaptım üstüme düşeni."

Sabahtan akşama kadar okur
Babam Krallar Kitabı'nı
Ve Nasihü't-tevarih'i.
Anneme diyor ki babam:
"Kuşların ve balıkların canı cehenneme
Ben öldüğümde bahçe varmış, yokmuş
Ne diye dert edeyim kendime?
Emekli aylığım yeter bana"

---

356 'Bahçeye İçim Yanıyor' İranlı şair Füruğ Ferruhzad (Forough Farrokhzad)'ın antolojilere en çok girmiş ve en gözde şiirlerinden biridir. Türkçesi: Bahşedilmiş Bir Emanet İslam ve Ekoloji, Oğlak Yayınları, s. 438.

Annemin hayatı cehennem dehşetinin eşiğine
Serilmiş bir seccade.
Her şeyde günahın izlerini arar.
Annem bu hemen inanır
Küfre düşmüş bir bitki yüzünden bahçenin kirlendiğine
Ve bütün gün oturup dua eder.
Benim annem doğuştan bir günahkâr.
Çiçekler için dua eder
Balıklar için dua eder
Ve kendisi için dua eder.
Annem bekler dünyaya yeniden gelişini
Ve de bağışlayıcılığın
Yeryüzüne inişini.

Erkek kardeşim bahçeye mezarlık adını takmış
Alaya alıyor bahçedeki yaban otların başkaldırışını
Ve de çetelesini tutuyor ölü balıkların
Leşleri suyun sayrı derisi altında çürüyüp dağılırken...
Erkek kardeşim tutkundur felsefeye.
Bahçe için tek çarenin yıkım olduğuna inanır.
Erkek kardeşim sarhoş oldu mu
Döver kapıları ve duvarları,
Başlar anlatmaya herkese
Yorgun, mahzun ve melül halini!
Erkek kardeşim taşır hüznünü
Tıpkı nüfus kâğıdı, cep takvimi,
Çakmağı ve dolmakalemi gibi
Sokaklara ve çarşıya...
Hüznü öylesine hafif, öylesine hafiftir ki
Meyhane kalabalığında dağılıp gider.

Ve de kız kardeşim, hani çiçeklerin can dostu olan
Ve annemin ona her şaplak indirişinde
Gönlüne dolmuş yalın sözleri
Çiçeklerin sevecen ve sessiz muhabbetine aktaran
İşte o kız kardeşim ki
Balıklarımıza maaile ikramda bulunan
Bisküvili bir güneş şöleni

Şimdi şehrin öbür yakasında yaşıyor.
Plastik evinde
Plastik süs balıklarıyla birlikte
Plastik kocasının sevgi dolu kucağında
Ve de plastik elma ağaçlarının dalları altında
Cıvıldıyor uyduruk şarkılar söyleyerek
Ve de gerçek yavrular doğuruyor.
Kız kardeşim ne zaman bizi ziyarete gelse
Ve de elbisesinin kıvrımlı kenarları
Bahçemizin perişanlığına değse
Hemen bocalar üstüne esansı.
Gelip bizi her görüşünde
Kız kardeşimin burnunda karnı.

Bahçemiz yalnız, yapayalnız
Bütün gün boyunca
Kırılma ve patlama sesleri
Duyuluyor rahatça kapının ardında.
Çiçeklerin yerine
Dikmiş komşularımız
Havan topları ve makineli tüfekler bahçelerine.
Gizli patlayıcı haznesine dönüşmüş
Çini kaplı havuzlarını örtüyor komşularımız.
Mahallemizdeki bütün çocuklar
Sırt çantalarını dolduruyor ufak bombaları.

Bahçemiz tarumar.
Ve de korkuyorum.
Korkuyorum yüreğini yitirmiş bir çağdan
Korkuyorum bunca ellerin yararsızlığından
Ve bunca yüzü sarmış yabancılıktan.
Geometriye delice sevdalı bir öğrenci gibi
Yalnız hissediyorum kendimi.
Ama inanıyorum bu bahçe götürülebilir hastaneye
Buna eminim
Buna eminim
Buna eminim.
Ve de bahçenin yüreği güneş altında kabarmış halde duruyor,
Zihni de yeşil anıları yavaşça boşaltıyor.

Son 'söz'!

Ey Âdem'in oğlu
Şeytana uyma!
Uyduysan tövbe et!

Ey İdris'in oğlu
Yatma, üret!

Ey Nuh'un oğlu
Küfrünü terk et!

Ey Hûd'un oğlu
Nankörlük etme!

Ey Salih'in oğlu
Söz dinle!

Ey İbrahim'in oğlu
Kır putları!
Babanın put galerisini yerle bir et!
İsmail'ini kurban et!
Korkma, dal ateşe!

Ey İsmail'in oğlu
Teslim ol!

Ey İshak'ın oğlu
Ümitsizliğe düşme!

Ey Lût'un oğlu
Haddi aşma!

Ey Yâkup'un oğlu
Hasret çek ve ağla!

Ey Yûsuf'un oğlu
Züleyha'dan uzak dur!

Ey Eyyub'un oğlu
Sabret!

Ey Musa'nın oğlu
Firavunî düzenleri yık!
Karunlardan uzak dur!

Ey Harun'un oğlu
Musalara yardım et!
Sesini yükselt!

Ey Şuayb'ın oğlu
Tartıda ve ölçüde hile yapma!
Çalma!
Zulmetme!

Ey Davud'un oğlu
Yeryüzünü imar et!

Ey Süleyman'ın oğlu
Âdil ol!
Sırrını sakla!

Ey İlyas'ın oğlu
Hızır'la arkadaşlık et!

Ey Lokman'ın oğlu
Hikmeti ara!

Ey Zülkifl'in oğlu
Tamahkârlık etme, nasibine razı ol!

Ey Yunus'un oğlu
Pişmanlık duy!

Ey Zekeriya'nın oğlu
Kimsesize sahip çık!

Ey Yahya'nın oğlu
Düşmanını iyi tanı!

Ey İsa'nın oğlu
Öldürme, dirilt!

Ey Muhammed'in ümmeti

Teslim ol ve iman et!

Şehadet getir!

Allah'ı düşün ve kul ol!

Namaz kıl!

Dua et!

Cihad et!

Oruç tut!

Haccet!

Zekât ver!

İnfak et!

Kur'an oku ve anla!

Ayağa kalk, dik dur!

Aklını başına al!

Bir iyilik yap, hep iyilik yap, iyiliği emret!

Kötülükten sakın!

Peşin hükümlülüğü terk et!

Gıybeti bırak!

Büyük konuşma!

Haddi aşma!

Yeniden iman et!

Hakkı söyle!

Ölümü hatırla, ölmeden öl!

Hurma ye!

Zemzem iç!

Ses çıkar!

Alacağından vazgeç!

Gazabı çağırma!

Helâl ye!

Acı da olsa doğruyu söyle!

Nefsinle harbet!

Hikmeti ara!

Hicret et!

Misakını yenile!

Mazlumdan yana ol!

Medineli ol, medenî ol!

Ayırımcılık yapma!

Adâleti tesis et!

Fakiri düşün!

Sivilleş!

Bir nümâyişe katıl!

Slogan at!

Benlerinden kurtul!

Mezar kaz!

Kefen giy!

Helâlleş!

Hiçbir makama talip olma!

Allah'a borç ver!

Şükret!

Bir taş at!

Hak bir söz söyle!

Zina yapma!

Paraya tapma!

İmza kampanyası düzenle!

Kitap satın al ve oku!

Dernek kur!

Erdemliler Hareketi'ne (Hılful Füdul) katıl!

Sokağa çık!

Şeytanı uzaklaştır!

İste!

Ağla!

Gözyaşı dök!

Bir duvara yazı yaz!

Aklet!

Üç-beş çocuk yap!

Çocuğunla ilgilen!

'Müslümanlardanım' de!

Bir yaraya merhem ol!

Kitabını oku bir daha, dön bir daha oku!

Seni bekleyen çok uzun bir tatil var, tatil yapma!

Dünyayı gez!

Kudüs-ü Şerifi geri al!

İnadına Osmanlı Türkçesi ve Arapça öğren!

Kavmiyetçilik gütme! Irkınla övünme!

Doyma, tat!

Bir acıyı dindir!

Tohum emanetine sahip çık!

Toprağı koru!

Hibrit/GDO'lu ürün yeme!

Genetik değişikliğe itiraz et!

Şiir oku!

Aşı olma!

Ters yöne git!

Sigara içme!

Firanvunlara, Karunlara, Nenrutlara, Ebu Cehillere lanet et

İtikâfa gir!

Nefsinle savaş!

Mazeret üretme!

İçtimâya tam vaktinde git!

Kısırlaştırılmayı reddet!

Mütevazı ol!

Küfre ve şerre itiraz et!

Hiç ol, hiçliği yaşa!

Çağını aş!

Dilekçe yaz!

Aç kal, az ye!

Her ilacı içme!

Dayatmalara karşı dur!

Şüpheden uzak dur!

Ebubekir, Ömer, Osman ve Ali (r.a.)'ler gibi ol!

Hasan gibi cihat et!

Hüseyin gibi susa!

Ebuzer gibi yaşa!

Cenneti iste!

Bayram et!